新编21世纪高等职业教育精品教材

汽车类

汽车拆装与维护

主　编◎钱锦武　杨振东

副主编◎董学华　余春伟

中国人民大学出版社

· 北京 ·

图书在版编目（CIP）数据

汽车拆装与维护 / 钱锦武，杨振东主编. -- 北京 ：中国人民大学出版社，2025. 5. --（新编 21 世纪高等职业教育精品教材）. -- ISBN 978-7-300-33448-6

Ⅰ. U463；U472

中国国家版本馆 CIP 数据核字第 2024G1L775 号

新编 21 世纪高等职业教育精品教材 · 汽车类

汽车拆装与维护

主　编　钱锦武　杨振东

副主编　董学华　余春伟

Qiche Chaizhuang yu Weihu

出版发行	中国人民大学出版社		
社　　址	北京中关村大街 31 号	**邮政编码**	100080
电　　话	010－62511242（总编室）		010－62511770（质管部）
	010－82501766（邮购部）		010－62514148（门市部）
	010－62511173（发行公司）		010－62515275（盗版举报）
网　　址	http://www.crup.com.cn		
经　　销	新华书店		
印　　刷	北京七色印务有限公司		
开　　本	787 mm×1092 mm　1/16	**版　　次**	2025 年 5 月第 1 版
印　　张	14.75	**印　　次**	2025 年 5 月第 1 次印刷
字　　数	355 000	**定　　价**	48.00 元

前言
PREFACE

党的二十大报告指出："教育、科技、人才是全面建设社会主义现代化国家的基础性、战略性支撑。""教育是国之大计、党之大计。"职业教育是我国教育体系的重要组成部分，肩负着"为党育人、为国育才"的神圣使命。本教材以习近平新时代中国特色社会主义思想为指导，深入贯彻落实党的二十大精神，将思想道德建设与专业素质培养融为一体，着力培养爱党爱国、敬业奉献，具有工匠精神的高素质技能人才。

近年来，随着经济社会的发展，交通运输行业在不断发展，特别是汽车技术的进步带动了相当规模相关产业的发展。这种变革对职业院校教学改革以及教材建设也产生了一定的影响，最主要的就是要根据现代汽车行业的岗位和技能需求，对教材进行体系、架构、形式等方面的创新，以适应目前职业院校对"工学结合，理实一体"课程的教学需要。

本教材秉承立德树人根本目标，坚持实事求是、创新思维、突出重点、注重实效四大原则，贯彻落实社会主义核心价值观，注重在教授汽车拆装与维护等知识的同时，结合汽车专业特点培养学生团结合作的专业素养、科技报国的家国情怀和"不忘初心、牢记使命"的使命担当，激发学生投身于科研事业的热情，从而帮助学生在学习专业技术知识的同时，树立正确的价值观。

本教材以现代汽车职业教育模式为依据，以提升学生职业能力为立足点，紧密结合岗位工作实际，按照"订单培养、课证融通"的人才培养要求和"项目导向""任务驱动"的编写模式，以"案例导入—知识探究—任务实施—任务练习"形式进行编排，从理论知识、技能培养、素养教育等方面，对汽车拆装与维护各方面的知识进行了详细介绍。通过本教材的学习，学生不仅可以具备独立思考分析并解决问题的能力，具备良好的职业道德素养和文明生产安全意识，还能自主学习新知识、新技术，通过各种资源查找所需信息，独立制订工作计划并进行实施。本教材适合作为职业院校汽车类专业教材，也可以作为汽车维修技术人员参考用书。

本教材编写团队由专业老师与技术骨干组成，双方共同研究企业实际需求，将国家机动车检测维修专业技术人员职业资格考试要求和汽车检测维修企业岗位任职新要求、新技术、新工艺、新方法融入教材，充分利用企业技术资源和生产资源，共同开发汽车维修职业特色教材。本教材由云南交通职业技术学院钱锦武和杨振东担任主编，董学华和余春伟担任副主编。全书由钱锦武统稿。本教材编写分工情况如下：钱锦武编写项目一、三；杨振东和陈银地编写项目二；董学华和余春伟编写项目四。参加编写的还有昆明学院的邹疆，浙江交通技师学院的陈兴权，昆明联亚丰田汽车的龚山辉技术总监，云南交通职业技术学院的陈忠吉、吕天星、杨楠、苏君等。

因编写时间紧张、编者经验所限，书中难免有疏漏和欠妥之处，恳请广大专家、师生及读者不吝赐教，提出宝贵的意见与建议。我们将不断进取，力求精进，以期为大家提供更加优质的学习内容。

编者

目 录

CONTENTS

项目一 概　述

项目描述

汽车拆装是汽车维护和检修过程中必须经历的作业任务，其目的是保证零件与零件之间能保持正确的位置及配合关系。在学习本项目的同时巩固和加强汽车结构及原理等理论知识，为后续课程的学习奠定必要的基础。

汽车维护是指定期对汽车相关部分进行检查、清洁、补给、润滑、调整或更换某些易损零部件的预防性工作，也称为汽车保养。现代的汽车保养主要包含对动力系统（电机及发动机系统）、冷却系统、燃油系统、变速箱系统、动力转向系统、制动系统、空调系统、汽车车身及其他电气系统的检查和维护。

学习目标

知识目标	1. 掌握汽车拆装与维护基本知识
	2. 了解汽车企业安全生产的相关规定
	3. 理解汽车维护的意义
	4. 掌握汽车拆装方法和汽车维护的周期
能力目标	1. 会根据使用年限定期保养汽车
	2. 能够进行汽车的日常保养
	3. 能够使用工具和量具拆装汽车零部件
	4. 能够按技术要求拆装汽车总成
素质目标	1. 培养团队合作的意识及能力
	2. 培养善于观察、勤于动手和总结的习惯
	3. 养成良好的归纳与反思习惯
	4. 培养良好的 6S 工作习惯

任务一　汽车拆装与维护基本知识

案例导入

李先生发现车辆在驾驶过程中发动机声音比较大，特别是在加速或者爬坡过程中更加明显，油耗也逐渐有上升的趋势。李先生起初认为是发动机某个部件出故障了，联系了汽车维修店对汽车进行全面检查。经维修技术人员鉴定，排除了零部件故障的可能。通过与车主李先生沟通与交流，维修技术人员了解到实际情况是因李先生工作忙，车辆没有按保养周期及时保养，导致车辆超过保养期3个多月。维修技术人员更换发动机机油后问题顺利解决。

知识探究

一、汽车拆装的意义

汽车拆装是汽车拆卸与装配的简称，如图1-1-1所示，在整个汽车修理工作中具有十分重要的地位。实践证明，有了合格的零件，不一定能装配出合格的汽车。由于装配不良，往往使零件与零件之间不能保持正确的位置及配合关系；由于拆卸不当，又会使零件产生不应有的缺陷，甚至损坏零件。这样不仅浪费工时，还会直接影响修理的质量、修理的成本以及汽车的使用寿命，并且汽车拆卸与装配在整个汽车维护与修理作业中占有很大的比重，它是汽车维修过程的重要环节。因此，在努力实现拆卸与装配机械化的基础上，必须掌握正确进行拆装作业的知识与技能。

图1-1-1　汽车拆装

二、汽车拆卸的原则及方法

（一）汽车拆卸的原则

汽车拆卸的目的是检查和修理汽车的零部件，以便对需要保养的总成进行保养，或对有缺陷的零件进行修复或更换，使配合关系失常的零件经过调整达到规定技术标准。拆卸应遵循以下原则：

1. 熟悉汽车的构造及工作原理

汽车的种类、型号繁多，结构不同，拆卸顺序和使用的工具也不同。如果不了解所需要拆卸汽车的结构和特点，任意敲击或撬动都会造成零件的变形或损坏。所以，了解汽车的构造和工作原理，是确保正确拆卸的前提。

2. 按需要进行拆卸

零部件经过拆卸，往往容易产生变形和损坏，紧配合件更是如此。不必要的拆卸不仅会缩短汽车的使用寿命，还会增加修理成本、延长修理工期。因此，应防止盲目地大拆大卸。如果可以通过不拆卸检查就能判定零件的技术状况是否符合要求，就尽量不拆卸，以免损坏零件。

（二）汽车拆卸的方法

1. 掌握正确的拆卸方法

为了提高拆卸工效，减少零部件的损伤和变形，需要使用专用工具和设备，严禁任意敲击和撬动。例如拆卸紧配合件时，应尽量使用压力机和拉拔器；拆卸螺栓连接件时，要选用适当的工具，根据螺栓紧固的力矩大小优先选用套筒扳手、梅花扳手和固定扳手，尽量避免使用活动扳手和手钳；防止损坏螺母和螺栓的角和棱，给下次的拆卸带来不必要的麻烦。另外应充分利用汽车大修配备的拆卸工具。

汽车拆卸是由表及里逐步拆卸。一般先拆车厢、外部线路、管路、附件等，然后按机器—总成—部件—组合件—零件的顺序进行拆卸。

2. 拆卸时要为重新装配做好准备

拆卸时要注意检查校对装配标记。为了保证一些组合件的装配关系，在拆卸时应对原有的记号加以校对和辨认；没有记号或标记不清的，应重新检查并做好标记。有的组合件是分组选配的配合副，或是在装合后加工的不可互换的组合件，如轴承盖、连杆盖等，它们都是与相应组合件一起加工的，均为不可互换的组件，必须做好装配标记，否则将破坏它们的装配关系甚至破坏平衡。

零件要分类、按顺序摆放，如图 1－1－2 所示。为了便于清洗、检查和装配，零件应按不同的要求分类并按顺序摆放。否则，零件胡乱堆放在一起，不仅容易相互撞伤，还会在装配时造成错装或找不到零件的麻烦。

为此，应按零件的大小和精度归类分格存放；同一总成、部件的零件应集中在一起放置；不可互换的零件应成对放置；易变形、易丢失的零件应专门放在相应的容器里。

3. 螺纹连接件的拆卸

连接件中最常见的是螺纹连接件，它的拆卸如图 1－1－3 所示。一般来说，螺纹连接件的拆卸是比较容易的，但是，如果不重视拆卸方法，也会造成零件的损伤。

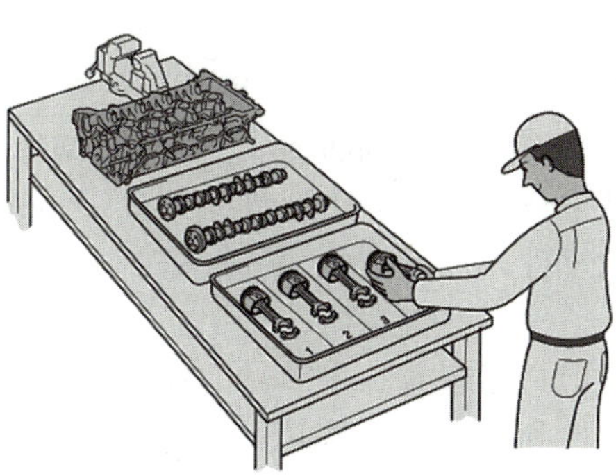

图 1－1－2 零件分类、按顺序摆放

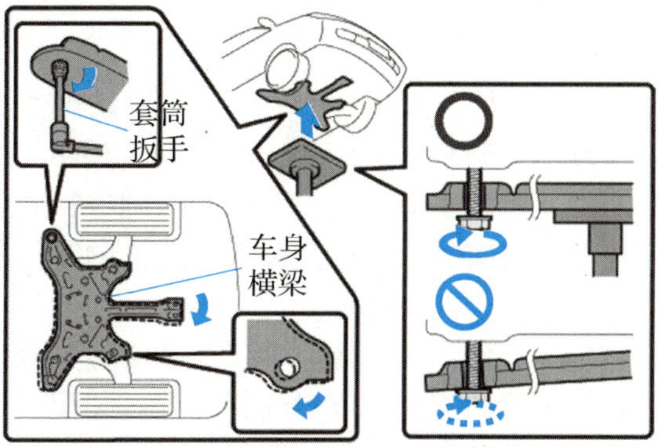

图 1－1－3 螺纹连接件的拆卸

（1）螺纹连接件的拆卸要采用合适的套筒扳手或固定扳手（根据螺栓紧固力矩的大小，依次选用套筒扳手、梅花扳手和开口扳手）。

（2）锈死螺栓的拆卸可用下列方法：将螺栓拧紧几圈再退回，反复松动，逐渐拧出；

用锤子振击螺母，借以振碎锈层，以便拧出；在煤油中浸泡 20～30 分钟，让煤油渗到锈层中去，使锈层变松，以便拧出；用喷灯加热螺母，使其膨胀，趁螺栓尚未热时，迅速拧出。有条件的以使用除锈剂为最佳。

（3）断头螺栓的拆卸原则是在断头螺栓上加工出一个能承受力矩的部位，然后拧出；如断头露在外面，可将其凸出部分锉成一个方形，用扳手拧出；如断头在螺栓孔内，可在螺栓端面钻出一个小孔，然后用反扣丝锥将其旋出，或者在小孔内楔入一个多棱体，然后将其拧出；如断头与零件平齐，可在断口焊上一个螺母，然后将其拧出。

三、汽车装配

将零件按照一定的顺序和要求相互连接组成部件、总成和整车的过程称为汽车装配。

（一）汽车装配的基本知识

1. 汽车装配的基本概念

汽车是一台很复杂的机器，通常由数千个零件组成。零件与零件的组成按其功用可分为合件、组合件、部件、总成等装配单元。这些装配单元各自具备一定的作用，它们之间具有一定的配合关系。装配就是将所有装配单元按照一定的技术要求与顺序组合起来，构成一台完整的汽车，如图 1－1－4 所示。

图 1－1－4　汽车装配

（1）零件：由一种材料或几种材料制成的最基本的单独件，是组成汽车的基本单元。零件可分为标准零件（如普通螺栓、螺母、垫圈、销子等）和专用零件（如曲轴、活塞等）两类。

（2）基础零件：以该零件为基础进行装配，在其上装配有各种组合件与总成，并能保证各零件之间的相互位置关系，这样的零件称为基础零件，如气缸体、气缸盖、变速器壳体、后桥壳、油泵体等。

（3）合件：两个或两个以上的零件装合为一体，但只能起着一个零件的作用，称为合件，如带盖的连杆、成对的轴瓦等。装配组合件、部件和总成时，从某一合件开始，这个合件称为基础合件，如镶有气缸套的气缸体等。

（4）组合件：若干零件或合件装配为一体，且各零件之间具有相互运动关系，但尚不具备单独完整的机构作用，这样的装配单元称为组合件，如活塞连杆组、曲轴飞轮组等。

（5）部件：由若干零件、台件、组合件或基础件组成。部件具有一定的功能和作用，如散热器、排气管等。

（6）总成：由部件、组合件、零件或基础件装配而成的，具有一定功能的机构。其零件与零件之间不仅有相互关系，还能独立、完整地起一定的作用。如发动机、变速器、机油泵、发电机等。

无论是合件、组合件、部件还是总成的装配，都必须严格地按照一定的顺序和技术要求进行。

2. 零件连接的种类

零件连接分为固定连接和活动连接两种。活动连接又分为可拆的（如轴与轴承、齿轮副、柱塞副等）和不可拆的（如滚动轴承、止回阀等）两种。

3. 装配质量

装配是汽车修理和生产的后备阶段。一辆汽车能否可靠地运行，保证良好的动力性和经济性，在很大程度上取决于最终的装配质量。为此，必须保证装配精度，即要求保证配合件的配合精度、位置精度及正确的连接关系。

例如，为了保证配合精度，装配工作必须严格按照修理技术标准规定的公差范围进行。为此常采用以下几种方法：

（1）选配法。在汽车修理中，一些配合件的精度要求很高，当某些配合件的加工精度不能满足要求时，必须进行选配，如气缸与活塞、活塞环与环槽等。其他配合件也尽可能选配，使其具有较好的装配质量。除了配合间隙选配，对于活塞连杆组还要进行质量选配，以防止由于质量的不平衡而引起发动机工作时的不正常振动。

（2）修配法。这是在装配前所进行的某种机械加工，如铰削、刮削、研磨等。加工后的零件能够达到符合技术标准的配合精度，如连杆衬套和活塞销孔的铰削，气门与气门座、气缸盖下平面的研磨等。

（3）调整法。利用调整垫片、调整螺钉等方法进行调整以达到所规定的配合关系要求。这种方法在汽车修理中比较常见，如圆锥滚子轴承的间隙调整、后桥锥形齿轮啮合位置和齿侧间隙的调整、气门间隙的调整等。

（二）汽车装配过程

一个完整的汽车装配过程包括装配前的准备、装配及装配后的调整试验三个阶段。

1. 装配前的准备

（1）装配前的准备是检查零件质量的最后一关。对于经过修理和更换的所有零件，在装配前都要进行认真的质量检查，以防止不合格的零件进入装配过程。这是保证装配质量的重要环节。

（2）清洁工作零件。装配前都要进行仔细的清洗，防止油污、尘粒、金属屑等进入相对运动零件之间，破坏配合关系，加速磨损。除指定清洗剂外，一般使用干净的柴油或汽油进行清洗，然后用压缩空气吹干。

（3）配合零件的选配。配合零件必须满足一定的配合要求，包括间隙配合、过渡配合及过盈配合，这就是装配前要做好的选配工作，并做出相应标记，以保证零件装配的正确性。

2. 装配

按一定的顺序和技术要求进行零部件的装合，以保证它们之间的正确装配关系。

3. 装配后的调整试验

无论是部件、总成还是整台车辆，装配后都应进行试验。其目的是：

（1）检查装配是否符合要求，只有通过试验才能得到论证。因此，对装配后的部件、总成进行试验或对整车进行整体性能试验和运转试验，是检验其装配质量的重要内容。通过试验，可以发现汽车是否存在卡涩、异响、过热、渗油等现象，并检测其工作能力和性能等指标是否符合要求。

（2）在汽车装配中，某些项目要通过运转试验才能完成最后的调整。例如，制动、转向等机构必须在路试中进行调整；燃油泵、调速器、喷油器在装车前必须在试验台上进行调整等。

四、汽车使用年限和报废的规定

汽车从开始使用到不能使用的整个时期，称为汽车的使用寿命。各个国家对汽车使用年限都有相关规定，我国对汽车使用年限的相关规定如下：

（1）小、微型出租客运汽车使用 8 年，中型出租客运汽车使用 10 年，大型出租客运汽车使用 12 年；

（2）租赁载客汽车使用 15 年；

（3）小型教练载客汽车使用 10 年，中型教练载客汽车使用 12 年，大型教练载客汽车使用 15 年；

（4）公交客运汽车使用 13 年；

（5）其他小、微型营运载客汽车使用 10 年，大、中型营运载客汽车使用 15 年；

（6）专用校车使用 15 年；

（7）大、中型非营运载客汽车（大型轿车除外）使用 20 年；

（8）三轮汽车、装用单缸发动机的低速货车使用 9 年，装用多缸发动机的低速货车以及微型载货汽车使用 12 年，危险品运输载货汽车使用 10 年，其他载货汽车（包括半挂牵引车和全挂牵引车）使用 15 年；

（9）有载货功能的专项作业车使用 15 年，无载货功能的专项作业车使用 30 年；

（10）全挂车、危险品运输半挂车使用 10 年，集装箱半挂车使用 20 年，其他半挂车使用 15 年；

（11）正三轮摩托车使用 12 年，其他摩托车使用 13 年；

（12）对小、微型出租客运汽车（纯电动汽车除外）和摩托车，省、自治区、直辖市人民政府有关部门可结合本地实际情况，制定严于上述使用年限的规定，但小、微型出租客运汽车不得低于 6 年，正三轮摩托车不得低于 10 年，其他摩托车不得低于 11 年；

（13）小、微型非营运载客汽车，大型非营运轿车，轮式专用机械车无使用年限限制；

（14）机动车使用年限起始日期按照注册登记日期计算，但自出厂之日起超过 2 年未办理注册登记手续的，按照出厂日期计算。

如果汽车满足不了以上条件，或者达不到下述要求，将进行报废处理：

（1）经修理和调整仍不符合机动车安全技术国家标准对在用车有关要求的；

（2）经修理和调整或者采用控制技术后，向大气排放污染物或者噪声仍不符合国家标准对在用车有关要求的；

（3）在检验有效期届满后连续 3 个机动车检验周期内未取得机动车检验合格标志的。

五、汽车维护保养的意义

汽车由大量的零部件构成，由于车辆的使用时间和使用条件，其会受到磨损、老化或腐蚀而降低性能。我们可以评估出这些构成零件的性能降低，从而需要定期保养，经过调整和更换来保持其性能。通过定期保养，可达到以下效果：

（1）避免较大故障的发生。

（2）可使车辆保持在符合法规和规章的状态中。

（3）可延长车辆使用寿命。

（4）用户可享受既经济又安全的驾乘体验。

六、汽车维护保养的原则和内容

（一）汽车维护保养的原则

根据交通运输部《道路运输车辆技术管理规定》，对道路运输车辆实行择优选配、正确使用、周期维护、视情修理、定期检验检测和适时更新。汽车维护是周期性的，保持车容整洁、车况良好，及时清除发现的故障和隐患，防止汽车早期损坏，如图 1－1－5 所示。定期检验检测是指利用现代化的技术手段，应用现代化的汽车检测诊断设备，定期对汽车进行检查测试，以正确判断汽车的技术状况。视情修理是随着汽车检测与诊断技术的发展和维护市场的变化而提出的。

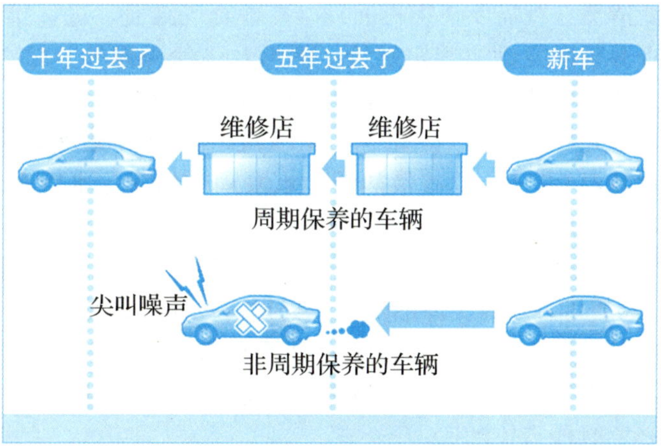

图 1－1－5　汽车周期维护

目前根据我国的汽车生产工艺和技术水平状况，实行三级维护制度，即日常维护、一级维护、二级维护。三级维护制度注重日常维护和一级维护，延长了二级维护周期。

日常维护：以清洁、补给和安全检视为中心内容。

一级维护：以清洁、润滑和紧固为主，并检查有关制动、操纵等安全部件。

二级维护：除一级维护作业外，以检查并调整转向节、转向摇臂、制动蹄片和悬架等经过一定时间的使用后容易损坏和变形的安全部件为主，同时拆检轮胎，进行轮胎换位。

除此之外，根据不同的地区和使用特点，还有一些特殊的维护，内容如下：

季节性维护：结合定期维护，并附加一些相应的项目，使汽车适应气候变化后的运行条件。

磨合期维护：汽车运行初期进行磨合期维护，以改善零件摩擦表面几何形状和表面层的物理机械性能。

（二）汽车维护保养的主要内容

1. 日常维护作业

日常维护可以概括为“三查”“四防”“五洁”。“三查”即出车前、行车中、收车后检查汽车的安全机构及各部机件连接的紧固情况；“四防”即防止漏水、漏油、漏气和漏电；“五洁”即保持机油、空气、燃油滤清器、蓄电池及全车的整洁。

（1）出车前的检查。1）起动发动机之前的检查：胎压、机油、变速器油、制动液、转向助力液等。2）发动机起动后的检查：观察仪表各指示灯是否正常，有无故障灯亮起。3）汽车起步后的检查：检查换挡机构工作是否正常，车辆行驶是否稳定。

（2）行车中的检查。1）行车中的检查与观察：主要观察各指示灯工作情况。2）途中停车时的检查：润滑油、助力液及轮胎等。3）检查有无“四漏”现象。

（3）收车后的检查。1）清洁全车。2）检查并补充燃油、机油和冷却液。3）检查紧固情况。4）检查轮胎情况。5）清洁蓄电池。

2. 一级维护作业

（1）发动机维护部分。1）起动发动机，倾听发动机在怠速、中速和高速运转时有无杂音、异响。2）检查风扇皮带的松紧度，并进行调整。3）检查、清洗化油器、燃油泵、燃油滤清器、空气滤清器（视需要更换机油）。4）检查气缸盖，进、排气歧管及消声器的连接紧固情况，检查并紧固发动机固定螺栓、螺母及飞轮壳螺栓。5）清洁机油粗、细滤清器及滤芯，放出滤清器中的沉淀物，检查机油的数量和质量，检查润滑系统（接头）有无漏油现象，紧固油底壳螺栓。6）检查空气压缩机的固定情况及管道有无漏油、漏气，排除储气筒内的油水及污物。7）检查散热器、水泵固定情况，水管有无渗漏，百叶窗的效能，以及水泵轴加润滑脂的情况。

（2）离合器和传动维护部分。1）检查离合器效能及底盖螺栓，踏板轴加润滑脂。2）检查变速器紧固情况，检查油面及有无漏油现象，根据需要添加齿轮油。3）检查万向节、传动轴、伸缩套、中间轴承及支架、拖车钩等的紧固及润滑情况。4）检查驻车制动器操纵杆工作情况，必要时调整工作行程，制动蹄销加注润滑脂。5）检查主减速器壳有无漏油现象，检查油面，必要时加齿轮油。

（3）车桥维护部分。1）检查车轮制动器有无漏油现象，检查并调整前轮毂轴承的松紧度，检查转向节和主销工作情况，并加注润滑脂，紧固轮胎螺栓、螺母。2）检查转向器，加注润滑油，检查、调整方向盘的转动量和游隙，检查转向横、直拉杆及直拉杆臂和转向臂各接头的连接和紧固情况，并加注润滑脂。3）检查减振器固定情况，检查钢板弹簧有无折断，钢板销加注润滑脂，检查骑马螺栓与螺母的紧固情况。4）紧固保险杠、翼子板、发动机罩、踏板、驾驶室螺栓和螺母，检查制动室连接情况并紧固螺栓、螺母，制动凸轮轴加注润滑脂。5）检查车轴有无弯曲、断裂现象，检查和调整前束。

（4）电气维护部分。1）检查喇叭、指示灯、制动灯、转向灯、前照灯等照明设备，以及电气仪表的工作状况。2）检查发动机、起动机的工作状况是否良好，并润滑轴承。

（5）轮胎维护部分。1）除去胎纹里的石子和一部分脏物，若发现油眼用生胶塞补，检查轮胎拱配是否合理。2）检查轮胎与钢板弹簧、车厢、挡泥板或其他部分有无摩擦碰刮现象。

（6）整车检验维护项目。检查汽车全部外表状态以及油漆情况，检查车架有无裂缝、铆钉有无松动现象，检查制动系统的工作效能及管路密封情况，检查转向系统的工作情况以及信号、照明装置的工作情况，按照全车润滑图中的规定检查润滑情况，如发现故障，应由有关工种在相应工位进行调整修理。

3. 二级维护作业

（1）发动机维护部分。1）更换机油和机油滤清器。2）检查并调整气门间隙。3）紧固气缸盖，进、排气歧管和消声器等的螺栓；并检查上述部位衬垫是否完好，如果发现衬垫有问题应及时进行更换。4）拆检空气滤清器，并清洁空气滤清器滤芯，视需要更换。

（2）底盘维护部分。1）检查离合器并按需要调整离合器踏板自由行程。2）检查变速器及换挡机构各部位的紧固情况；添加或更换齿轮油，清洗通气塞。3）检查传动轴万向节及中间支承的松旷情况，视需要可解体检查和调整，并调换十字轴万向节的方向。4）检查并紧固驱动桥各部件的螺栓，如有漏油现象应及时进行排除；根据情况添加或更换驱动桥减速器中的齿轮油，并疏通减速器通气孔。5）检查减振器的减振情况，视需要添加减振液。6）拆检和润滑钢板弹簧。7）检查转向节有无损伤和裂纹，如检查出有损伤或裂纹，应更换新的转向节；检查主销与转向节的配合情况；拆检直、横拉杆和转向臂各接头的磨损情况；按规定调整前轮前束。8）根据需要拆检转向传动万向节，并加注润滑脂。9）检查转向器固定情况，添加或更换润滑油；对于动力转向的转向器，需检查储液罐油量并检查方向盘的自由转动量。10）检查车架、牵引装置及散热器悬架的完好情况。11）拆检、调整和润滑前后轮和行车制动器，调整制动蹄片与制动鼓之间的间隙。12）检查驻车制动器机件的连接情况，调整驻车制动器操纵杆和行车制动踏板工作行程，视需要拆检制动室。13）检查车轮并根据规定进行车轮换位。14）检查空气压缩机工作情况，排除漏油、漏气故障。

（3）电气设备维护部分。1）检查发电机调节器工作情况。2）拆检并清洁发电机和起动机，润滑发电机前、后轴承和起动机轴承。

4. 季节性维护

凡全年最低气温在0℃以下的地区，在入夏和入冬前都需要进行季节性保养。主要养护内容为：更换润滑油、冷却液，调整燃油供给系统和充电系统，检查取暖系统或制冷系统的工作情况。

5. 磨合期维护

新车或大修竣工汽车在投入使用的最初阶段称为汽车磨合期。

（1）汽车在磨合期内的主要规定：1）减轻负载质量。2）限制行车速度。3）选择优质燃料和润滑材料。4）正确驾驶。5）分阶段性维护。

（2）汽车在磨合期内的驾驶要求：1）保持起步平稳，避免猛踩加速踏板，且不要使发动机转速过高。2）起步前，水温应达到50℃以上。以低挡起步，1km以后换入高挡，行驶过程水温控制在正常范围。3）及时换挡，不要长时间使用一个挡位。4）选择良好路面，避免过大振动、冲撞或紧急制动，制动前应先松开离合器。5）选用优质的燃油及机油，不宜使用发动机耐磨添加剂。

（3）汽车在磨合期内的注意事项：忌高速行驶；忌满载运行；忌跑长途；忌紧急制动；忌不及时换挡；忌用油不规范；忌驾驶操作粗心大意；忌不进行初驶保养；忌担任教

练车，误己误人，极易对车辆造成损伤。

6. 定期保养和保养周期

定期保养项目和车辆的保养周期可以在驾驶员手册的保养日程表中查看，如图 1－1－6 所示。保养日程表根据车型、车龄、车辆使用所在国或车辆的用途（状态）等因素来规定。

保养日程表
保养操作

A＝检查和/或必要的调整，I＝检测和校正或必要时更换
R＝更换或修改，T＝紧固到规定的扭矩

保养周期（里程表读数或月数，以先到者为准） 里程表读数 x 1 000 km / x 1 000 miles	1 0.6	10 6	20 12	30 18	40 24	50 30	60 36	70 42	80 48	月数
基本的发动机组件										
1 正时皮带（柴油发动机）	每100 000km（60 000min）更换一次									
2 气门间隙										
配有三元催化转化器的车辆（见注解1）	–	–	–	–	–	–	–	–	I	96
没有配三元催化转化器的车辆										
2NZ–FE 发动机	A	–	A	–	A	–	A	–	A	24
1NZ–FE，2ZZ–FE 和2ZZ–GE发动机（见注解1）	–	–	A	–	A	–	A	–	I	
3C–E发动机（见注解2）	–	–	–	–	A	–	A	–	A	24
3 传动皮带										48
汽油发动机	–	–	I	–	I	–	I	–	I	
柴油发动机	–	–	I	–	R	–	I	–	R	24
										I=24
4 发动机机油										R=48
汽油发动机（SPI SQ或SH或ILSAC）	–	R	R	R	R	R	R	R	R	12
柴油发动机（API CD或更高等级）（见注解3）	每5 000km（3 000min）或6个月更换一次									
5 发动机机油滤清器	–	R	R	R	R	R	R	R	R	12

注解：
1. 检查挺杆噪声和发动机的振动和/或必要的调整
2. 检查气门间隙和/或必要的调整
3. 如果无法得到API CD或更高等级，但必须使用API CC

图 1－1－6　保养日程表

保养周期根据行车距离和前次维修后至今的时间来决定。例如，如图 1－1－7 所示，如果某个具体零件的维修计划规定为 40 000km 或 24 个月，则满足以下条件中任一条件的日期，就是保养满期日：（1）上次维修后，已行车 40 000km/12 个月；（2）上次维修后，已行车 5 000km/24 个月。

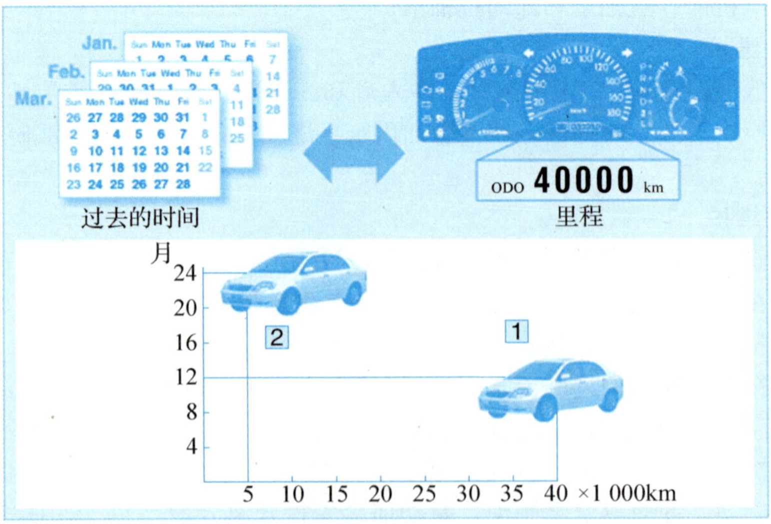

图 1－1－7　汽车保养周期

汽车故事

中国汽车技术的发展之路

2024 年 1 月 11 日，中国汽车工业协会发布的数据显示：2023 年，我国汽车产销量首次双双突破 3 000 万辆，创历史新高，其中出口 491 万辆。2023 年，我国汽车产销分别完成 3 016.1 万辆和 3 009.4 万辆，同比分别增长 11.6%和 12%，其中汽车出口 491 万辆，同比增长 58%。2022 年，中国成为世界第二大汽车出口国。

我国从 1953 年开始建设一汽，1956 年一汽如期建成投产。接着，我国开始发展系列变型车产品，对不适应中国使用条件、资源条件等项目进行改造或改进，并发展轻型载货汽车、轿车、越野车、重型载货汽车，改装生产中型客车和少量专用汽车。针对我国的使用条件，如路况差、使用环境复杂等特点，来选择汽车材料，并根据自己的制造工艺水平，设计自己的产品。

在当时的历史时期，中国经济水平低，汽车工业处在幼小状态，所生产的汽车只要能满足基本要求就可以了，因此当时的汽车结构简单，均属于传统结构，各项技术指标也比较落后。汽车工业界、技术界根据国外汽车产品的发展趋势，曾先后研制开发了顶置气门汽油机、机械式汽油机增压系统、排气涡轮柴油机增压系统、排气催化转换器、同步器式变速器、液力机械式自动变速器、高摩擦差速器、缓速器、动力转向泵、真空加力制动系统、ABS、独立悬架、大客车空气弹簧悬架、可倾翻驾驶室等多项新技术和新结构，但限于当时的各种条件，上述项目实现产业化的较少。

从 1983 年开始，汽车行业推行全面质量管理，有了评优活动，分国家级与部级。1982 年汽车行业制定了《汽车产品质量评定办法实施细则（试行稿）》，1984 年开始陆续颁布不同车种如载货汽车、客车、轿车、越野车的质量检查评定办法。汽车行业每年的产品统一检查评定，促进了我国汽车产品质量的提高和一定程度的技术进步，并开始制定汽车环保、安全标准。

1983 年我国首次颁布了限制汽车排气污染的汽油车怠速污染物排放及柴油车自由加速排放测量方法和限值等标准，此后，又陆续颁布了多项汽车安全标准，这些标准都相继成为前述汽车年度质量检查评定的依据。1992 年正式将有关汽车环保、安全、节能的标准列为强制性标准，实行单项否决制，这些对汽车技术进步起到了推进的作用。

任务实施

一、汽车总成拆装练习

（一）作业准备

（1）场地设施：理实一体化教室，有消防设施的场地。

（2）设备：举升设备、实训整车、工作台、零件车。

（3）工具：套装工具。

（4）防护用品：工作服、劳保鞋、车外三件套、车内三件套。

（5）耗材：海绵、干净抹布、泡沫清洗剂。

（二）操作步骤

1. 从汽车上拆下发动机

（1）断开蓄电池负极导线，解除发动机与其支承的约束。

（2）释放系统燃油压力。

（3）在机罩上标记外廓接合点，卸下机罩。

（4）排放冷却液。拆下散热器软管、风扇总成、散热器罩和散热器。

（5）卸下空气滤清器、软管和机油滤清器。

（6）拆卸空调压缩机并放置到方便的地方，无须从压缩机上拆下空调软管。

（7）拆下动力转向泵座螺栓，把泵放在一边，无须断开液体管路。

（8）从发电机和燃油喷射系统上拔下电气插接器并做标记。

（9）断开燃油管路、加热器软管和加速踏板拉索。

（10）断开气泵管路，卸下气泵。

（11）从发动机上卸下发电机。

（12）拆下变速杆、离合器和速度表连线。

（13）抬起并安全支承车体前部。

（14）如果配置的是手动变速驱动桥，按下述步骤进行：1）断开离合器拉索。2）拆下变速驱动桥下盖。3）从排气道上松开排气管螺栓，拆下排气管。4）卸下起动机及其支承，放在方便处。5）如果有，从变速驱动桥上拆下防翻支柱或阻尼器（用于增压发动机）。6）卸下手动变速驱动桥总成。

（15）如果配置的是自动变速驱动桥，按下述步骤进行：1）拆下自动变速驱动桥下盖。2）从排气道上松开排气管螺栓，拆下排气管。3）卸下起动机，放在方便处。4）为安装便利，在变速器上做出标记。5）拆下变速器紧固螺栓，卸下变速器。6）使用C夹钳，确保变速器不从变速驱动桥上滑落下去。7）使用变速驱动桥固定工具，确保变速驱动桥不松脱。

（16）使用发动机举升装置。注意：若卸下发动机座隔离螺栓，要先标记隔垫在横挡的侧面位置，确保安装时合适地配合。

（17）卸下变速驱动桥与发动机的连接螺栓、发动机座前的螺栓及螺母和左隔垫的穿心螺栓（由轮壳内部）或隔离件对变速器驱动桥的支承螺栓。

（18）从车身中提起发动机。

2. 发动机的安装

（1）把发动机放入发动机室，确保举升设备保持足以提起发动机的力，平稳安装发动机的所有底座螺栓，并使之旋入。

（2）紧固前座螺栓：左侧面机体与发动机连接的螺栓和右侧面机体与发动机连接的螺栓。

（3）拆下举升设备。

（4）抬起车身并平稳支承。

（5）如果装配的是手动变速驱动桥，则安装。

（6）如果装配的是自动变速驱动桥，对准罩面标记并装上变速器螺栓，安装变速器检查盖和起动机。

（7）连接排气管，放下车身。

（8）安装发电机、动力转向泵和空调压缩机。

（9）连接燃油管路和加热器软管。

（10）连接节气门拉索。

（11）连接所有其他的电气插接器。

（12）安装空气滤清器总成及机油滤清器。

（13）安装散热器、风扇总成、软管和冷却器。

（14）给发动机加注适量的润滑油，安装新的机油滤清器。连接蓄电池负极导线。

（15）再对冷却系统加注冷却液，当拆下散热器盖时，将冷却液加入散热器。起动发动机，使其达到正常运转温度，检查是否有渗漏和异常噪声。

（16）检查点火正时，并进行调整。

（17）关闭发动机，使其冷却，检查所有液体的加注量。

（18）对准拆卸时的标记安装机罩。

二、车辆的日常维护保养流程作业

（一）作业准备

（1）场地设施：理实一体化教室，含消防设施的场地。

（2）设备：举升设备、高压水枪、实训整车、工作台、零件车。

（3）工具：黄油枪、套装工具。

（4）防护用品：工作服、劳保鞋、车外三件套、车内三件套。

（5）耗材：海绵、干净抹布、泡沫清洗剂。

（二）操作步骤

1. 清洁车辆

（1）先冲掉泥沙，用高压水枪清洗时，要用高压水枪从上到下将泥沙从车身表面冲掉；然后清洗车的后部；最后清洗下部。要注意将车轮和制动盘、翼子板和栅网上所沾的泥沙冲洗干净。

（2）将洗车液均匀地泼洒在车身上，然后用多功能的高压洗车机或者手工将洗车液擦拭均匀，不要使用洗衣粉、肥皂等。

（3）用洗车海绵擦拭车身，就是用洗车海绵将洗车液在车身上擦拭一遍，然后使用高压水枪将车冲洗干净。

（4）清除污渍，仔细清除车身上还残留的一些污渍，这需要配合使用除垢水。注意，在清除污渍时要沿着与汽车行驶相垂直的方向来擦拭。

（5）将车身水分擦干，将污渍清除完以后就用清水将车上的洗车液全部清洗干净。然后将水分擦干，要保证擦干之后整辆车都没有水迹。

2. 驾驶室内部的检查与维护

（1）座椅周围。1）用力踩离合器踏板，检查踏板能否顺利地踩下、回位。2）将制动踏板踩到底后，检查制动踏板与车厢地板之间的间隙是否符合要求。3）驻车制动器操纵杆（或制动踏板）拉到底（踩到底）之后，检查在这种情况下它的活动范围，范围过大或过小都不正常。

（2）发动机的运行状况。1）检查发动机是否能够迅速起动，顺利运转，倾听怠速时是否有杂音。2）预热发动机，检查怠速时是否能持续运转。慢慢踩加速踏板，观察发动机的反应，是否产生熄火、爆燃等现象，是否能够顺利运转。

（3）刮水器。1）检查风窗玻璃清洗液的喷射状态、喷射方向和高度，喷射量是否正常。2）检查刮水器擦拭状态。打开刮水器开关，检查间歇、低速、高速各挡位下的各种状态。查看玻璃是否能擦拭干净，橡胶条有没有磨损。3）尽量避免在干燥状态下起动刮水器，否则会划伤风窗玻璃，损伤刮水器电动机。

3. 发动机舱内的日常检查与维护

（1）检查玻璃清洗液是否正常，如果缺少则加入。

（2）检查制动液量是否在上限（MAX）和下限（MIN）之间，如果液体减少明显，要考虑制动液是否泄漏。

（3）检查冷却液量是否在上限（MAX）和下限（MIN）之间。当冷却液减少明显时，水箱散热器、水箱软管有可能泄漏。

（4）检查发动机润滑油（机油）量是否在上限（H）和下限（L）之间。将车停在平坦的地方，在起动发动机之前或熄火几分钟后进行检查。

（5）用手指压在风扇传动带中央，稍微弯曲为正常，检查传动带是否有损坏。

4. 车辆外部的日常检查与维护

（1）检查前照灯（近光、远光）、尾灯、牌照灯、制动灯、示廓灯和转向灯等照明装置是否正常。

（2）检查所有灯罩是否有泥污或损伤。检查照明装置，可以利用墙壁和围墙反射来确认。若照明装置不亮，原因往往是灯泡损坏、接线断路、接触不良、熔断器熔断、蓄电池电量不足等。

（3）行驶途中停车时，应检查各部位有无漏水、漏油、漏气现象。

5. 轮胎的检查

（1）轮胎的花纹和磨损。轮胎的一些沟槽形成花纹，这些沟槽是用来排水的，同时还有散热和在较差路面上增加摩擦力的作用。使用一段时间后花纹会磨损、沟槽会变浅。轮胎磨损的标准是从轮胎表面到沟槽底部的橡胶厚度应不低于 16mm。检查时如低于这个标准则更换新轮胎。

（2）轮胎的气压。车辆、轮胎厂家对车辆轮胎气压都有明确规定。根据轮胎着地部分的弯曲状态，判断气压是否正常。

（3）清理轮胎异物。车辆的轮胎已经有裂纹或损伤时，行驶过程中可能会发生爆胎。为了避免爆胎，应立即更换掉有裂纹或有很深损伤的轮胎。一定要定期检查轮胎，清理轮胎沟槽里的异物。

任务练习

一、判断题

1. 汽车的保养根据需要来进行。（　　）
2. 公交客运汽车使用年限根据其性能情况而定。（　　）

3. 我国汽车维护采用四级维护制度。（ ）
4. 凡全年最低气温在 0℃以下的地区，在入夏和入冬前都需要进行季节性保养。（ ）
5. 新车在磨合时期忌紧急制动。（ ）
6. 有了合格的零件，一定能装配出合格的汽车。（ ）
7. 了解汽车的构造和工作原理，不一定是确保正确拆卸的前提。（ ）
8. 易变形、易丢失的零件应专门放在相应的容器里。（ ）
9. 断头螺栓的拆卸原则上是在断头螺栓上加工出一个能承受力的部位，然后拧出。（ ）
10. 为了保证配合精度，装配工作必须严格按照修理技术标准规定的公差范围进行。（ ）

二、选择题

1. 将（ ）按照一定的顺序和要求相互连接组成部件、总成和整车的过程称为汽车的装配。

A. 工件 B. 零件 C. 备件 D. 机件

2. 拆卸螺栓连接件时，要选用适当的工具，依螺栓紧固的力矩大小优先选用（ ）扳手。

A. 梅花 B. 开口 C. 活动 D. 套筒

3. 清洁车辆属于（ ）。

A. 一级维护 B. 二级维护 C. 磨合维护 D. 日常维护

4. 保养周期根据（ ）和前次维修后至今的时间来决定。

A. 车况 B. 行车距离 C. 故障 D. 维护手段

三、简答题

1. 汽车拆装的意义是什么？
2. 简述螺纹连接件的拆卸方法。
3. 阐述汽车维护的目的及意义。
4. 汽车维护保养的原则是什么？
5. 简述汽车维护保养的类型及工作内容。

任务二 安全生产

案例导入

王女士的车到了保养时间，她预约到维修店保养。在更换发动机机油时，因维修技术人员为了加快操作时间，违反车间车辆安全操作规程规定，没有及时安装车辆防护装置导致车辆翼子板漆面受损。后经维修技术主管当面道歉并修复车辆受损部位，维修技术人员主动承担王女士所有损失，双方达成和解。事后汽车维修店专门为此事向各个部门做了通报，要求所有员工严格遵守工作安全规程，加强管理，强化劳动纪律，杜绝此类事件再次发生。

知识探究

安全生产是永恒的主题，是一切工作的基础。如何保证安全管理措施到位，如何完善安全生产管理规章制度并有效实施，如何将安全工作的重点放在一线、将安全生产的关口前移，是当前亟待我们认真研究和解决的问题。

一、汽车 4S 店的安全生产

企业内部依据有关劳动保护法律、法规及技术标准和规程制定的安全生产责任制、安全操作规程、安全管理制度、劳动纪律等规章制度，是国家有关法律、法规在生产过程方面的延伸，是在经济建设领域中更为专业化、技术化、具体化的体现。宪法确立了企业内部劳动纪律这类规章制度的法律地位，明确了企业内部规章制度的法律性质，以及企业规章制度与国家有关劳动保护、安全生产的法律、法规、标准、规程及行政规章制度的法律性质。企业规章制度与国家有关劳动保护、安全生产的法律、法规、标准、规程及行政规章制度构成企业劳动保护工作的法律体系，企业的安全规章制度主要是制定的各种安全管理制度，以及技术、工艺、生产、安全操作规程等。

安全操作规程是指导职工安全操作的准则，维修企业的广大职工必须严格遵守，企业的领导干部、工程技术人员和生产管理人员不但要熟悉操作规程，而且要组织广大职工学习操作规程，要把操作人员按规程操作的熟悉程度作为考核和评定技术等级的重要内容。因此，企业要做好对职工安全操作规程的宣传教育工作。它不但能提高职工安全技术素质，而且有助于实现安全文明生产、预防伤亡事故。随着社会主义市场经济体制改革的不断深入和科学技术进步，市场经济的法治特点日益显著，各种新技术、新工艺、新设备和新材料大量涌现，企业必须不断抓好职工的安全教育，使每位职工都增强安全操作的自觉性，提高每个生产环节的安全程度，防止发生重大伤亡事故，保障生产的正常进行。

安全事故（见图 1－2－1）有：（1）人为因素造成的事故：不正确使用机器或工具，穿着不合适的衣物，或维修技术人员不小心造成的事故。（2）自然因素造成的事故：机器或工具出现故障，缺少完整的安全装置，或者工作环境不良造成的事故。

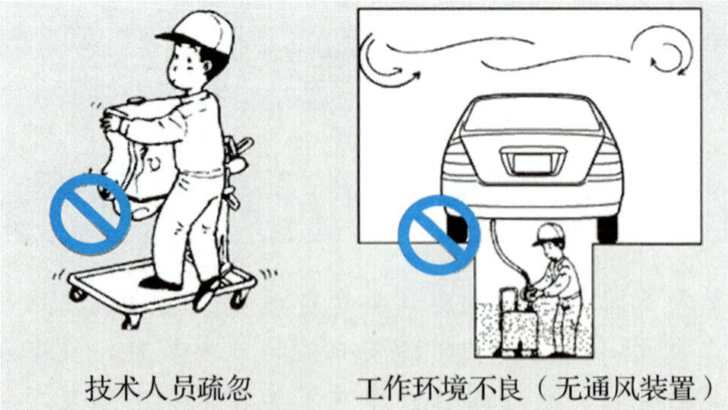

（a）人为因素造成的事故　（b）自然因素造成的事故

图 1－2－1　安全事故

二、安全生产注意事项

（一）人身安全

人身安全永远是第一位的，在车间工作的每位员工必须严格按照以下规定来执行。个人安全防护如图 1－2－2 所示。

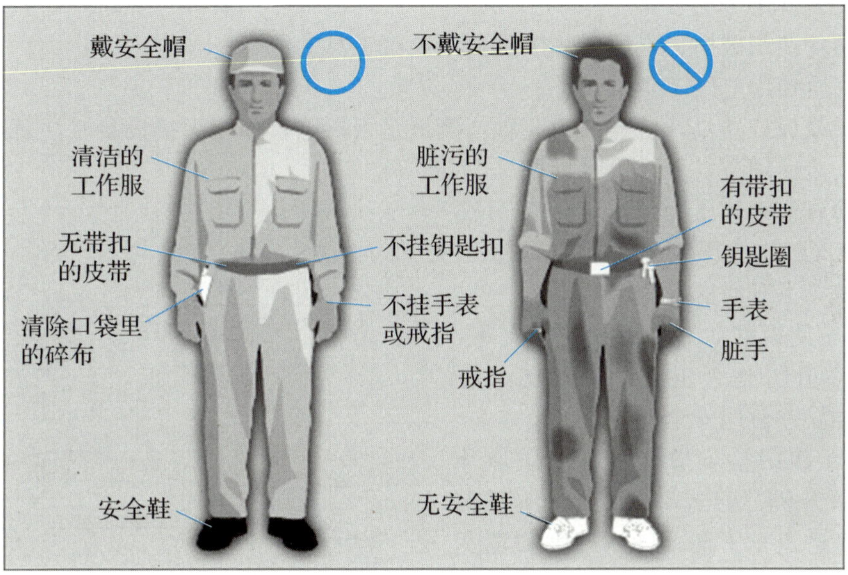

图 1－2－2 个人安全防护

（1）着装：外衣不宜太宽松，严禁披穿，长袖应扣好，上衣掖进裤腰内，领带藏在衬衣内。

（2）严禁戴珠宝饰物，严禁穿拖鞋，最好穿鞋面坚固、鞋底耐油防滑的鞋子。

（3）眼睛的保护：使用电动工具、锤在车底作业时会引起火花，且有灰尘、铁屑及化学物等，故应佩戴劳保眼镜。

（4）旋转物周围作业：如在发电机、起动机、风扇、水泵、压缩机、传动轴、动平衡机、轮胎拆装机、砂轮机和钻床等周围作业时应注意不要把手、衣物、抹布、工具及量具放在附近。

（5）搬运重物时，注意腰、背、肘、脚不要受伤，要量力而行。注意台架牢靠固定。

（6）工作场地保持干净，以保护自己和其他人免受伤害。

（7）不要把工具或零件留在自己或者其他人有可能踩到的地方，要将其放置在工作架或工作台上，并养成好习惯。

（8）立即清理干净任何飞溅的燃油、机油或者润滑脂，防止自己或者其他人滑倒，如图 1－2－3 所示。

图 1－2－3 防止滑倒

(9) 工作时不要采取不舒服的姿态。这不仅会影响工作效率，还有可能会跌倒和使自己受到伤害。

(10) 从一个工作地点转移到另一个工作地点时，一定要走指定的通道。

(11) 不要在开关、配电盘或电机等附近使用可燃物。因为它们容易产生火花，并造成火灾。

(二) 工具和设备的安全使用（见图 1-2-4）

(1) 安全使用手工工具。

(2) 切勿使用破损、不适合的工具；不要碰工具的锋口。

(3) 安全使用电气工具及设备。

(4) 佩戴保护器具，检查保护装置，测量是否漏电，使用焊接设备时注意防火防爆。

(5) 安全使用空气压缩机。

(6) 检查气管和压力，清洁卫生用安全喷嘴，气动工具安装要到位。

(7) 汽车举升时的安全。

1) 安全使用移动举升机和安全支座。检查移动举升机是否正常，注意支点位置，放置挡块并使用安全支座。

2) 安全使用整车举升机（双柱举升机、四柱举升机、剪式举升机）。注意支点位置，考虑汽车平衡，确认高度和宽度并锁好锁止机构。

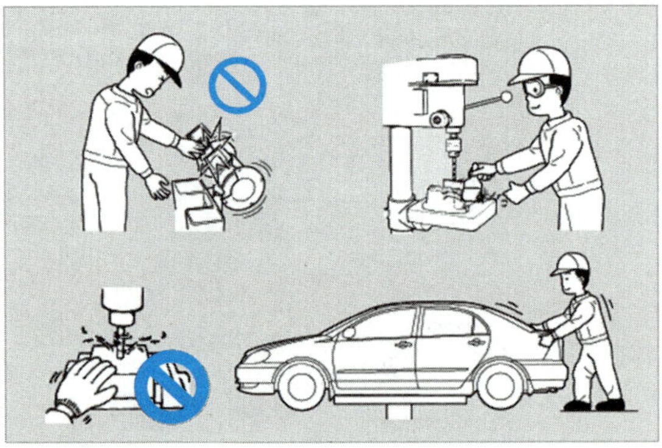

图 1-2-4　工具和设备的安全使用

(三) 在车间发动汽车的注意事项

(1) 用车轮挡块固定好汽车车轮。

(2) 变速杆置于空挡或驻车挡（自动变速器车辆）。

(3) 拉紧驻车制动器操纵杆。

(4) 注意废气排放，及时安放废气排放管路。

(四) 防火注意事项（见图 1-2-5）

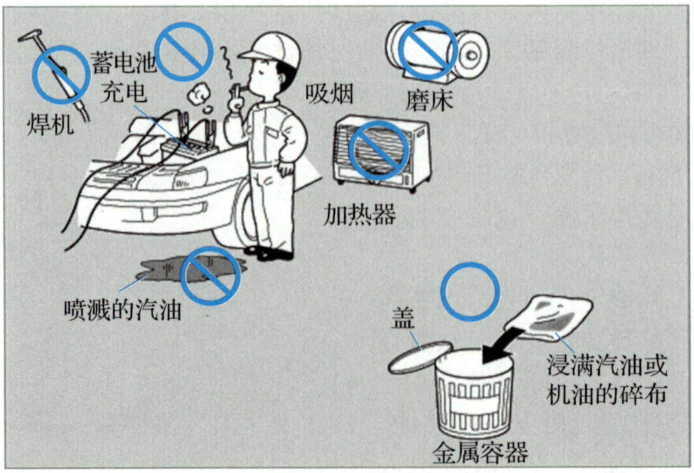

图 1-2-5　防火注意事项

（1）电气设备管理要先断电，后灭火，根据涉及可燃物类型选择灭火器具。

（2）管理好油料。

（3）管理好易燃易爆物。

（4）合理使用灭火器。

（5）在用油料清洗零部件时，注意放置灭火器材。

三、汽车4S店的6S工作管理机制

为了建立使顾客100%满意的质量保证体系，改进业务流程，削减库存，遵守交付期，提升竞争力，积累与提高生产技术力，提高新技术的推广速度，提高人才素养和环境安全以及构筑企业文化基础等，目前大部分汽车4S店正在推行6S工作管理机制（简称6S管理），如图1-2-6所示。

图1-2-6 6S管理

（一）6S管理的概念

（1）整理（Seiri）：工作现场，区分需要与不需要的东西，只保留有用的东西，撤除不需要的东西。

（2）整顿（Seiton）：把需要用的东西，按规定位置摆放整齐，并做好标记进行管理。

（3）清扫（Seiso）：把不需要的东西清除掉，保持工作现场无垃圾、无污秽状态。

（4）清洁（Seiketsu）：维持以上整理、整顿、清扫后的局面，保持整洁卫生。

（5）素养（Shitsuke）：让每个工作人员都自觉遵守各项规章制度，养成能正确地执行各项决定的良好习惯。

（6）安全（Security）：重视工作人员安全教育，工作人员要有安全第一观念，防患于未然。目的是建立起安全生产的环境，所有的工作应在安全的前提下进行。

（二）6S管理的目的

1. 实现车间环境整洁

干净整洁的车间环境，是良好作业的保证，也是产品制造质量的保证。6S管理是一种改善环境、提高品质的管理模式。在6S管理实施中必须注重6S管理工具的应用，6S管理工具包括物品整理工具、清洁工具等。

2. 降低现场噪声

导致车间产生噪声的因素有很多，主要包括设备本身及人为因素两方面。设备本身噪声可分为机械噪声和加工噪声两种情况。机械噪声是指各种机械设备所发出的噪声，如电机、活塞、刀具、夹具等设备；加工噪声是指各种加工设备工作时产生的噪声，如电机运转、螺母摩擦等。根据企业生产现场情况可以判断员工工作环境中是否存在着有害作业声响。

3. 提高员工工作效率

6S管理提倡“自我教育”与“自我提高”。“自我教育”要求员工通过自我反思改善工作行为和生活方式，不断提高自己对他人、环境、社会的认识水平；“自我提高”要求企业员工不仅要从工作开始做起，还要从提高个人素质做起，通过自身素质的提高去影响周围人。加强员工之间的沟通以及时消除不良影响，加强对员工个人形象、仪容仪表和职业素养提升的帮助，加强对员工工作技能和专业知识的指导等，这些都是为6S管理能够给员工带来积极影响而采取的措施，最终在员工个人素质与工作效率提升之间建立起良性循环关系。

4. 节约成本

在很多企业中，员工的思想观念与企业效益成正比关系。他们都将经济效率作为第一追求；他们所采取的一切措施都是为了提高企业经济效益；他们认为“成本＝质量×数量×时间”“生产过程是一种浪费”“在生产过程中没有浪费”等思想阻碍着他们在生产中发挥作用；他们认为没有付出就没有收获，没有付出就没有质量和效益。推行6S管理能促进员工牢固树立节约意识，以良好的心态和高度负责任的态度对待每一项工作、每一道工序、每一位顾客、每一件产品。在这种思想指导下，就能不断激励员工主动行动起来，持续改进并投入生产实践中去，通过制定具体工作目标促使员工在实现目标时更加投入，从而提高工作效率，减少成本。

（三）6S管理的基本原则

工作现场是一个场所，要有整体的管理目标，要将各个工作现场所存在的问题进行归纳整理。对工作现场进行整体、全面地整理和整顿是6S管理的首要原则。要想完成这一原则，必须在目标制定后把需要整顿完成的工作现场明确标示出来。不需要整顿的工作现场，也要进行整顿打扫，做到标本兼治。

1. 整齐划一，目标明确

把对工作现场“不整齐”和“乱”的整理，归类到“六大无”（生产无事故，作业无违章，设备无缺陷，环境无隐患，制度无缺陷，教育无遗漏）中。在制定6S管理策略时，首先要清楚每一个流程所需要花费的时间和成本是多少；其次要明确自己需要对哪一处地方进行整理。“六大无”活动在6S管理中所发挥出的最大效能就是为6S管理制定了目标，并据此将它们分解到每一个具体工作现场、每一位员工或每一个团队。

例如，整理生产现场时要用胶带固定物品并有序摆放；成品包装现场要整齐有序放置一些标签、装订盒等；现场清洁要擦净地上的脏污；清洁工具要统一摆放整齐；地面杂物要清理干净；各员工要严格遵守“六大无”规范等来做好工作现场环境卫生整治活动。

2. 提高效率

在6S管理中，提高效率是第一位的。提高效率要通过提高对物品所占空间的利用率来实现。通过清除影响工作效率的因素，减少浪费，从而使各个工作场所都保持高效、整洁。

3. 安全卫生，洁净整洁

6S管理要求在不影响员工工作效率的前提下，使企业得到最大的效益和发展。企业的安全卫生工作是企业发展中重要的组成部分，对于保障员工生命财产安全，保证企业持续发展具有重要意义。企业在6S管理中要保障员工安全，防止事故发生。保持工作场所清洁干净，保持地面干净、无烟蒂、无蜘蛛网。

汽车故事

6S管理：从日本到中国的精益求精

5S管理起源于日本，在丰田公司的倡导推行下，5S管理因对于塑造企业形象、降低成本、准时交货、安全生产、高度标准化管理及建造令人心旷神怡的工作场所等现场改善方面的巨大作用而被各国管理界所认识。

5S管理引进中国后，由于企业发展的需要，海尔集团等部分知名企业在5S的基础上增加了一个S，即安全（Security），目的是突出安全管理的重要性。与5S管理相比，6S管理实现了三大创新，即由活动演变为管理体系的创新、方法的创新、与本土企业相结合的创新。经过企业管理者多年的实践和探索，6S管理已成为一套符合中国国情的工厂现场管理方法。

6S管理是指对生产现场中的人员、机器、材料、方法等生产要素进行有效的管理，对企业每位员工的日常工作行为提出要求，倡导从小事做起，力求使每位员工都养成事事“讲究”的习惯，从而达到提高整体工作质量的目的。

以下是简洁易记的6S管理语句：

整理：要与不要，一留一弃。

整顿：科学布局，取用快捷。

清扫：清除垃圾，美化环境。

清洁：清洁环境，贯彻到底。

素养：形成制度，养成习惯。

安全：安全操作，以人为本。

开展6S管理容易，但长时间维持必须靠素养的提升。6S管理不是一个人或一个部门的事，而是企业每位员工都要参加的整体活动。6S管理是一个循序渐进的过程，它要求不断创新，让6S管理在现在、将来不断精益求精，促进企业经济效益持续增长。6S管理也是一种态度，企业只有把它融入日常管理，并使其形成一种企业文化，才能提高企业的竞争力。

任务实施

参观本地汽车4S店，学习6S管理规范。

一、作业准备

（1）场地设施：汽车4S店。

（2）防护用品：工作服、劳保鞋、安全帽。

（3）大巴车等交通工具。

二、操作步骤

联系本地品牌汽车 4S 店，带领学生参观学习。

任务练习

一、判断题

1. 宪法确立了企业内部劳动纪律这类规章制度的法律地位，明确了企业内部规章制度的法律性质。（　　）

2. 人身安全永远是第一位的。（　　）

3. 车间工作时，为了方便，可以随便从一个工作地点转移到另一个工作地点。（　　）

4. 电气设备管理要先灭火，后断电，根据涉及可燃物类型选择灭火器具。（　　）

5. 在 6S 管理中，提高效率是第一位的。（　　）

二、选择题

1. 安全事故因素有（　　）。

A. 人为因素　　B. 自然因素

C. 其他原因　　D. 不可抗力

2. 把要用的东西，按规定位置摆放整齐，并做好标记进行管理。属于 6S 管理中的（　　）。

A. 整理　　B. 整顿　　C. 清扫　　D. 素养

三、简答题

1. 工具和设备的安全使用注意事项有哪些？

2. 防火注意事项有哪些？

3. 简述 6S 管理的基本原则。

任务三　常用工具及量具

案例导入

王同学在汽车 4S 店跟岗实习时，被分配到机修车间进行维修操作。由于没有经验，再加上平时对工具使用不太注意，有一次使用扳手紧固发动机油底壳螺栓时用力过猛，导致螺栓断裂。经师傅采取修复措施，重新用丝锥扳手攻丝更换螺栓后才解决问题。师傅与他分析研究了问题原因，发现是工具扳手选用不当。在以后的操作中，王同学吸取教训，按照工具选用原则进行作业，就再无此类问题出现。

知识探究

一、汽车维修通用工具的选用

（一）扳手

扳手是一种常用的安装与拆卸工具，是利用杠杆原理拧转螺栓、螺钉、螺母等的手工工具。扳手通常用碳素或合金材料的结构钢制造。

通常在扳手柄部的一端或两端制有夹持螺栓或螺母的开口或套孔，使用时沿螺纹旋转方向在柄部施加外力，就能拧转螺栓或螺母。维修汽车常用的扳手有以下几种。

1. 套筒扳手

套筒扳手（见图 1－3－1）并不特指一种工具，而是一整套工具的总称。一般来说，套筒扳手有 60 件套、70 件套等规格，包含套筒、套筒接合器、万向节、长接杆、短接杆、滑头手柄、棘轮扳手等工具。套筒扳手是拆卸螺栓最方便、灵活且安全的工具。使用套筒扳手不易损坏螺母的棱角。根据工作空间大小、扭矩要求和螺栓或螺母的尺寸来选用合适的套筒扳手。套筒扳手呈短管状，一端内部呈六角形或十二角形，用来套住螺栓；另一端有一个正方形的头孔，该头孔用来与配套手柄的方榫配合。一般在拆卸螺栓时首选套筒扳手。

2. 梅花扳手

梅花扳手（见图 1－3－2）因工作端环状孔形似一朵梅花而得名，一般成套出现，以 6 件套和 8 件套居多。梅花扳手孔内有 6 或 12 个角，能够将螺栓牢牢地“包”住，因此能有效避免打滑的情况发生，并且和开口扳手相比强度更高，能够承受更大的力矩。但是梅花扳手的缺点也非常明显，那便是套取不太容易，因而它的使用也受到了限制。特别是在狭窄的工作空间里，梅花扳手在旋转 30°后便需要更换位置。

图 1－3－1　套筒扳手

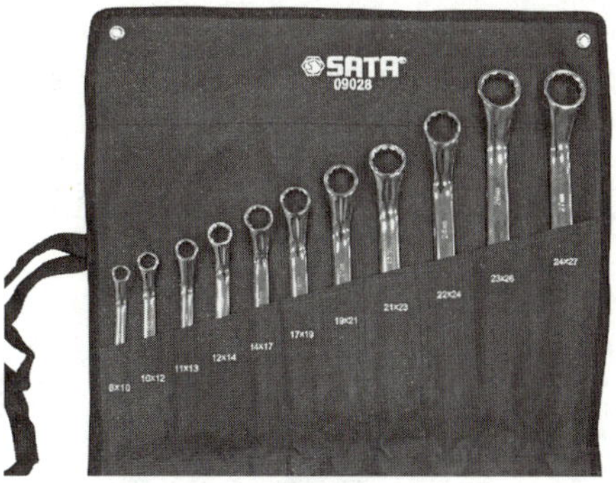

图 1－3－2　梅花扳手

3. 开口扳手

开口扳手是最为常见的一种扳手，如图 1－3－3 所示。由于这种扳手开口的宽度无法调节，因此它还有个名字叫“呆扳手”。开口扳手分为单头和双头两种，开口宽度用 S 表示，常用的开口宽度为 6～24mm。这种工具建议成套配备，以便在维修过程中应对各种型号的螺栓。

在使用时，严格按照螺栓的尺寸来选择开口扳手，以免在作业过程中打滑导致身体失去平衡，如果在尺寸合适的情况下也出现打滑情况，要停止作业。在作业中，建议在条件

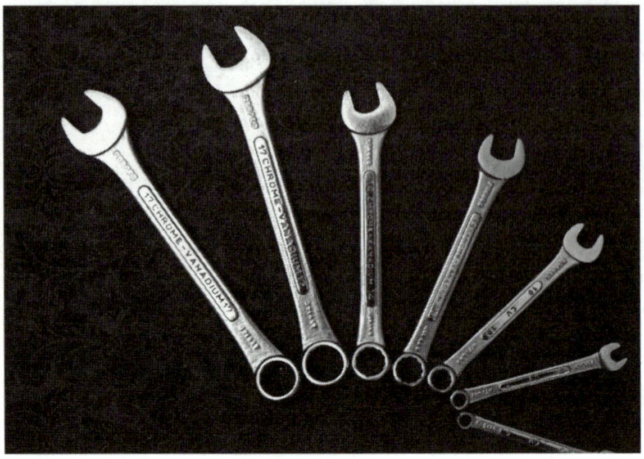

图 1－3－3　开口扳手

允许的情况下都采用拉动式旋拧，也就是说无论松开还是紧固螺栓，扳手的活动方向都应朝向自己，这样可以很好地避免受伤，并且扳手开口较厚的一侧应放在受力较大的一边，以免弄坏工具。如果发现扳手出现裂痕，应及时更换。

4. 活动扳手

活动扳手（见图 1－3－4）最大的特点是开口宽度能够在一定范围内自由调节，但是由于活动扳手拥有一个“大头”，因此缺点也是显而易见的，那便是使用起来不太灵活。它的规格是按照其最大开口宽度来表示的，常见的有 100mm、200mm、250mm 等。和开口扳手一样，活动扳手同样不适合用于旋拧较粗的大力矩螺栓，也不能加长扳手手柄长度，当然更不能认为活动扳手拥有一个“大头”就能代替锤子。在使用方法上，活动扳手和开口扳手一样，需要注意的是固定钳口应放在受力较大的一侧，否则旋拧产生的压力会损坏活动钳口，使活动扳手失去作用。使用活动扳手时，大拇指应靠近蜗杆轴，以便随时调节适应螺栓，避免钳口与螺栓出现间隙。

5. 内六角扳手

内六角扳手（见图 1－3－5）俗称“六角器”，通常规格为 3～27mm，在拆装车门、内饰、灯罩等小部件时常常会用到。由于内六角扳手很细很小，因此在作业时不能过于粗暴，更不能加长扳手以免引起扳手变形损坏。

图 1－3－4　活动扳手

图 1－3－5　内六角扳手

（二）旋具

旋具（见图 1－3－6）就是常说的“螺丝刀”或“起子”，最常见的便是“一”字旋具和“十”字旋具。旋具几乎是家中必备，因为刀口形同加减符号，所以旋具的型号也可以用正负来表示。它的规格是用金属杆的长度来表示的，常见为 100～300mm。

在使用时，旋具刀口的尺寸应和螺栓相吻合，旋转时应和螺栓保持一条直线。如果遇到螺栓较紧无法转动的情况便应停止，不能强行转动旋具或用其他工具过度施加力矩，以免损坏旋具和螺栓沟槽。同时注意残缺的刀口也会损坏螺栓沟槽。

（三）钳子

1. 尖嘴钳

尖嘴钳钳口合拢后头部细长，如图 1-3-7 所示，规格以钳子长度来表示。钳腮前配有刀片，能够剪切电线，适合在较小空间的地方使用。尖嘴钳不可过度施加压力在钳口顶端夹持硬物，以免因钳口变形无法正常闭合而影响精密操作。

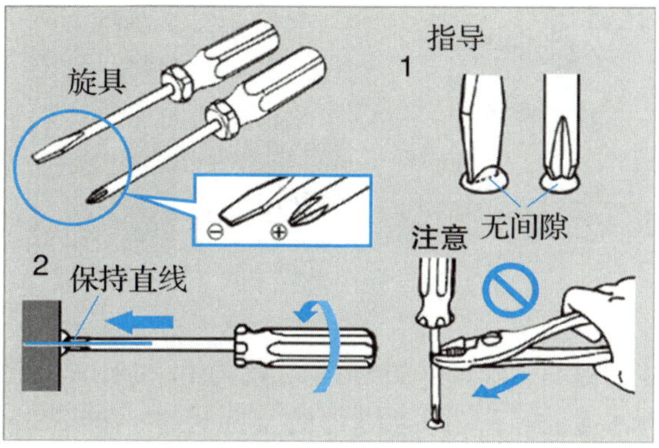

图 1-3-6 旋具

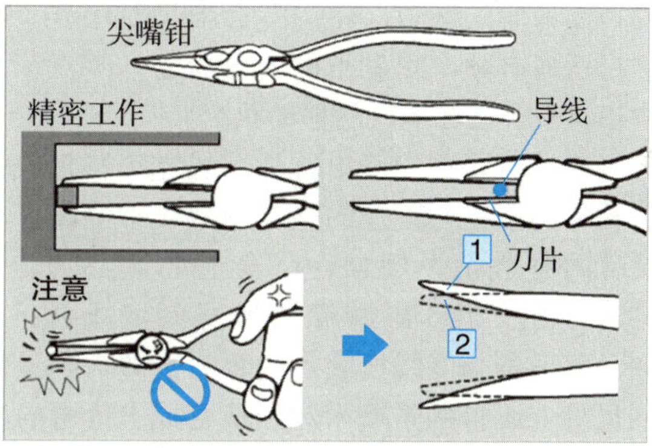

图 1-3-7 尖嘴钳

1—钳口变形；2—钳口正常闭合位置

2. 鲤鱼钳

和尖嘴钳相比，鲤鱼钳较大，钳口采用平口细齿，如图 1-3-8 所示。无论是在生活中还是在汽车维修中，锂鱼钳都是使用频率较高的工具。由于鲤鱼钳的钳齿较细较深，在对易损件进行作业时，建议用布包裹零部件，以免对零部件表面造成损坏。鲤鱼钳可代替扳手旋拧一些小螺栓。

3. 剪钳

剪钳用于切割细导线，如图 1-3-9 所示。由于刀片尖部为圆形，它可用以切割细线，或者选择所需的线从线束中切下。但是它不能用以切割硬的或粗的线，否则会损坏刀片。

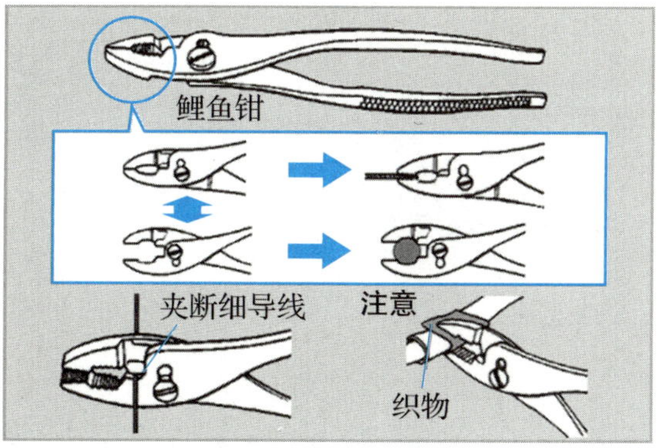

图 1-3-8 鲤鱼钳

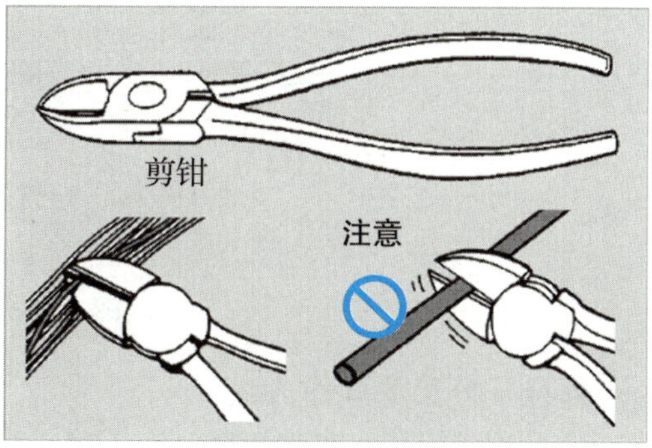

图 1-3-9 剪钳

二、汽车常用量具的使用

量具是测量零件的尺寸、角度、形状精度和相互位置精度等所用的测量工具。常用量具包括游标卡尺、外径千分尺、百分表、量缸表、塞尺等。

（一）游标卡尺

游标卡尺又称四用游标卡尺，简称卡尺，如图 1-3-10 所示，是由尺身和附在尺身上能滑动的游标制造而成的精密测量仪器，能够正确且简单地进行长度、外径、内径及深度的测量。使用游标卡尺时应先进行下列事项：测量爪的密合状态；零点校正；检查游标卡尺的移动状况。

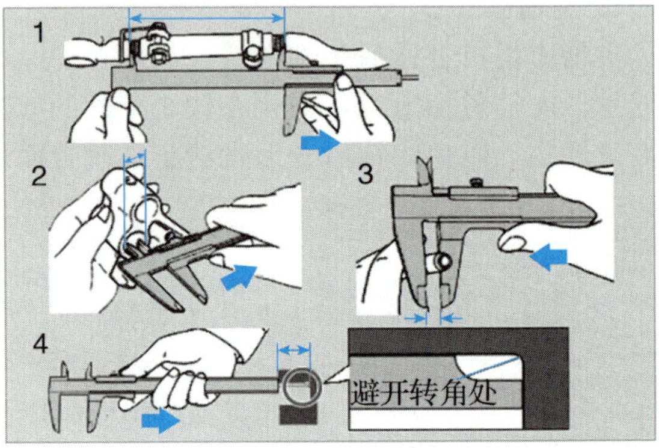

图 1-3-10 游标卡尺

读数时，首先读出游标零线左边与尺身相邻的第一条刻线的整毫米数，即测得尺寸的整数值，例如，尺身上的读数为 65.00mm。再读出游标与尺身刻度线对齐的那一条刻度线所表示的数值，即为测量值的小数，例如，游标的读数为 0.24mm。把从尺身上读得的整毫米数和从游标上读得的毫米小数加起来即为测得的实际尺寸，即 65+0.24=65.24（mm）。

（二）外径千分尺

外径千分尺又称螺旋测微器，如图 1-3-11 所示，它是利用螺纹节距来测量长度的精密测量仪器，用于测量加工精度要求较高的零部件，汽车维修工作中一般使用可以测 1/100mm 的外径千分尺，其测量精度可达到 0.01mm。外径千分尺主要由测砧、测微螺杆、尺架、固定套筒、微分筒、棘轮旋钮及锁紧装置等组成。

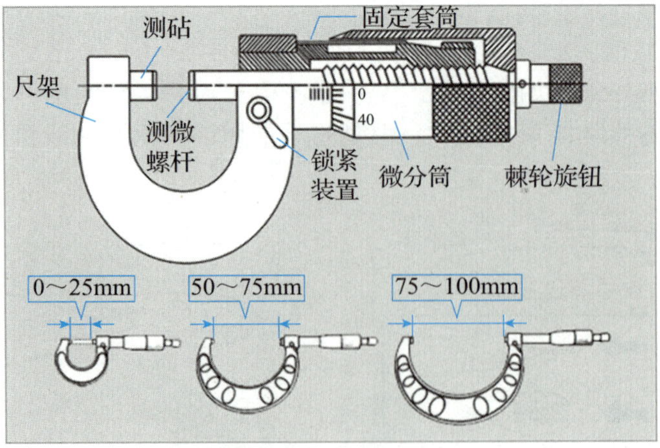

图 1-3-11 外径千分尺

外径千分尺的操作方法：

（1）测试前用软布将测量面擦干净，旋转测微螺杆使之与测砧并拢，查看尺身（固定刻度）和游标尺（可动刻度）的零刻度线是否对齐。若未对齐，应根据原始误差修正测量读数。

（2）测量工件时，一只手拿住尺架，另一只手拿被测物体，使被测物体位于测微螺杆和测砧之间，旋转粗调旋钮，待测微螺杆靠近被测物体表面时改用细调旋钮，当测微螺杆和被测物体相接后的压力达到某一数值时，棘轮将滑动并有“咔咔”的响声，此时停止转动旋钮，并锁紧紧固螺钉。

（3）读数，如图 1-3-12 所示，在尺身（固定刻度）上读取毫米整数（注意 0.5mm 的短线是否露出），在游标尺（可动刻度）上读取与尺身横线对齐的格数 n，在第三标尺上读取与游标尺刻度对齐的千分位数值。L＝尺身毫米整数＋n×可动刻度分度值＋千分位数值。

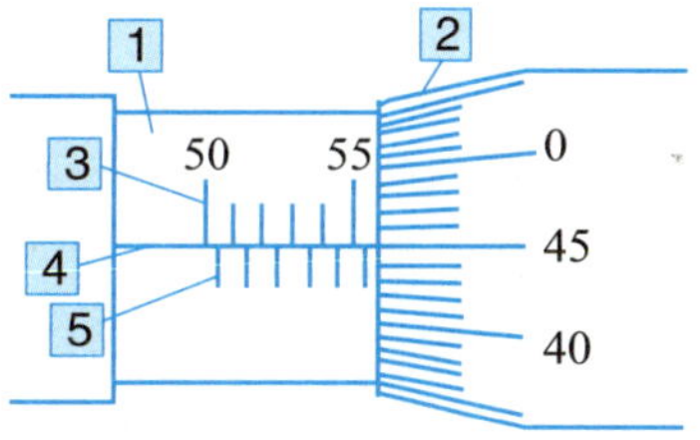

图 1-3-12 外径千分尺刻线

1—固定套筒；2—微分筒；3—整数标尺；4—固定刻度；5—0.5mm 标尺

（三）百分表

百分表利用指针和刻度将心轴移动量放大来表示测量尺寸，主要用于测量工件的尺寸误差以及配合间隙。汽车修理厂大多采用最小刻度为 1/100mm 的百分表，同时百分表可以和夹具配合使用。

百分表的测量头包括四种类型，分别为：长型，适合在有限空间中使用；滚子型，用于轮胎的凸面/凹面测量；杠杆型，用于测量不能直接接触的部件；平板型，用于测量活塞突出部分等。百分表表盘（可以转动）刻度分为 100 格，测量头每移动 0.01mm，大指针偏转 1 格；测量头每移动 1.0mm，大指针偏转 1 周。小指针偏转 1 格相当于 1mm。

百分表需要装设在表座上才能使用，如图 1-3-13 所示，在表座内部设有磁铁，旋转表座上的旋钮使表座吸附在工具台上，因而百分表又称磁性表。此外，百分表还可以和夹具、V 形槽、检测平板和顶心台合并使用，进行弯曲、振动及平面状态的测定或检查。

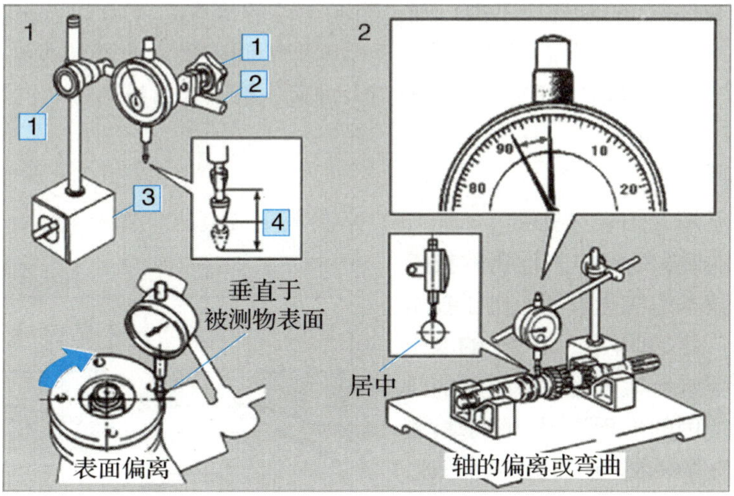

图 1-3-13 百分表使用

1—调整旋钮；2—调整杆；3—磁性表座；4—测量头

（四）量缸表

量缸又称内径百分表，是利用百分表制成的测量仪器，也是比较常用的测量孔径的工具。在汽车维修中，量缸表通常用于测量气缸的磨耗量及内径。

量缸表主要由百分表、测杆、测头和替换杆件紧固螺钉等构成，如图 1-3-14 所示。

在测量内径很小的配件时，如气门导管等，就需要另一种类似于量缸表的量具——卡规。在使用卡规时，将测量端压缩放入被测物体内，读数方法与量缸表相同，当移动吊耳移动2mm时，长指针转动一圈，测量精度为0.01mm。

（五）塞尺

塞尺又称厚薄规或间隙片，如图1-3-15所示，是一组淬硬的钢条或刀片，这些淬硬的钢条或刀片被研磨或滚压成精确的厚度，它们通常都成套供应，在汽车维修工作中主要用于测量气门间隙、触点间隙和一些接触面的平直度等。塞尺的每条钢片标示了厚度（单位为mm），可以单独使用，也可以将两片或多片组合在一起使用，以便获得所要求的厚度，最薄的一片可以达到0.02mm。常用塞尺长度有50mm、100mm、200mm。

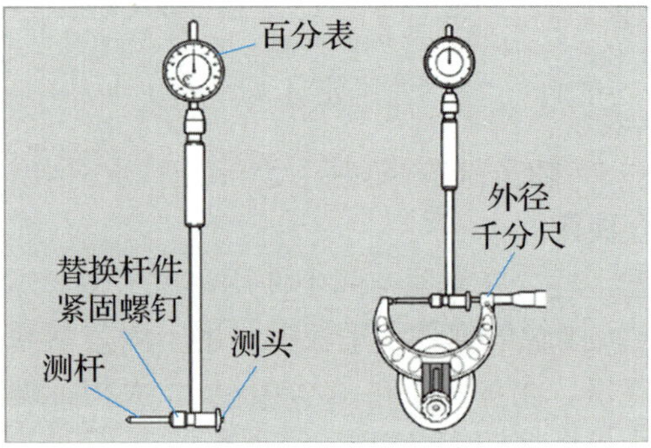

图1-3-14　量缸表

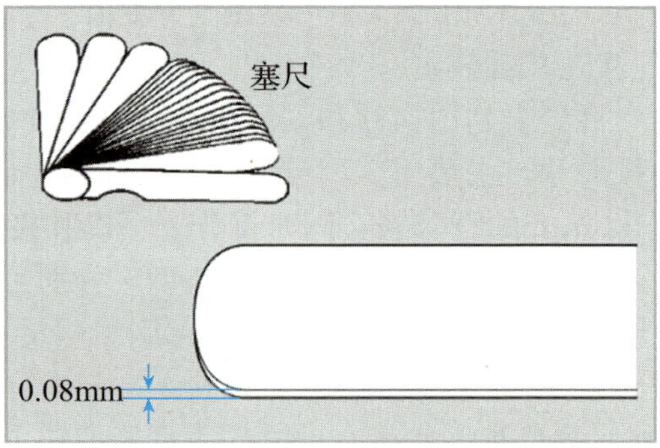

图1-3-15　塞尺

使用塞尺测量时，应根据间隙的大小，先用较薄片试插，逐步加厚，可以一片或数片重叠在一起插入间隙内，插入深度应在20mm左右。例如，用0.2mm的塞尺刚好能插入两工件的缝隙中，而0.3mm的塞尺插不进，则说明两工件的接合间隙为0.2mm。使用塞尺测量时，必须平整插入，松紧适度，所插入的塞尺厚度即为间隙尺寸。严禁将塞尺用大力强硬插入缝隙测量。插入时应特别注意前端，不要用力过猛，否则容易折损或弯曲塞尺。

三、汽车万用表

汽车修理中常用万用表（见图1-3-16）来测量交流电压、直流电压、电流和导体电阻等，以判断电路的通、断和电气设备的技术情况。随着汽车技术的快速发展，电子技术在汽车中得到了广泛的应用，当汽车的电子元件出现故障需要进行检查时，最重要的是测量数据和故障原因的推理过程。除了检测电压、电阻和电流等参数，还需要检测转速、闭合角、频宽比（占空比）、频率、压力、时间、电容、电感、温度、半导体元件等。

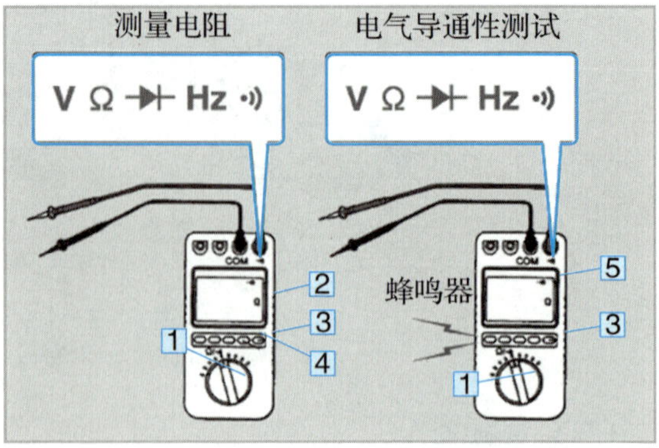

图1-3-16　汽车万用表

1—挡位开关；2—表体；3—电源开关；4—功能按键；5—显示屏

汽车万用表一般应具备下述功能：

（1）测量交、直流电压。考虑到电压的允许变动范围及可能产生的过载，汽车万用表应能测量大于40V的电压值，但测量范围不能过大，否则，读数的精度下降。

（2）测量电阻。汽车万用表应能测量 1MΩ 的电阻，测量范围大一些则使用起来较方便。

（3）测量电流。汽车万用表应能测量大于 10A 的电流，测量范围再小则使用不方便。

（4）记忆最大值和最小值。该功能用于检查某电路的瞬间故障。

（5）模拟条显示。该功能用于观测连续变化的数据。

（6）测量脉冲波形的频宽比和点火线圈一次侧电流的闭合角。该功能用于检测喷油器、怠速稳定控制阀、EGR 电磁阀及点火系统等的工作状况。

任务实施

一、汽车工具的使用

（一）作业准备

（1）场地设施：理实一体化教室，有消防设施的场地。

（2）设备：汽车零件或总成（发动机或变速器）。

（3）工具：套装工具。

（4）防护用品：工作服、劳保鞋。

（5）耗材：海绵、干净抹布、泡沫清洗剂。

（二）操作步骤

拆卸汽车零件或总成的步骤：

（1）使用套筒扳手拆卸零件。

（2）使用梅花扳手拆卸零件。

（3）使用开口扳手拆卸零件。

（4）使用活动扳手拆卸零件。

（5）使用内六角扳手拆卸零件。

（6）使用其他工具，如套筒接合器、万向节、长接杆、短接杆、滑头手柄、棘轮扳手等进行作业。

装配过程按拆卸的相反顺序进行。

二、量具的使用

（一）作业准备

（1）场地设施：理实一体化教室，有消防设施的场地。

（2）设备：汽车零件或总成（发动机或变速器）。

（3）工具：游标卡尺、外径千分尺、百分表、塞尺。

（4）防护用品：工作服、劳保鞋。

（5）耗材：海绵、干净抹布、泡沫清洗剂。

（二）操作步骤

（1）使用游标卡尺测量汽车零件，比如气门，测出气门杆直径、长度等。

（2）使用外径千分尺测量汽车零件，正确读出数值。

（3）使用百分表测量曲轴主轴颈径向圆跳动误差，如图 1-3-17 所示。

（4）用塞尺检测火花塞间隙，如图 1－3－18 所示。

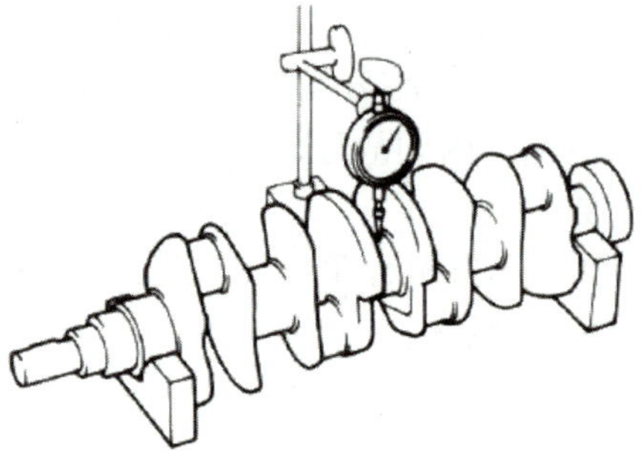

图 1－3－17　测量曲轴主轴颈径向圆跳动误差

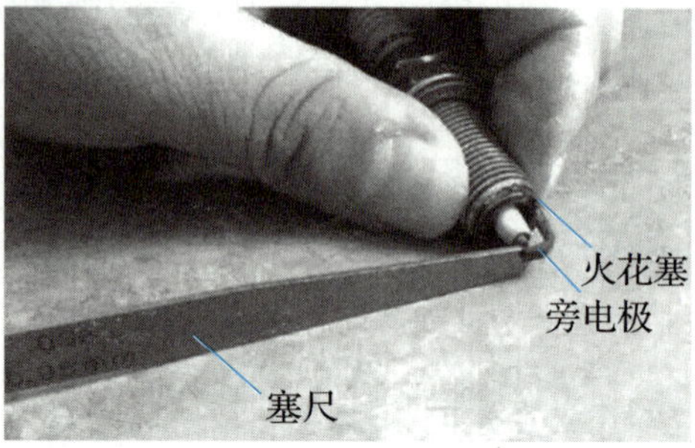

图 1－3－18　检测火花塞间隙

三、汽车万用表的使用

（一）作业准备

（1）场地设施：理实一体化教室，有消防设施的场地。

（2）设备：实训用整车。

（3）工具：汽车万用表。

（4）防护用品：工作服、劳保鞋。

（5）耗材：海绵、干净抹布、泡沫清洗剂。

（二）操作步骤

（1）使用汽车万用表检测蓄电池电压。

（2）使用汽车万用表检测导线电阻。

（3）汽车万用表其他功能的操作。

任务练习

一、判断题

1. 汽车拆装时工具首选梅花扳手。（　　）

2. 使用活动扳手时，大拇指应靠近蜗杆轴，以便随时调节适应螺栓，避免钳口与螺栓出现间隙。（　　）

3. 尖嘴钳可过度施加压力在钳口顶端夹持硬物。（　　）

4. 游标卡尺读数可以读出小数点后 3 位。（　　）

5. 百分表大指针偏转 1 周、小指针偏转 1 格，相当于 10mm。（　　）

二、选择题

1. 拆卸发动机外围附件时可以优先选用（　　）扳手。

A. 开口　　B. 梅花　　C. 活动　　D. 套筒

2. 拆卸火花塞时可以用（　　）扳手。

A. 开口　　B. 火花塞专用　　C. 活动　　D. 套筒

3. 塞尺最薄可以测量（　　）mm 的间隙。

A. 0.1　　B. 0.01　　C. 0.05　　D. 0.02

4. 汽车万用表应能测量大于（　　）A 的电流。

A. 1　　B. 10　　C. 5　　D. 100

三、简答题

1. 梅花扳手有什么特点？
2. 简述外径千分尺的操作方法。
3. 简述汽车万用表的功能。

项目小结

1. 汽车拆装是指汽车拆卸与装配，在整个汽车修理工作中具有十分重要的地位。

2. 汽车拆卸的目的是检查和修理汽车的零部件，以便对需要保养的总成进行保养，或对有缺陷的零件进行修复或更换，使配合关系失常的零件经过调整达到规定技术标准。

3. 汽车拆卸要由表及里逐步拆卸。一般先拆车厢、外部线路、管路、附件等，然后按机器—总成—部件—组合件—零件的顺序进行拆卸。

4. 根据目前我国的汽车生产工艺和技术水平状况，实行三级维护制度，即日常维护、一级维护、二级维护。

5. 安全操作规程是指导员工安全操作的准则，维修企业的广大职工必须严格遵守。

6. 企业内部依据有关劳动保护法律、法规及技术标准、规程制定的安全生产责任制、安全操作规程、安全管理制度、劳动纪律等规章制度，是国家有关法律、法规在生产过程方面的延伸。

7. 汽车 4S 店的 6S 管理是指：整理（Seiri）、整顿（Seiton）、清扫（Seiso）、清洁（Seiketsu）、素养（Shitsuke）、安全（Security）。

8. 常见的汽车拆装与维修工具和量具有扳手、旋具、钳子、游标卡尺、外径千分尺、百分表、量缸表、塞尺、万用表等。

项目二

动力总成的拆装与维护

项目描述

动力总成是指车辆上产生动力，并将动力传递到路面的一系列零部件。广义上包括发动机、变速箱、驱动轴、差速器、离合器等，但通常情况下，动力总成仅指发动机和自动变速器。

为了降低汽车发动机及动力总成故障率，延长使用寿命，需对汽车发动机及动力总成进行维护。涉及的机构和系统有：曲柄连杆机构、配气机构、冷却系统、润滑系统、点火系统和起动系统。同时考虑到新能源汽车，尤其是纯电动汽车的重要性日益彰显，电驱动作为新能源汽车的核心零部件之一，对新能源汽车的性能有着重要影响。电驱动对于新能源汽车的动力性、经济性、舒适性、安全性、可靠性、耐久性有着重要意义。提高电驱动的技术水平和质量，需要从驱动能力、驱动效率、控制精度、系统稳定性、电磁性能、工作寿命等关键技术入手。此外，从产业化的需求来讲，低成本、小型化、智能化三方面是重中之重。在本项目中增加驱动电机的相关内容。

学习目标

知识目标	1. 掌握汽车发动机零部件组成及机构特点
	2. 掌握汽车发动机拆装的方法
	3. 掌握驱动电机的结构特点和拆装的步骤
能力目标	1. 掌握汽车发动机的拆装技能
	2. 熟悉汽车发动机零部件之间的连接关系
	3. 掌握发动机和驱动电机的维护技能
素质目标	1. 培养团队意识及协作能力
	2. 培养善于观察、勤于动手和总结归纳的习惯
	3. 培养热爱劳动、吃苦耐劳的精神
	4. 培养良好的 6S 工作习惯

任务一　曲柄连杆机构的拆装与维护

案例导入

王先生在早晨驾驶丰田凯美瑞轿车像往常一样去上班，途中在车辆上坡时明显感觉车辆动力不足，功率下降，节气门响应迟缓，爬坡无力，随后他将车辆送进 4S 店进行维修。后来通过高级维修技术人员详细检查，初步判断可能是气缸压力过低造成的故障。经过维修技术人员进一步的检测，发现该车辆的发动机尾气有冒蓝烟现象，明显是活塞环磨损、与气缸的配合间隙过大造成的，更换活塞环后故障解决。

知识探究

一、曲柄连杆机构的功能

曲柄连杆机构由机体组、活塞连杆组、曲轴飞轮组三部分组成，如图 2－1－1 所示。曲柄连杆机构将活塞的往复运动转变为曲轴的旋转运动，同时将作用于活塞上的力矩转变为曲轴对外输出的转矩，以驱动车辆行驶。

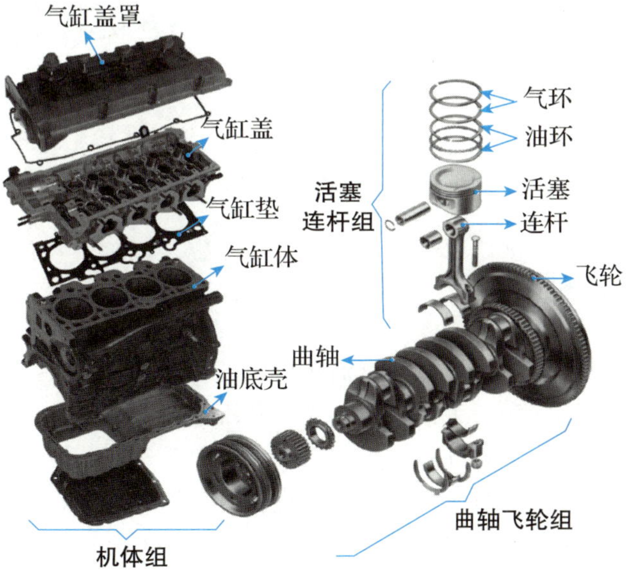

图 2－1－1　曲柄连杆机构

机体组是发动机的支架，是曲柄连杆机构、配气机构和发动机各系统主要零部件的装配基体，它把发动机的各个机构和系统组成一个整体，保证了它们之间必要的相互关系。

活塞连杆组主要的作用是：活塞把来自燃烧室的化学能转变为往复运动的机械能，然后传递给连杆，连杆再将往复运动传递给曲轴使之做旋转运动，同时将作用于活塞上的力转变为曲轴对外输出的转矩，以驱动汽车车轮转动。连杆是发动机的传动件，把燃烧气体的压力传给曲轴，使曲轴旋转并输出动力。

曲轴飞轮组将旋转运动通过离合器传递给变速箱，为汽车的行驶和其他需要动力的机构输出扭矩，同时还储存能量，用以克服非做功行程的阻力，使发动机运转平稳。

二、曲柄连杆机构的基本结构

曲柄连杆机构由机体组、活塞连杆组和曲轴飞轮组组成，具体如下：

（1）机体组包括气缸体、气缸盖、气缸垫、气缸盖罩和油底壳。

（2）活塞连杆组一般包括活塞、活塞环（包括第一道气环、第二道气环、油环）、活塞销、连杆、连杆盖、连杆衬套、连杆轴瓦（包括上、下瓦）、连杆螺栓等，如图 2－1－2 所示。

（3）曲轴飞轮组（见图 2－1－3）一般包括曲轴、曲轴轴瓦（包括上、下瓦）、飞轮、飞轮螺栓等。

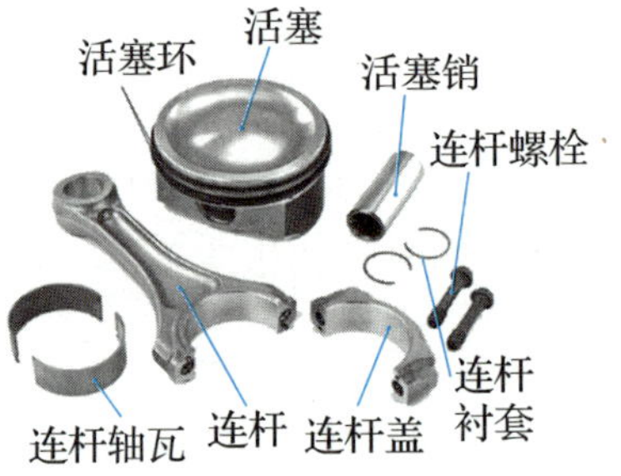

图 2－1－2　活塞连杆组

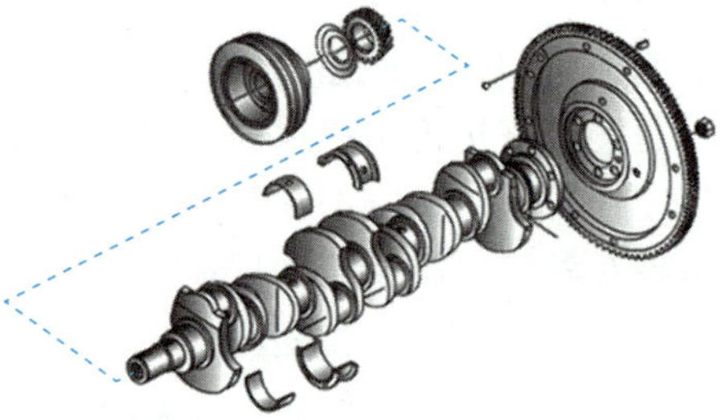

图 2－1－3　曲轴飞轮组

任务实施

一、曲柄连杆机构的拆装

（一）作业准备

（1）场地设施：理实一体化教室，有消防设施的场地。

（2）设备：实训整车一辆、工作台、零件车及维修手册。

（3）工具：量具及专用工具等。

（4）防护用品：工作服、劳保鞋、车外三件套、车内三件套。

（5）耗材：干净抹布、泡沫清洗剂。

（二）操作步骤

1. 拆卸发动机

拆掉进油管、进出水管、连接线路和连接螺栓等，装好起吊绳索，把发动机从车上拆下来，并放置在发动机专用固定架上。拆卸发动机示意图如图 2－1－4 所示。

2. 拆卸 V 形带及正时齿形带

（1）旋松发动机撑紧臂的固定螺栓，拆卸水泵、发动机的同步带。

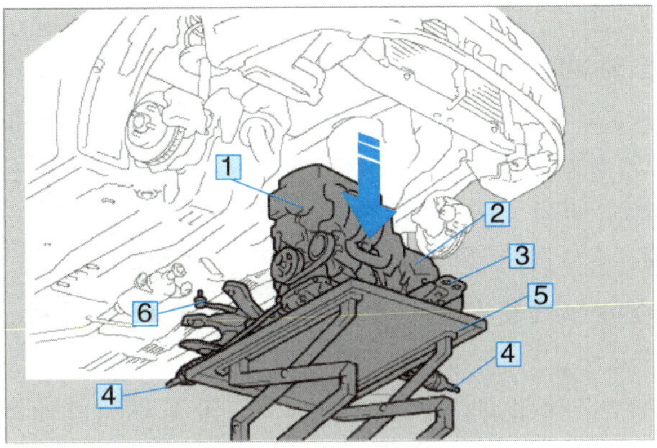

图 2-1-4　拆卸发动机示意图

1—发动机；2—传动桥；3—悬架梁；4—驱动轴；5—发动机托架；6—转向机

（2）拆卸水泵带轮、曲轴带轮，拆卸同步带上的防护罩。注意观察曲轴、凸轮轴正时标记，分别如图 2-1-5、图 2-1-6 所示，若正时标记没有对齐，可摇转曲轴使之对齐。

图 2-1-5　曲轴正时标记

图 2-1-6　凸轮轴正时标记

（3）当正时标记对齐时，可旋松正时齿形带张紧轮紧固螺母，转动张紧轮的偏心轴，使正时带松弛，取下正时带。

3. 拆卸发动机外部附件

拆卸水泵上面尚未拆卸的连接管。拆卸水泵、发电机、起动机、分电器、汽油泵、机油滤清器、进气管、排气管、火花塞等总成部件，摆放整齐。

4. 拆卸曲轴连杆机构

（1）放出油底壳内的机油，拆下油底壳。装配时要更换新机油密封衬垫。

（2）拆卸机油泵、机油滤清器。

（3）拆卸气门室罩。安装时要更换气门室罩密封垫。

（4）拆卸发动机气缸盖。拆下气缸盖时，应将其螺栓从两端向中间分次、交叉对角地拆卸，先用扳手将气缸盖螺栓卸力，然后使用快速摇把或其他扳手将气缸盖螺栓旋下。

（5）取下气缸垫。安装时更换新的气缸垫。

（6）用扳手旋松连杆螺栓，将活塞连杆组依次按顺序取下并摆放整齐，连杆轴瓦不得混装。

（7）用扳手旋松曲轴轴瓦螺栓，将曲轴飞轮组从气缸体上拆卸下来。

（8）将拆卸下来的所有零部件按顺序摆放整齐，以备查验零部件的使用情况，如图 2－1－7 所示。

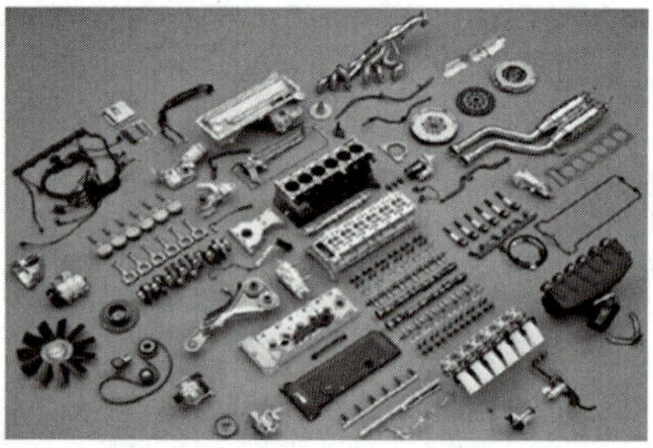

图 2－1－7　零部件摆放规范

注意事项

（1）发动机的拆卸必须在完全冷却的状态下进行，以免机件变形。

（2）发动机拆卸前必须排放冷却液和机油，并且释放燃油压力。

（3）发动机起吊时必须连接牢固，以确保起吊的安全性。

（4）使用千斤顶等举升设备时，必须确保支承点正确无误，并使支承稳固可靠，否则不得进入车下进行操作。

（5）吊装发动机等总成时，操作过程中不可将手脚伸入易被挤压的部位，以免发生危险。

（6）发动机总成解体时，应使用专用工具或机具，按照分解顺序进行，做标记并规范摆放。对于较难拆卸的零件，必须采用合理有效的方法，不得违反操作规程。

5. 装配曲柄连杆机构

曲柄连杆机构是发动机的重要机构，其安装顺序与拆卸顺序相反。

注意事项

（1）在发动机的安装件和安装托架固紧之前，不要完全松脱起吊装置，以免发生安全事故。

（2）按规定程序和规定的牌号、数量，将发动机的润滑油、变速器润滑油和冷却液加至标准量。

（3）按规定的方法，将阻风门、节气门和离合器拉索调整到标准要求。

（4）按规定的拧紧力矩，将发动机安装部位、转向球节螺栓、稳定杆安装托架螺钉等紧固。

（5）各导线的插接器要插接到位，接线要正确无误。

（6）在发动机安装后和起动之前要全面检查安装部位的正确性。

（7）起动发动机后，应检查点火正时是否正确。如果不正确，则按规定要求予以调整。

（8）发动机起动后，要检查冷却系统、润滑系统和发动机运转部分是否有漏水、漏油、漏气部位及不正常的异响和噪声。

（9）在发动机起动检查之后，应行驶 1～3km，检查各拉索调整的正确性和各零部件的工作状况是否正常。

二、曲柄连杆机构的维护

（一）作业准备

（1）场地设施：理实一体化教室，有消防设施的场地。

（2）设备：大众 EA888 发动机电控实验台、工作台、零件车。

（3）工具：世达 150 件工具套装、扭力扳手、铲刀、刀口尺、塞尺。

（4）防护用品：工作服、劳保鞋。

（5）耗材：干净抹布。

（二）操作步骤

1. 拆洗油底壳

（1）拆下油底壳，并清洗干净。

（2）检查放油螺塞和放油螺塞垫片，应保证完好无损。

2. 曲轴轴承间隙的检查

（1）拆下某一道曲轴轴承盖，将轴承盖与轴颈擦拭干净。

（2）根据轴颈长度剪下一段塑料间隙条，按与曲轴轴线平行的方向放置在轴承盖上，如图 2－1－8 所示。

（3）将轴承盖按原有规定记号装复，并按规定的力矩拧紧主轴承盖螺栓。

（4）拆下曲轴轴承盖，对照塑料间隙条宽度，调整测量间隙，测量间隙规宽度对应的间隙值即为曲轴轴承间隙，如图 2－1－9 所示。

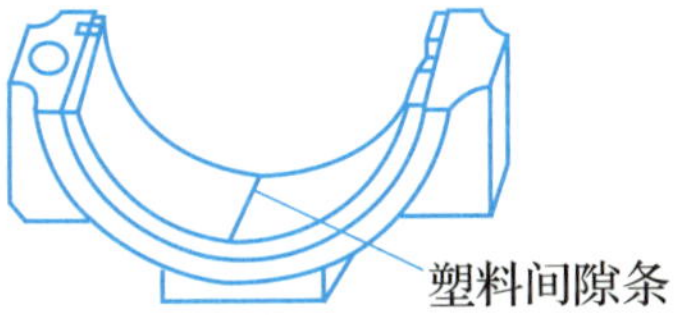

图 2－1－8 在轴承盖上放置塑料间隙条

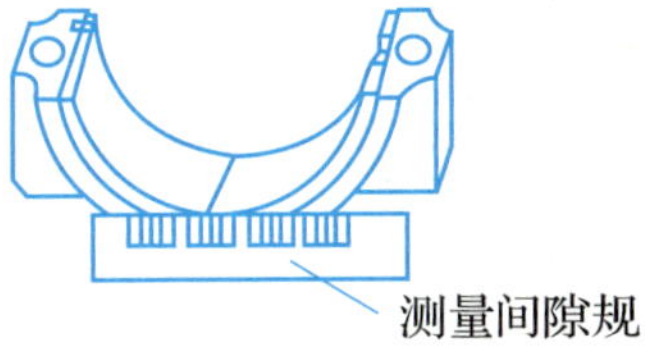

图 2－1－9 测量曲轴轴承间隙

（5）根据推荐的间隙进行曲轴轴承间隙判断。

注意事项

（1）整个拧紧过程不要转动主轴，以防止损坏塑料间隙条。

（2）曲轴轴承间隙超过限度应予以调整或更换。

3. 曲轴轴承间隙的调整

（1）若轴承盖与轴承座之间有调整垫片，则适当增减垫片。增加垫片，间隙增大；减少垫片，间隙变小。

注意事项

转动曲轴时应拆下全部火花塞。

（2）若无调整垫片，则成对更换新轴承，并重新进行装配调整。

4. 连杆轴承间隙的检查与调整

（1）办法同曲轴轴承间隙的调整。对比使用标准和使用限度进行判断。

（2）经验检查法。摇转曲轴，将需要检查的连杆轴承转至下方，用锤柄沿曲轴轴向（前后）轻轻敲击连杆轴承盖，连杆大端应能移动，两手上下推动连杆大端应无明显的间隙感，否则，说明连杆轴承间隙过大。

（3）成对更换新连杆轴承，并重新进行装配调整。

5. 曲轴轴向间隙的检查和调整

（1）拆下飞轮壳底盖。

（2）将百分表表座固定在飞轮壳上，百分表测量头抵触在飞轮的外平面上，用撬棒前后撬动曲轴正时皮带轮，百分表指针的摆动值即为曲轴轴向间隙值。对比曲轴轴向间隙标准和使用限度进行判断。

（3）若曲轴轴向间隙超过使用限度，通过改变止推片的厚度可以调整曲轴的轴向间隙。

任务练习

一、判断题

1. 检测气缸压力时，节气门不用全部打开。（　　）

2. 安装火花塞时不需要使用专用工具。（　　）

3. 插接点火线圈线束插接器时，要确认听到锁止到位的“咔嗒”声，是为了确保其牢固。（　　）

4. 发动机的气缸压力越大越好。（　　）

5. 发动机气缸压力低可导致发动机的油耗增加。（　　）

二、选择题

1. 发动机的气缸压力可反映（　　）。

A. 发动机的功率大小　　B. 气缸的密封程度

C. 发动机的动力性　　D. 发动机的经济性

2. 下列不能引起发动机气缸压力过低的为（　　）。

A. 气门磨损严重　　B. 气缸盖出现裂纹

C. 活塞环磨损　　D. 燃烧室内积碳严重

3. 为确保发动机的动力性和经济性，汽油机气缸压力应不低于原厂规定标准值的（　　）。

A. 15%　　B. 8%　　C. 10%　　D. 20%

4. 安装火花塞时必须（　　）。

A. 将火花塞垂直放入火花塞安装孔中　　B. 以45°角安装

C. 以60°角安装　　D. 任意安装

三、简答题

1. 简述曲柄连杆机构的作用。

2. 简述曲柄连杆机构的装配注意事项。

3. 简述连杆轴承间隙的检查与调整方法。

任务二　配气机构的拆装与维护

案例导入

李先生早晨驾驶别克昂科拉SUV像往常一样去上班，途中操纵车辆感觉驾驶无力，车辆反应迟钝，发动机转速表显示转速忽高忽低，同时引擎盖内伴有“嘭嘭”响声，车速提升能力明显下降。随后他将车辆送进4S店进行维修，高级维修技术人员经检查判断是发动机配气机构间隙过大造成的故障。与车主李先生交流后，维修技术人员发现车辆已经一年多没保养了。经店里维修技术人员进行维护保养后车辆故障排除。

知识探究

一、配气机构的功能

配气机构的功能是按照发动机各缸的做功次序和每一气缸工作循环的要求，定时开启和关闭各气缸的进、排气门，配合发动机各缸实现进气、压缩、做功和排气的工作过程。

二、配气机构的基本结构

（一）配气机构的位置

配气机构位于汽车发动机气缸盖上，其大部分被气缸盖罩盖住，气门传动组部分位于发动机前端。

（二）配气机构的组成

发动机配气机构形式多种多样，其主要区别在于气门布置形式和数量、凸轮轴布置形式和驱动方式。按气门的布置形式，主要有气门顶置式和气门侧置式。凸轮轴的布置形式可以分为下置、中置和上置三种，三者都可以用于气门顶置式配气机构。曲轴与凸轮轴之间的驱动方式有齿轮传动、链传动和带传动。

双凸轮轴结构（见图2－2－1）有利于布置更多的气门，气门数多，能提高发动机的进、排气效率，可以进一步提高压缩比，提高发动机的转速。这种双凸轮轴多气门的配气机构，是现代高速汽车发动机配气机构的主要形式。

双凸轮轴结构的配气机构由气门组和气门传动组两部分组成，如图2－2－2所示。

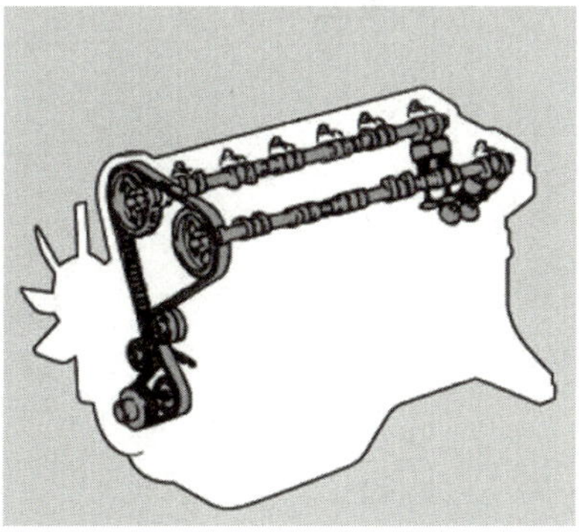

图2－2－1 双凸轮轴结构

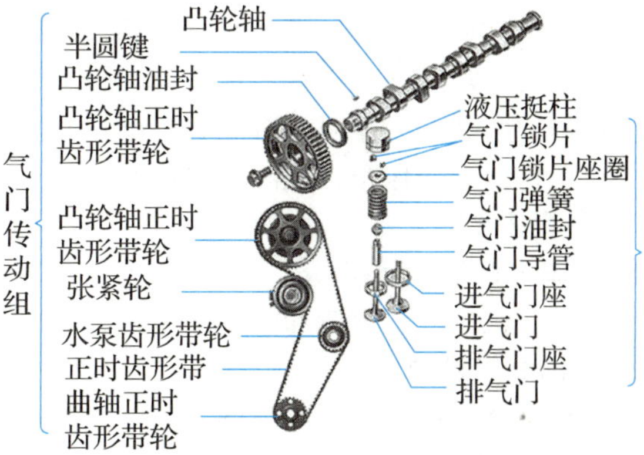

图2－2－2 双凸轮轴结构的配气机构组成

气门组由气门、气门座、气门导管、气门油封、气门弹簧、气门锁片座圈、气门锁片、液压挺柱等组成，其功用主要是维持气门的关闭。

气门传动组由凸轮轴、半圆键、凸轮轴油封、凸轮轴正时齿形带轮、正时齿形带、曲轴正时齿形带轮等组成，其作用是定时驱动气门使其开闭。

汽车故事

奇瑞 ACTECO 系列发动机

奇瑞 ACTECO 系列发动机是国内第一个从设计、研发到生产制造都完全自主的发动机，奇瑞拥有完全的自主知识产权。在设计研发过程中，奇瑞与全球顶级内燃机设计开发公司——奥地利 AVL 进行了深度的技术合作，广泛吸收了大量当代最先进的内燃机技术，其技术集成度处于国际领先地位，功率、油耗、排放等主要技术指标均达到世界一流水平，标志着中国人在新一代高性能汽车发动机领域实现了“零”的突破，开创了研发和制造高性能自主品牌发动机的先河。

ACTECO 系列发动机具有很高的科技含量，如应用了进排气凸轮轴可变气门正时（VVT2）、可控燃烧速率（CBR）、排气涡轮增压中冷（TCI）、汽油缸内直接喷射（DGI）、柴油高压共轨直喷等技术。这些国际领先的技术的应用使得 ACTECO 系列发动机的节能环保特性非常突出。在发动机结构设计上，ACTECO 系列发动机通过充分优化进气燃烧系统，优化发动机缸体、燃烧室、活塞、曲轴连杆等部位的结构设计，使得运转时燃烧非常充分，同时机内应力和摩擦损耗很小，提升了燃油经济性，并实现了“在较低的油耗下获得强劲的动力”和“在较低转速下输出强大的扭矩”的特性。

任务实施

一、配气机构的拆卸

（一）作业准备

（1）场地设施：理实一体化教室，有消防设施的场地。

（2）设备：举升设备，实训整车一辆，工作台，零件车，维修手册。

（3）工具：常用拆装工具、量具及专用工具等。

（4）防护用品：工作服、劳保鞋、车外三件套、车内三件套。

（5）耗材：干净抹布、泡沫清洗剂。

（二）操作步骤

1. 从车上拆下发动机

仅在配气机构气门顶弯和配合间隙过大的情况下从车上拆下发动机。

2. 拆卸配气机构

发动机气缸盖拆解示意图如图 2－2－3 所示。

（1）拆卸加油口盖。

（2）拆卸气缸盖罩，分次逐渐旋开紧固螺母。

（3）取下气缸盖罩压条、密封条及衬套垫。

（4）拆卸润滑油反射罩。

（5）取下半圆键。

（6）拆卸前端凸轮轴正时齿形带轮紧固螺母，取下凸轮轴正时齿形带轮及半圆键。

（7）先拆 1、3、5 号轴承盖固定螺栓，然后对角交替松开 2、4、6 号轴承盖固定螺栓。

（8）拆下轴承盖。轴承盖上做好标记（或拍照对比），以免装配时错位。

（9）拆卸凸轮轴，取出凸轮轴及凸轮轴油封等部件。

（10）拧下气缸盖螺栓，将气缸盖从发动机上拆卸下来。

（11）取出液压挺柱总成。

（12）检查气门顶部有无标记，若无标记，应按顺序做出标记。

（13）用专用压具压下气门弹簧（直接压气门锁片座圈），取下气门锁片，如图 2-2-4 所示。

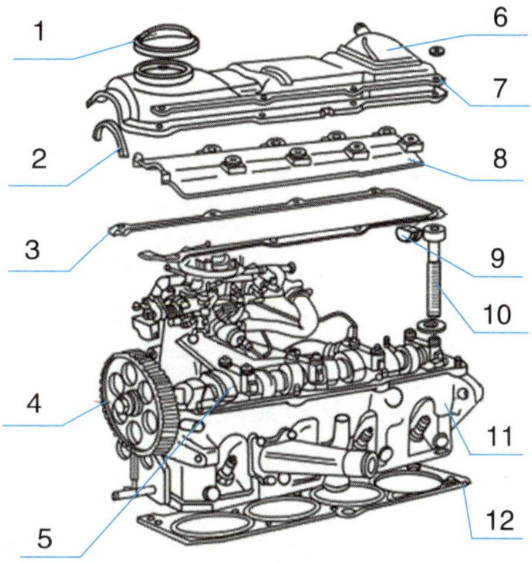

图 2-2-3　发动机气缸盖拆解示意图

1—加油口盖；2—气缸盖罩密封条；3—气缸盖罩衬套；4—凸轮轴正时齿形带轮；5—凸轮轴；6—气缸盖罩；7—气缸盖罩压条；8—润滑油反射罩；9—半圆键；10—气缸盖螺栓；11—气缸盖；12—气缸盖衬垫

（14）取下气门锁片座圈、气门弹簧，如图 2-2-5 所示。

图 2-2-4　气门锁片的拆卸

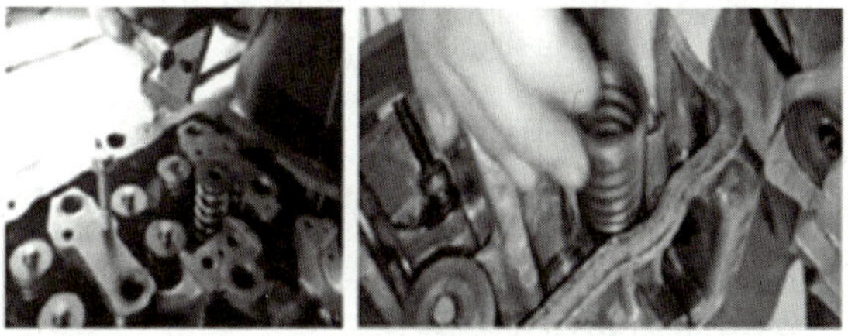

图 2-2-5　气门锁片座圈、气门弹簧的拆卸

（15）拆卸气门及气门油封。

（16）拆卸完毕后，将零件进行清洗、分类和检验。

二、配气机构的装配

（1）安装气门。装上气门后，在气门导管上装上新的气门油封。安装气门油封时，应先套上塑料保护套，最好用专用工具压入。气门杆部先涂以润滑油，插入导管中时不要损伤油封。装上气门弹簧和气门锁片后，用塑料锤轻敲几下，以确保气门锁片安装可靠（凡是使用过的锁片不许再用）。

（2）检查凸轮轴轴向间隙。测量轴向间隙时，不装液压挺柱，装好 1 号和 5 号轴承盖。轴向间隙应不大于维修手册规定间隙。

（3）装入液压挺柱总成。

（4）安装凸轮轴和油封。1）安装凸轮轴时，第一缸的凸轮轴必须朝上。2）安装凸轮轴轴承盖时，注意轴孔上、下两部分必须对准。3）将凸轮轴放入各轴承座上，按拆卸的相反顺序安装、紧固轴承盖。4）用专用工具安装凸轮轴前油封时，不要压到底，否则会堵塞油道。5）放入半圆键，安装凸轮轴正时齿形带轮并加以紧固。拧紧力矩为维修手册规定值。

注意事项

凸轮轴转动时，曲轴不可位于上止点，否则将损坏气门和活塞顶部。

（5）安装气缸盖。气缸盖的安装顺序与拆卸的顺序相反，但应注意以下几点：1）安装气缸盖衬垫时，气缸盖衬垫上有“OPEN TOP”字样的一面朝向气缸盖。2）将定位螺栓旋入第8和第10号位的气缸盖螺栓孔内，以起到定位作用。待气缸盖装合并用手拧紧螺栓后，再旋出定位螺栓，然后旋入第8和第10号螺栓。3）拧紧气缸盖螺栓时按拆卸的相反顺序分次进行；每次按照规定力矩进行。使用中不允许将气缸盖螺栓再次拧紧。4）安装气缸盖时，各缸活塞不可置于上止点，否则气门会顶坏活塞。当任一活塞被确认为处于上止点时，必须再旋转1/4圈。5）将润滑油道清洗干净，并用压缩空气吹通。

（6）安装正时齿形带。1）将正时齿形带套在曲轴和中间轴正时齿形带轮上。2）装上曲轴带盘（螺栓不必拧紧），注意带盘的定位。3）将凸轮轴正时齿形带轮上的标记与正时齿形带护罩上的标记对齐。4）使曲轴带盘上的上止点标记和中间轴正时齿形带轮上的标记对齐。

（7）将正时齿形带套在凸轮轴正时齿形带轮上。1）转动张紧轮，以张紧正时齿形带，张紧至用手指捏在带中间（凸轮轴正时齿形带轮和中间轴正时齿形带轮的中间），刚好可以扭转90°。2）拧紧张紧轮紧固螺母，转动曲轴两周，再次检查正时标记是否正确。3）拆下曲轴V形带盘，装上正时齿形带下护罩，再安装V形带盘，并以规定力矩拧紧固定螺栓。

注意事项

（1）气门弹簧和气门锁片的拆装用气门弹簧装卸钳。气门锁片装好后，用塑料锤轻敲几下，以确保锁止可靠。用尖嘴钳夹取气门锁片，禁止用手取出。内、外弹簧的旋向应相反。

（2）各缸气门无互换性，拆下的气门若无标记，应做好相应的标记，按缸号顺序放在零件安放架上，不得错乱。

（3）拆装凸轮轴轴承盖时，注意轴承盖的顺序、方位，勿错乱。拧紧轴承盖紧固螺栓时，要按要求的顺序（从中间到两头，对角交替）和力矩分次均匀地拧紧；旋松时，以相反方向进行。

（4）安装正时齿形带-带轮（或正时链-链轮）时，应将正时标记对准，正时齿形带的方向要与原方向一致。

三、配气机构的维护

（一）作业准备

（1）场地设施：理实一体化教室，有消防设施的场地。

（2）设备：举升设备，实训整车一辆，工作台，零件车，维修手册。

（3）工具：量具及专用工具等。

（4）防护用品：工作服、劳保鞋、车外三件套、车内三件套。

（5）耗材：润滑材料，干净抹布、泡沫清洗剂。

（二）操作步骤

1. 检查正时齿形带

（1）拆下正时齿形带罩，观察齿形带状况。若出现图 2-2-6 所示的状况，应予以更换。

（a）齿形带开裂　（b）掉齿或根断裂　（c）齿部脱开或有裂纹　（d）齿带侧面有磨损

图 2-2-6　齿形带常见异常状况

（2）调整松紧度。用拇指和食指捏住凸轮轴齿轮和中间轴齿轮之间的齿形带的中间位置，以张紧轮刚好转动 90°为合适，如图 2-2-7 所示。若正时齿形带过松，可旋开张紧轮固定螺母，转动张紧轮，直至松紧度合适为止。将曲轴转 2～3 圈后，复查确认。

2. 检查张紧轮

张紧轮出现异常的声音或不平稳以及摇晃时，说明张紧轮已损坏，必须进行更换。

3. 检查液压挺柱

（1）动态检查：1）起动发动机，并使散热器的风扇接通运转一次。2）提高发动机转速至 2 500r/min，并运转 2min，此时，液压挺柱不应产生杂音。3）若发现发动机运转过程中液压挺柱一直有杂音，应转入静态检查以确定有杂音的液压挺柱。

（2）静态检查：1）拆下气缸盖罩。2）顺时针方向旋转曲轴，直至转到与被检查的液压挺柱对应的凸轮轴的尖点上。3）用带有楔形尖端的木棒或塑料棒向下压液压挺柱（见图 2-2-8），如果在气门关闭时液压挺柱自由行程超过 0.1mm，压下液压挺柱感觉有间隙，则要更换液压挺柱。

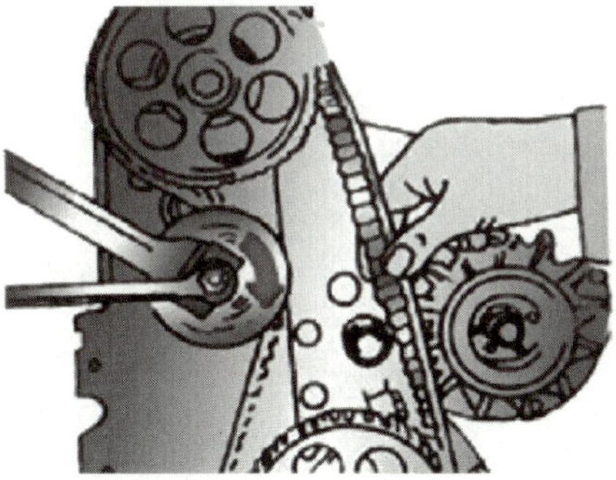

图 2-2-7　正时齿形带松紧度检查

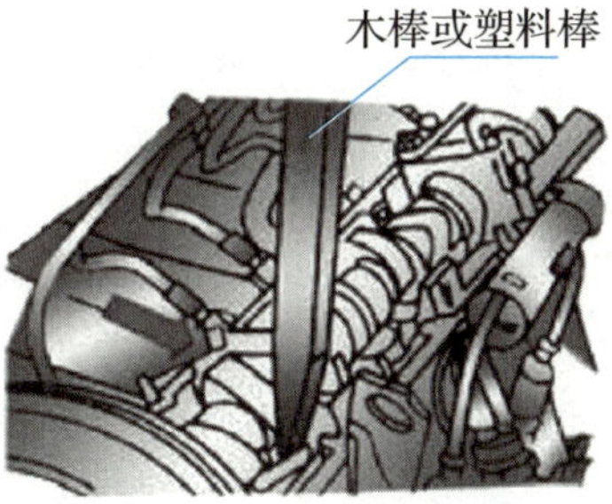

图 2-2-8　液压挺柱检查

4. 检查凸轮轴

发动机怠速运转时，可听到钝重的“嗒嗒”声，中速运转时比较明显，高速运转时因受干扰而变得杂乱、听不清。发出响声时凸轮轴轴承附件有明显振动。凸轮轴响声的诊断如图 2-2-9 所示。

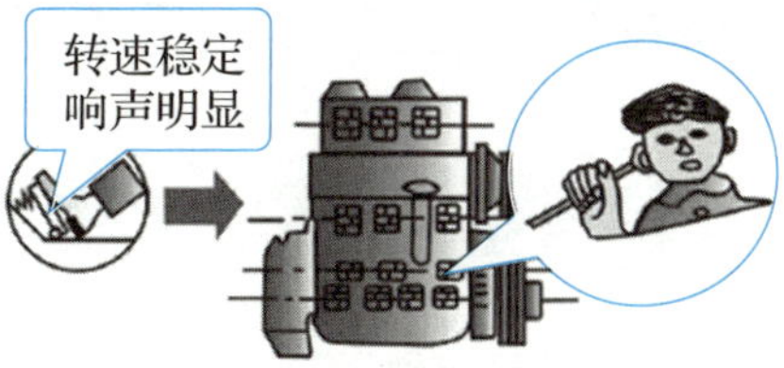

图 2-2-9　凸轮轴响声的诊断

5. 检查正时齿形带轮

检查正时齿形带轮运转时是否产生异响。发动机怠速时，在正时齿形带轮室盖处发出“嘎啦”声，如图 2-2-10 所示，温度低时无噪声，温度正常后有噪声。

图 2-2-10　正时齿形带轮响声的诊断

任务练习

一、判断题

1. 配气机构的作用是定时开启、关闭进排气门。(　　)
2. 配气机构的维修都需要举升发动机。(　　)
3. 检查配气机构的液压挺柱时，先进行静态检查。(　　)
4. 拆卸正时齿形带轮时，不需要进行标记。(　　)

二、选择题

1. 下列不属于按曲轴与凸轮轴之间驱动方式分类的是（　　）。

A. 齿轮传动　　B. 上置式　　C. 链传动　　D. 链传动

2. 下列不属于气门组的是（　　）。

A. 气门锁片座圈　　B. 气门锁片　　C. 气门　　D. 凸轮轴

三、简答题

1. 配气机构主要由哪些零件组成?
2. 配气机构的拆装步骤有哪些?
3. 正时齿形带常见的失效形式有哪些?

任务三　燃油供给系统的拆装与维护

案例导入

刘女士驾驶一辆奔驰 C260 车辆出门办事，因临时有事情，在路边停了几分钟，回到车上再次起动车辆时发现起动困难，连续打火很久才起动车辆。随后她将车辆送进 4S 店进行维修，经高级维修技术人员初步判断可能是燃油供给系统单向阀失效造成的故障。后来维修技术人员对故障车辆进行维修操作，更换了单向阀后故障排除。同时告诉车主刘女士注意平时到加油站加油时一定要选择正规加油站，以防燃油质量不过关导致车辆燃油供给系统出问题。

知识探究

一、燃油供给系统的功能

汽油机燃油供给系统电控单元通过安装在进气歧管上的进气压力传感器或安装在空气滤清器后的空气流量计的信号计算进气量，并根据进气量和发动机的转速得到基本喷油量和基本点火提前角，又通过控制喷油器通电喷油持续时间来控制喷油量，然后通过对冷却液温度、进气温度、节气门开启角度、蓄电池电压等各种工作参数进行修正，得到发动机在这一工况下运行的最佳喷油持续时间或最佳点火提前角。

柴油机燃油供给系统主要通过发动机转速和加速踏板开度来决定喷油器喷油量及点火提前角，实现功率输出。当发动机转速恒定时，加速踏板开度增加，喷油量增加；当加速踏板开度恒定时，发动机转速增加，喷油量增加。

电控发动机的主要功能是控制进气量与喷油量的空燃比、喷油时刻与点火时刻，除此之外，还控制发动机的冷热车起动、怠速转速、最大转速、排气再循环（如有）、二次空气喷射、爆燃、故障自诊断以及给其他电控系统发送状态信号等。

二、燃油供给系统的基本结构

燃油供给系统（见图 2－3－1）主要由燃油箱（含电动燃油泵）、燃油滤清器、燃油分配管、喷油器、油压调节器以及相关燃油管路（如进油管、回油管）等组成。

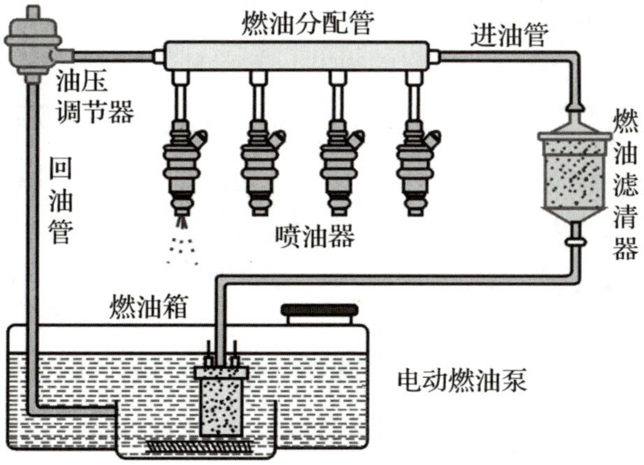

图 2－3－1 燃油供给系统的基本结构

对于歧管喷射燃油供给系统，燃料通过燃油泵从燃油箱中吸出，由燃油滤清器过滤，然后通过燃油管路输送到燃油分配管。燃油分配管将燃油分配给每个喷油器，燃油从喷油器中喷射出来，在进气歧管处与空气混合，最后从进气门进入气缸。在油压调节器的作用下，由弹簧拉动的隔膜阀将燃油压力调整为一定值，多余的燃油回流到燃油箱。

汽油机缸内直喷燃油供给系统（见图 2－3－2）相对于歧管喷射燃油供给系统，增加了高压油泵和高压油管，同时增加了高压燃油的压力传感器（布置在油轨上）和燃油计量阀（执行器，布置在高压油泵上），减少了回油管路，依靠高压油泵上的燃油计量阀进行燃油供给的精准控制。

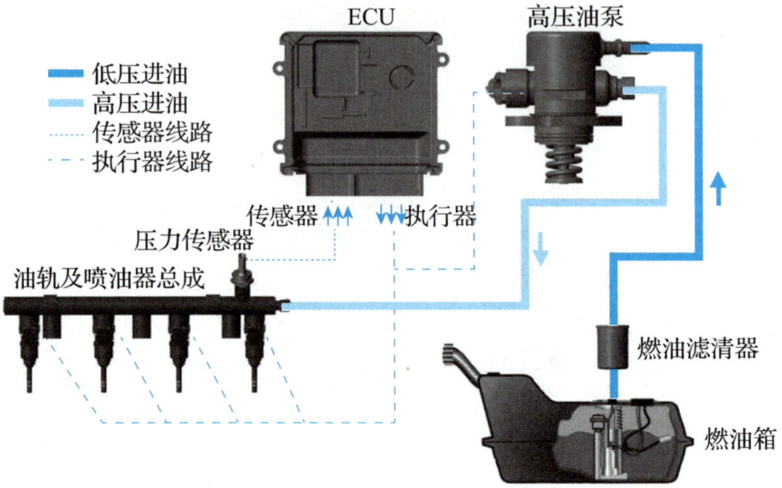

图 2-3-2　汽油机缸内直喷燃油供给系统

柴油机燃油供给系统（见图 2-3-3）相对于汽油机燃油供给系统，减少了燃油箱内的低压油泵，高压油泵相对于汽油机高压油泵体积变大，安装位置不同：汽油机高压油泵一般位于凸轮轴上，由凸轮轴驱动；柴油机高压油泵一般位于缸体上，通过链轮/齿轮由曲轴驱动。

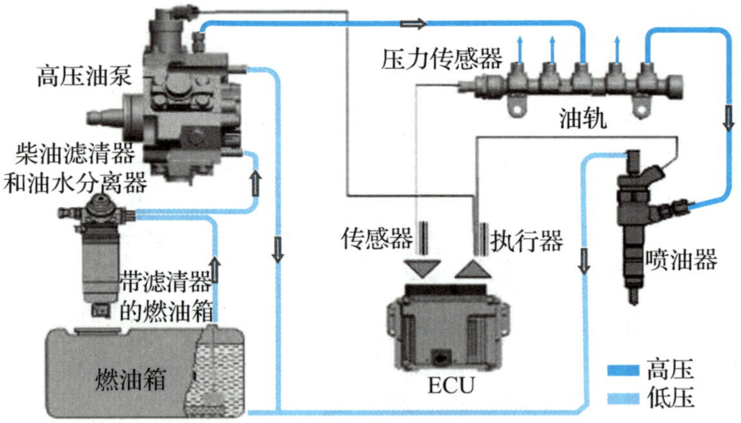

图 2-3-3　柴油机燃油供给系统

任务实施

一、燃油泵的拆装与维护

（一）作业准备

（1）场地设施：理实一体化教室，有消防设施的场地。

（2）设备：实训整车一辆、工作台、零件车、举升设备等。

（3）工具：发动机台架、常用拆装工具车及量检具。

（4）防护用品：工作服、劳保鞋、车外三件套、车内三件套。

（5）耗材：干净抹布、泡沫清洗剂。

（二）操作步骤

1. 拆卸燃油泵

（1）切断蓄电池电源，清洁燃油箱上的污物。

（2）打开燃油泵盖板（如有），拔下燃油泵电源插接器、燃油管路，使用专用工具拆卸燃油泵。所有管路接头在拆卸后做好封堵密封，防止燃油流到座位或者车上。

（3）利用专用扳手或定制工具把燃油泵以及密封圈从燃油箱里取出来，注意拆卸燃油泵时燃油箱内油量不得超过三分之一，必要时排空油箱。

2. 安装燃油泵

（1）更换燃油泵的密封圈，装入油箱。

（2）用专用扳手或定制工具将燃油泵拧紧至规定力矩。

（3）安装燃油泵上相关的管路接头。

（4）安装油泵控制单元的线束插接器以及盖板，并恢复座位状态。

注意事项

（1）燃油泵与插接器的拆装，不需要较大力矩，避免折断。

（2）在断开燃油供给系统的任何部件之前，必须清除部件周围的所有灰尘、污垢和碎片等，以防止操作的时候有异物进入燃油供给系统。

3. 拆卸高压油泵（见图 2-3-4）及油管

（1）解除系统油压，拔掉高压燃油计量阀插接器，起动发动机 10s 左右停机。

（2）断开蓄电池负极连接。

（3）移除高压油泵的高低压油管（钢管采用螺母拧紧，胶管一般采用快插头或弹性卡箍）。

（4）拆除高压油泵的固定螺栓，小心将燃油泵从发动机凸轮轴上方安装孔中提出。

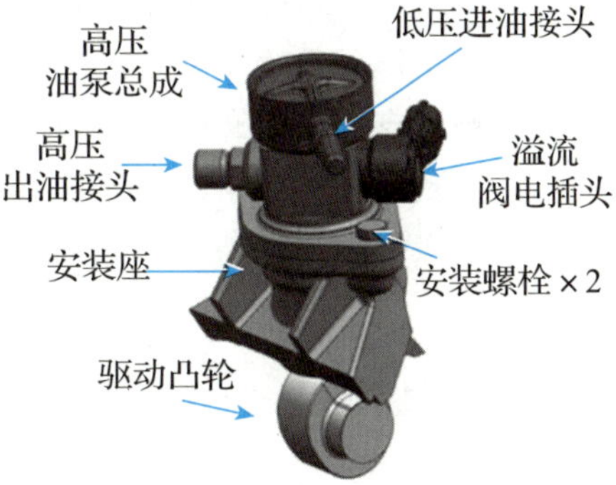

图 2-3-4 高压油泵

4. 安装高压油泵及油管

（1）在安装高压油泵前，必须将驱动凸轮旋至其下止点处，与液压挺柱体接触。

（2）高压油泵的安装螺栓依次交替拧紧，每次只拧一圈，直至高压油泵法兰与安装座完全落座贴合后，按规定扭矩拧紧。

（3）连接高压油泵的高低压油管（钢管采用螺母拧紧，胶管一般采用快插头或弹性卡箍）。

（4）连接燃油计量阀插接器。

注意事项

（1）高压油管拆除时，需佩戴防护眼镜，因为可能有残留燃油压力。

（2）交替松开高压油泵固定螺栓，每次一圈，直至高压油泵柱塞的弹簧完全释放后再移除螺栓。

二、油轨及喷油器的拆装与维护

（一）作业准备

（1）场地设施：理实一体化教室，有消防设施的场地。

（2）设备：大众EA888发动机电控实验台、工作台、零件车。

（3）工具：世达150件工具套装、扭力扳手、铲刀和常用量具。

（4）防护用品：工作服、劳保鞋。

（5）耗材：干净抹布、泡沫清洗剂。

（二）操作步骤

1. 拆卸燃油导轨（简称油轨）及喷油器总成（见图2-3-5）

（1）熄火，如条件允许可断开低压油泵插接器，再次起动发动机直至自动熄火。

（2）断开蓄电池负极，断开喷油器及压力传感器的插接器。

（3）慢慢拆卸高压油泵端的油管接头，用抹布接住并擦干残余燃油。

（4）拆除油轨—油泵的高压油管。

（5）拆下油轨及喷油器总成与发动机连接部位的固定螺栓，注意检查喷油器喷嘴端密封圈是否破损和翻转。

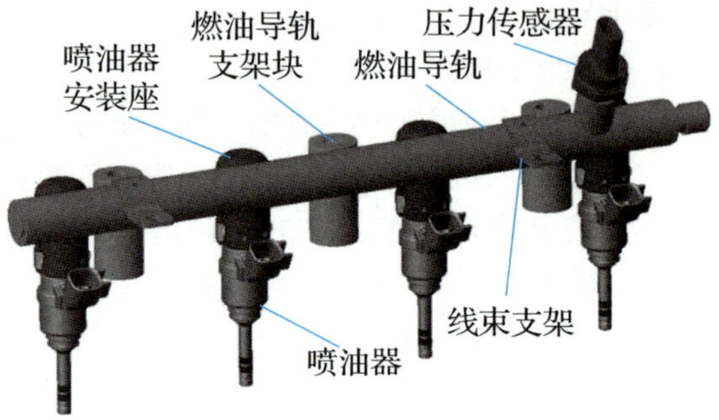

图2-3-5　燃油导轨及喷油器总成

2. 安装油轨及喷油器总成

（1）先将各缸喷油器落座到对应缸孔的位置，并尽可能压入一定深度，避免油轨和喷油器晃动，不得敲击油轨和喷油器。

（2）预紧支架固定螺栓，按维修手册规定力矩拧紧。

（3）安装油轨—油泵的高压油管以及螺母，按规定力矩拧紧。

（4）连接压力传感器和对应插接器。

任务练习

一、判断题

1. 拆检燃油泵时，燃油箱附件的污垢和灰尘不用清理。（　　）
2. 安装燃油泵紧固即可，无限制力矩。（　　）
3. 拆高压油泵时先拆除一侧螺栓，再拆除另一侧螺栓。（　　）
4. 汽油机缸内直喷燃油供给系统相较于歧管喷射燃油供给系统，增加了高压油泵。（　　）
5. 柴油机高压油泵的功耗低于汽油机高压油泵的功耗。（　　）

二、选择题

1. 发动机的喷油压力取决于（　　）。

A. 发动机的压缩比　　B. 发动机进气量

C. 燃油泵和调压阀　　D. 机油泵

2. 下列关于高压油泵拆卸的做法，不正确的是（　　）。

A. 先断电再泄压　　B. 先泄压再断电

C. 需要防护高压燃油　　D. 高压油泵的螺栓不能先拆一侧再拆另一侧

3. 为保证缸内直喷的燃烧效果，喷油压力一般在（　　）。

A. 6bar 左右　　B. 20bar 左右　　C. 小于 2bar　　D. 120bar 以上

三、简答题

1. 简述汽油机缸内直喷燃油供给系统的工作过程。
2. 简述柴油机燃油供给系统的工作原理。

任务四　润滑系统的拆装与维护

案例导入

张先生开着本田思域轿车在路上行驶，突然发现仪表机油压力故障灯报警，紧急靠边停车熄火后再次起动故障仍然存在，检查发动机机油，未发现机油油量不足，车辆行驶轨迹也未发现有机油渗漏的痕迹，随后将车辆送进 4S 店进行维修。经高级维修技术人员初步判断可能是发动机润滑系统机油压力传感器故障造成的报警。维修技术人员检测后更换机油压力传感器，故障现象消失。

知识探究

一、润滑系统的功能

发动机润滑是由润滑系统来完成的，润滑系统的功能就是在发动机工作时连续不断地将数量足够、压力和温度适当的洁净润滑油输送到全部运动副的摩擦表面，并在摩擦表面之间形成油膜，实现液体摩擦，从而减小摩擦阻力、降低功率消耗、减轻机件磨损，以达到提高发动机工作可靠性和耐久性的目的。

（1）润滑：润滑运动零件表面，减小摩擦阻力和磨损，减小发动机的功率消耗。

（2）清洗：机油在润滑系统内不断循环，清洗摩擦表面，带走磨屑和其他异物。

（3）冷却：机油在润滑系统内循环带走摩擦产生的热量，起到冷却作用。

（4）密封：在运动零件之间形成油膜，提高它们的密封性，有利于防止漏气或漏油。

（5）防锈蚀：在零件表面形成油膜，对零件表面起保护作用，防止腐蚀生锈。

（6）液压：润滑油可用作液压油，起液压作用。

（7）减振缓冲：在运动零件表面形成油膜，吸收冲击并减小振动，起减振缓冲作用。

二、润滑方式

压力润滑：利用机油泵，将具有一定压力的机油源源不断地送往摩擦表面。例如，曲轴主轴承、连杆轴承及凸轮轴轴承等处形成油膜以保证润滑。

飞溅润滑：利用发动机工作时运动零件飞溅起来的油滴或油雾来润滑摩擦表面的润滑

方式称为飞溅润滑。可使裸露在外面承受载荷较轻的气缸壁、相对滑动速度较小的活塞销，以及配气机构的凸轮表面等得到润滑。

润滑脂润滑：对于负荷较小的发动机辅助装置只需定期、定量加注润滑脂进行润滑，如水泵及发电机轴承等。这不属于润滑系统的工作范畴。近年来在发动机上采用含有耐磨润滑材料（如二硫化钼等）的轴承来代替加注润滑脂的轴承。

三、机油类型

发动机机油，根据不同成分、质量等级、使用环境要求等，有多种分类方式，选择合适的机油品质、牌号对于保证发动机的性能和延长使用寿命非常关键。发动机机油信息示意如图 2－4－1 所示。

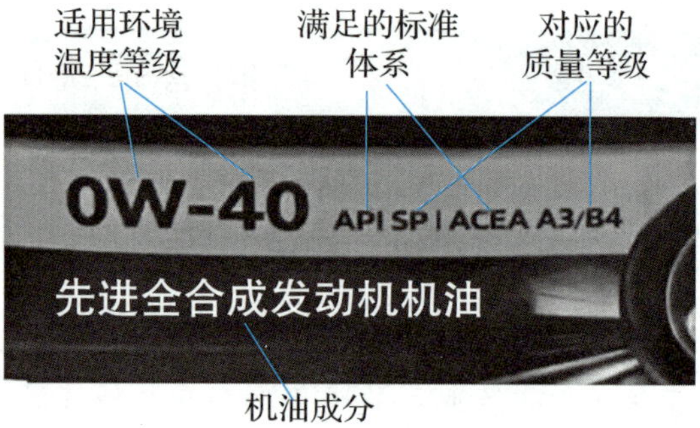

图 2－4－1　发动机机油信息示意

（一）根据成分划分

按照机油的来源及成分，机油分为矿物质机油、半合成机油和全合成机油。矿物质机油是从矿物中提取的机油，以前使用的较多，现在逐渐被合成机油取代。

全合成机油和半合成机油都属于合成机油，是通过化学方式配合而成的机油。全合成机油的顺滑性和清洁度很好，性能上也是最好的，更换周期一般为 1 年或 1 万千米以上，是三个类型机油里更换周期最长的，也是动力、清洁力和油膜保护力最好的，但是成本也是最高的。

（二）根据质量等级划分

美国石油学会（API）标准是国际上比较通用的机油质量等级标准，以“S”开头代表汽油机机油，以“C”开头代表柴油机机油；第二个字母越往后，质量等级越高，性能越好。当“S”“C”同时存在时，表示此机油为汽柴通用型。图 2－4－2 所示为按 API 标准划分的汽油机机油质量等级，SL 等级之前的汽油机机油在国内已经被淘汰，当前国内机油质量等级最高的，按照 API 标准划分为 SP 等级机油。

SP 等级的机油在性能上比 SN 等级的机油更出色，但 SN 等级的机油足以满足大多数发动机的需求。在选择机油时，最重要的是选择符合自己车辆发动机需求的机油，而不是单纯地追求高等级。不同发动机对机油的要求是不同的，如果使用不符合发动机需求的机油，可能会导致发动机性能下降，甚至会损坏发动机。

API 标准对柴油机机油质量等级的分类如图 2－4－3 所示，CH-4 等级以下的柴油机机油基本被淘汰，目前等级最高的为 CK 等级柴油机机油。

机油分类的另一个标准是欧洲汽车制造商协会（ACEA）标准，如图 2－4－4 所示。欧洲标准比美国标准更为严格，欧标基于美标，在挥发性、热稳定性、黏度调节等方面都优于美标。ACEA 标准是用一个字母后面加数字来表示等级的，其中字母“A”代表汽油发动机，“B”代表轻型柴油机，“C”代表带尾气处理装置的柴油机，“E”代表重型柴油机。

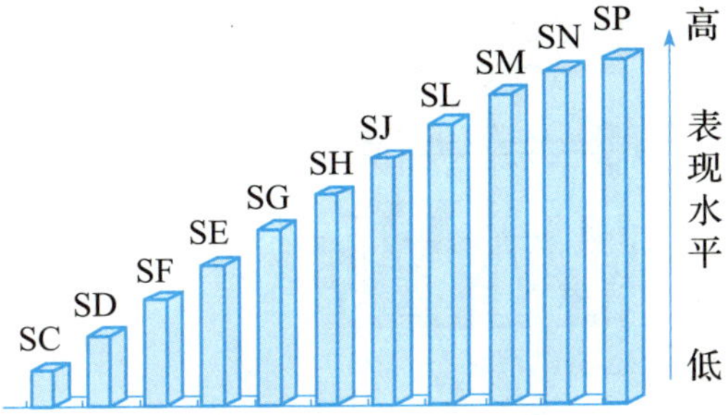

图 2－4－2　按 API 标准划分的汽油机机油质量等级

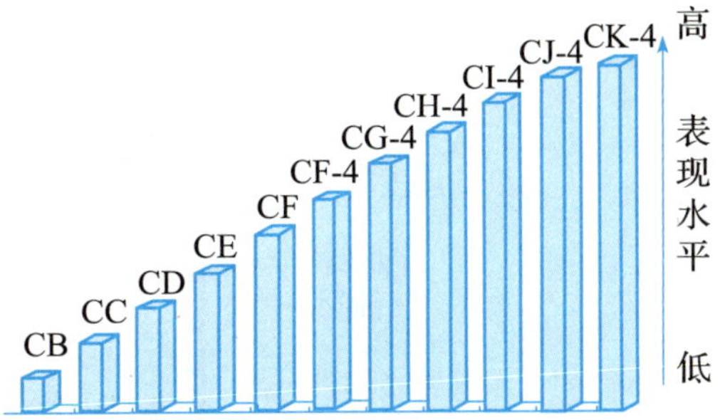

图 2－4－3　按 API 标准划分的柴油机机油质量等级

ACEA A/B 系列适用于汽油机和轻负荷柴油机，包括 A3/B4、A5/B5、A7/B7 三个标准。最新 ACEA－2023 版本删除了 A1/B1、A3/B3 两个低级别标准，在 A5/B5 的基础上升级了一个新标准 A7/B7，性能更高、燃油经济性更好，拥有更多、更新的台架测试要求，属于高灰分产品中的高性能产品。C 系列是低灰分机油，最新版的 ACEA 标准中的机油等级删除了 C1，新增了 C6 和 C7，能有效地避免颗粒捕集器的堵塞。

（三）根据使用环境划分

机油牌号指机油适用环境的温度范围，只标明数字 20、30、40、50 的，表示夏季用油，数字越大，其黏度越大，适用的温度越高，详见图 2－4－5。

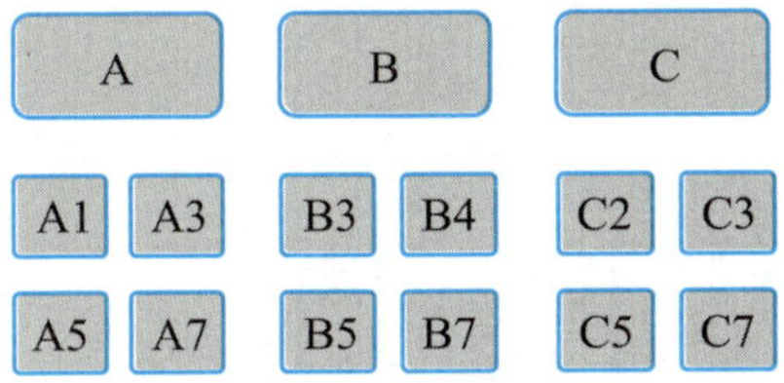

图 2－4－4　按 ACEA 标准划分的发动机机油质量等级

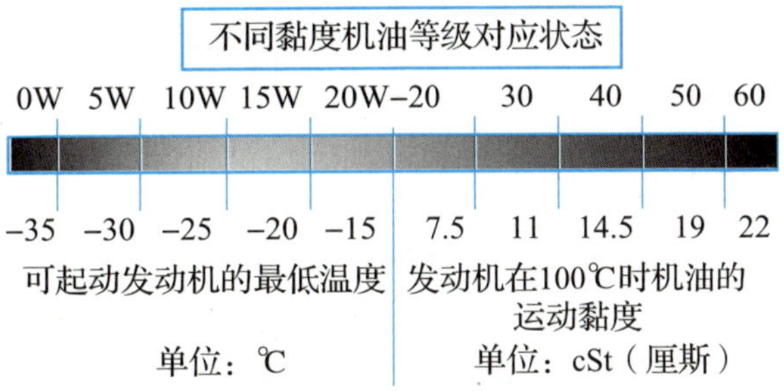

图 2－4－5　机油适用不同环境温度的牌号示意

标明“数字＋W”字样的，表示冬季用油，如 0W、5W、10W、15W、20W、25W，字母 W 是英文冬季的首字母，W 前面的数字越小，黏度越小，低温流动性越好，适用的温度越低；标明 5W－40、10W－30、15W－40 等字样的，表示夏冬通用油，这种机油适用的温度范围广。在满足发动机需要的基础上选择合适的质量等级以及对应的成分后，更换机油时最重要的是选择合适的牌号。

四、润滑系统的基本结构

润滑系统主要由油底壳、机油泵（含机油集滤器）、机油滤清器（简称机滤）、加油口盖、机油尺总成和相关润滑油管等组成。汽油机润滑系统示意图如图 2－4－6 所示。

润滑系统在机油泵上一般会装有限压阀或者安全阀，确保高转速时油压不超过限值，在机油滤清器上装有旁通阀，确保紧急情况下发动机的润滑功能不受影响。传统汽油机润滑油路相关零部件如图 2－2－7 所示。

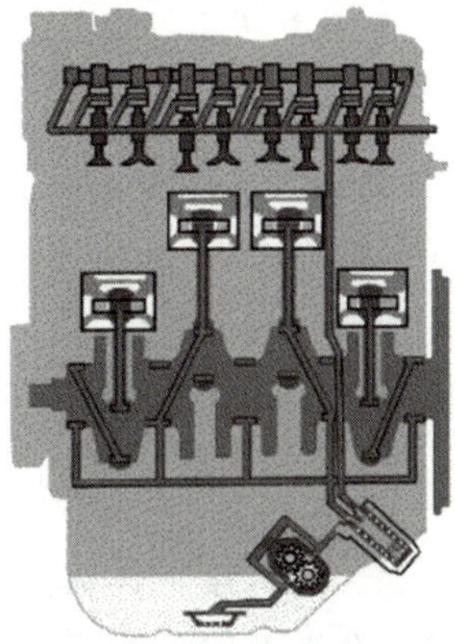

图 2－4－6　汽油机润滑系统示意图

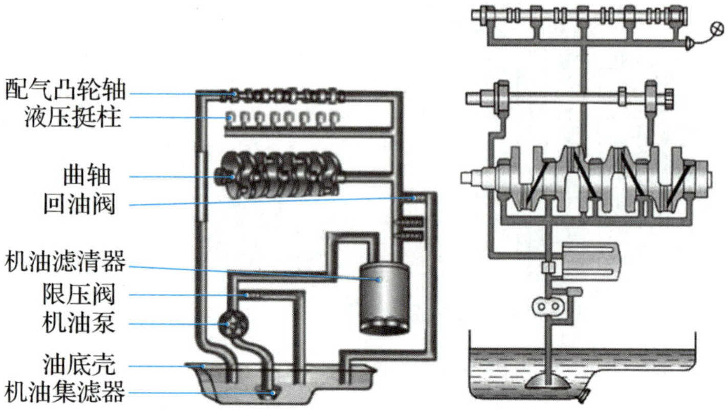

图 2-4-7　润滑油路相关零部件

随着发动机功率密度的不断提高，其润滑系统结构越来越复杂，尤其是涡轮增压、可变气门、缸内直喷等一系列技术的应用，使润滑系统有了更为复杂的结构。图 2-4-8 所示为一款 2.0T 缸内直喷汽油机的润滑系统。

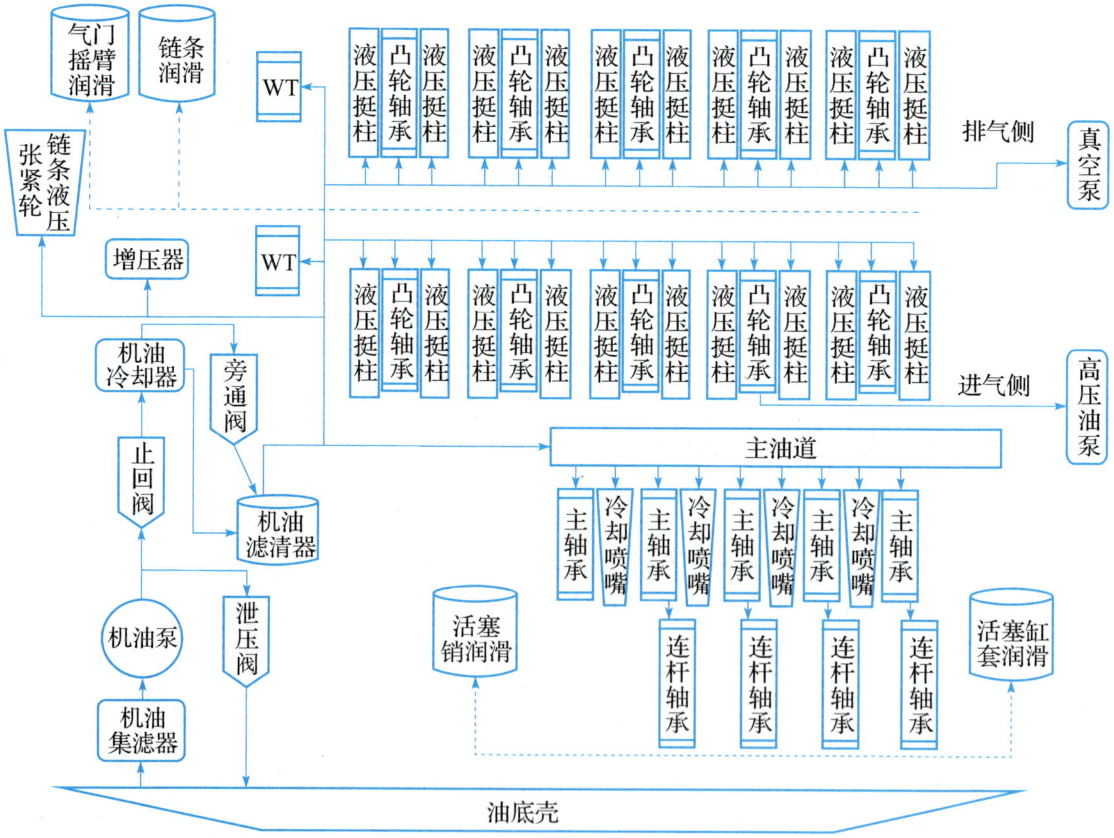

图 2-4-8　一款 2.0T 缸内直喷汽油机的润滑系统

由于发动机排量日益减小，但功率日益增大，发动机热负荷较高，润滑系统需要布置机油冷却器来避免行驶过程中机油过热，一般汽油机会集滤清器和冷却器为一个整体，合称为机油模块（见图 2-4-9）。发动机机油冷却系统原理图如图 2-4-10 所示。

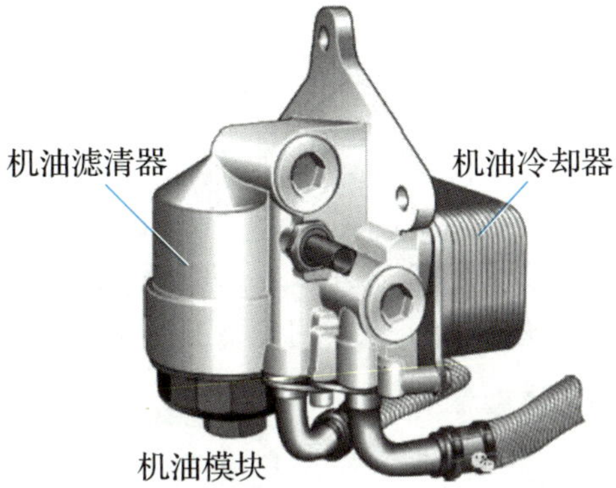

图 2-4-9　发动机机油模块

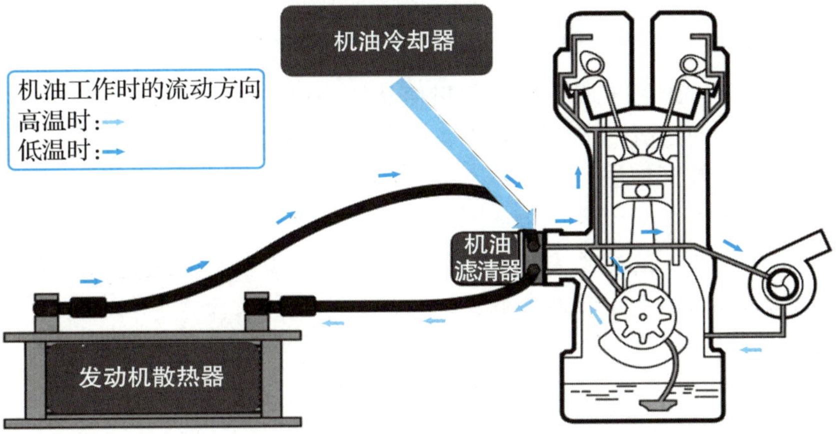

图 2-4-10　发动机机油冷却系统原理图

任务实施

润滑系统的拆装与维护

（一）作业准备

（1）场地设施：理实一体化教室，有消防设施的场地。

（2）设备：整车一台、工作台、零件车、举升设备等。

（3）工具：常用拆装工具车及量检具、机油回收设备、机滤专用拆装工具。

（4）防护用品：工作服、劳保鞋、车外三件套、车内三件套。

（5）耗材：干净抹布、泡沫清洗剂。

（二）操作步骤

1. 检查机油油位（见图 2-4-11）

（1）车辆运行后停在水平地面上，熄火等待几分钟，拔出发动机机油尺，用干净的抹布或纸巾擦拭干净。

（2）将机油尺插回机油尺套管中，再次将机油尺拔出，检查液位高度。如果油液高度低于下限刻度，应及时添加机油。

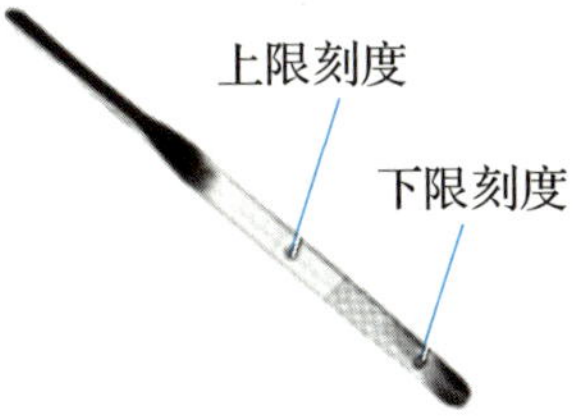

图 2-4-11　检查机油油位

2. 保养更换机油

（1）发动机热机后停机几分钟，打开加油口盖，举升车辆至合适高度，检查车辆有无明显油污、渗漏部位。

（2）将机油回收设备置于发动机油底壳放油螺栓下方，慢慢松开油底壳放油螺栓，进行放油。放油过程中，用专用扳手或定制工具松开机油滤清器，确保发动机放油彻底。

（3）待机油呈雨滴状不连续流出后，更换放油螺栓垫片，按规定力矩拧紧。

（4）更换新的机油滤清器，然后用机滤专用拆装工具（见图 2 - 4 - 12）拧紧至规定力矩。

帽式机滤扳手　三爪式机滤扳手　旋转式机滤扳手　钳式机滤扳手

图 2 - 4 - 12　机滤专用拆装工具

（5）放下车辆，按维修手册要求规定量值从加油口盖处加注新机油。

（6）起动车辆怠速运行一分钟后，停机五分钟，再次检查机油液位，如果液位达不到刻度中上位置，需要补充加注。

注意事项

（1）更换机油滤清器需采用专用拆装工具，且需要与油底壳放油同步进行。

（2）机油加注、放出时避免滴漏或溢流到发动机表面。

任务练习

一、判断题

1. 机油保养更换不能超出汽车制造商规定的里程和时间。（　　）

2. 因为机油粗滤器串联于主油道中，所以一旦粗滤器堵塞，主油道中机油压力便会大大下降，甚至降为零。（　　）

3. 所有的发动机润滑系统都匹配有机油冷却器。（　　）

4. 机油牌号 5W - 40 对应了不同使用温度的黏度相关信息。（　　）

5. 润滑油路中的油压越高越好。（　　）

二、选择题

1. 发动机曲轴轴承的润滑方式为（　　）。

A. 飞溅润滑　　B. 压力润滑　　C. 润滑脂润滑　　D. 综合润滑

2. 标明“数字＋W”字样的，表示冬季用油，W 前面的数字越（　　），黏度越小，低温流动性越好，适用的温度越低。

A. 小　　B. 大　　C. 高　　D. 低

3. 学生 A 说：机油黏度大比小好。学生 B 说：机油黏度小比大好。下列关于他们说法正误的判断，正确的是（　　）。

A. 只有学生 A 正确　　B. 只有学生 B 正确

C. 学生 A 和 B 都正确　　D. 学生 A 和 B 都不正确

三、简答题

1. 简述发动机机油的工作过程。
2. 机油压力不足导致仪表报警后，分析发动机受损严重的部件有哪些。

任务五　冷却系统的拆装与维护

案例导入

张先生驾驶桑塔纳2000在路上行驶，突然发现仪表盘上发动机故障灯点亮，靠边停车熄火后再次起动故障仍然存在。他拨打4S店救急电话寻求帮助，按照服务顾问提示检查，未发现明显异常。随后将车辆送进4S店进行维修，经高级维修技术人员初步判断可能是发动机水温传感器故障造成的发动机故障灯点亮。维修技术人员更换水温传感器后故障解决。

知识探究

一、冷却系统的功能

发动机将化学能转化为机械能的过程中，将释放出大量的热量，发动机本身将被加热，需要冷却系统使其在各个运行工况都保持在适当的温度范围内。冷却系统要保障发动机既不能过热也不能过冷，不仅要在起动后快速暖机，达到正常的工作范围，还要在达到一定温度时及时开启风扇进行降温。发动机正常运行时最高燃烧温度可达2 500℃，即使怠速或中速时，燃烧室温度也可达1 000℃，如果冷却系统不正常工作，发动机很快就会发生异常机械故障。

冷却系统主要根据发动机冷却液温度实现不同的冷却液循环，在低温状态下，一般在60～65℃时，发动机进行小循环，如图2-5-1所示，此时发动机散热器不参与冷却液循环。

当发动机冷却液温度上升到85～90℃时，发动机一般会进行大循环，如图2-5-2所示。此时流经发动机的所有冷却液都经过散热器散热后才能再次进入发动机。

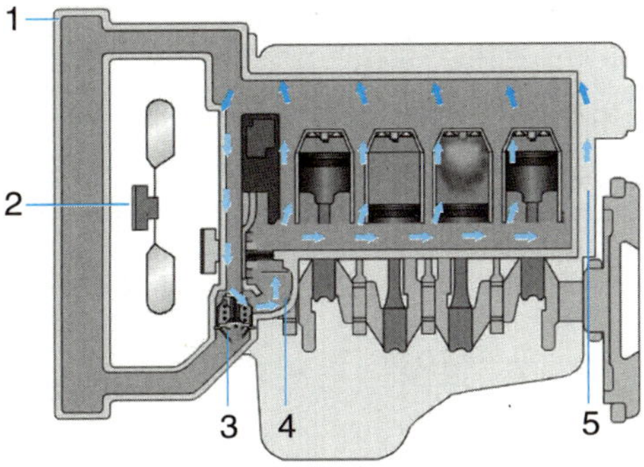

图2-5-1　发动机小循环示意

1—散热器；2—风扇；3—节温器；4—水泵；5—发动机缸体+缸盖

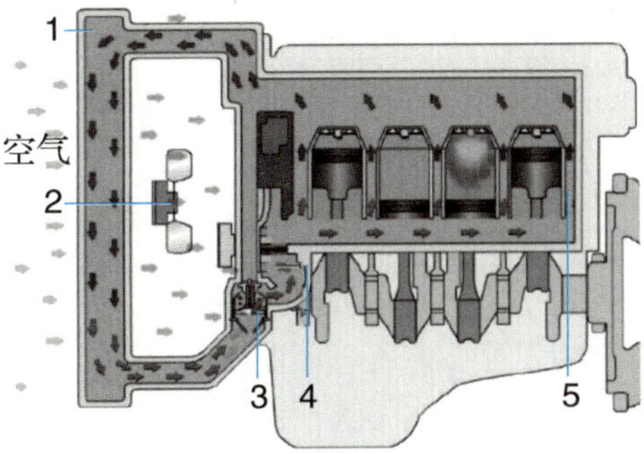

图2-5-2　发动机大循环示意

1—散热器；2—风扇；3—节温器；4—水泵；5—发动机缸体+缸盖

二、发动机冷却系统的基本结构

典型的发动机冷却系统如图 2-5-3 所示（以大众自吸四缸汽油机为例）。

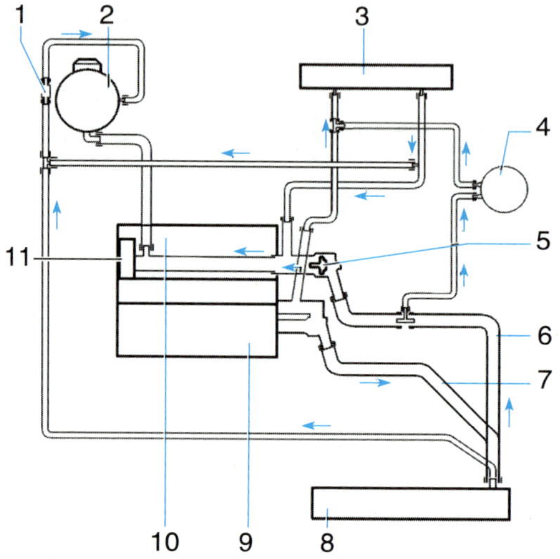

图 2-5-3　发动机冷却系统

1—热交换管（排气）；2—膨胀水壶（补水壶）；3—热交换器（暖风散热器）；4—油冷器（自动变速器用）；5—节温器；6—出水管（散热器进水管）；7—发动机主进水管（散热器出水管）；8—散热器（主水箱）；9—气缸盖；10—气缸体；11—水泵

随着发动机性能的不断提升，冷却系统日趋复杂化，尤其是涡轮增压器在发动机上逐渐普及，发动机冷却系统工作不仅要考虑工作负荷，还需兼顾停机后的冷却。图 2-5-4 所示为涡轮增压发动机冷却系统，其中循环路线 2→3→14、1→12→9→10、15→9→16→5 流动的是冷却后的低温水，循环路线 14→2、6→13→1、6→13→9、6→5→10、6→7→8→10→11 流动的是高温冷却液。发动机水套腔以及相关冷却管路和关联零部件内部结构如图 2-5-5 所示。

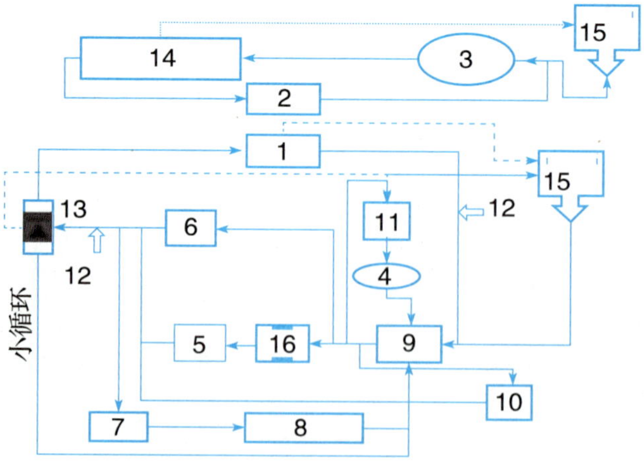

图 2-5-4　涡轮增压发动机冷却系统

1—主散热器；2—低温冷却系统散热器；3—中冷器电子水泵；4—增压器电子水泵；5—缸体；6—缸盖；7—排气再循环阀；8—暖风芯体；9—主水泵；10—机油冷却器；11—增压器；12—传感器；13—电子节温器；14—中冷器（冷却增压后的高温空气）；15—膨胀水壶；16—缸体阀

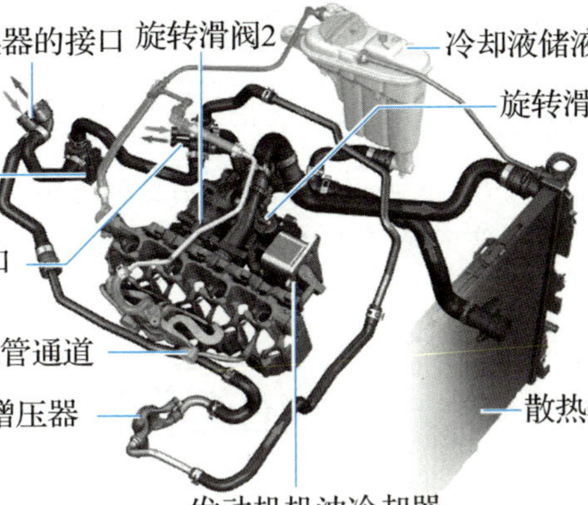

图 2-5-5　发动机水套腔以及相关冷却管路和关联零部件内部结构

任务实施

冷却系统的检修与维护

（一）作业准备

（1）场地设施：理实一体化教室，有消防设施的场地。

（2）设备：整车一台、工作台、零件车、举升设备等。

（3）工具：常用拆装工具车及量检具、冷却液收集桶等。

（4）防护用品：工作服、劳保鞋、车外三件套、车内三件套。

（5）耗材：干净抹布、泡沫清洗剂。

（二）操作步骤

1. 发动机水温异常的检查

（1）车辆停在水平地面上，检查膨胀水壶液位是否在正常刻度范围内，打开盖子查看膨胀水壶内冷却液颜色是否异常，如有黑色或者其他颜色异物，应及时更换冷却液。如果液位偏低，需补充冷却液。

（2）检查冷却系统是否有泄漏。使用手电筒，仔细检查水泵、散热器、节温器、膨胀水壶、水管、缸体等部件是否有泄漏，如果有泄漏，应该及时更换泄漏的部件。原地起动车辆，怠速运行，检查是否有渗漏现象。

（3）如果冷却液无明显不足，检查水泵驱动皮带是否偏松，如偏松，需调整皮带张紧装置，避免水泵带轮打滑。

（4）起动车辆热车，等冷却液温度升至 90℃左右时，检查散热器上下部温差是否明显，如果温差过大，可能是冷却系统内部排气不畅导致冷却液流动不正常，排气后再次起动车辆。

2. 更换冷却液

（1）打开膨胀水壶盖，举升车辆，从散热器排放口或者下水口松脱管路，回收旧冷却液。注意冷却液有毒，避免泼洒到发动机上，否则会损伤油漆。如有污染，立刻擦拭干净。

（2）排放干净后，拧紧螺栓或管路，从膨胀水壶盖位置添加合格的冷却液，加注后起动车辆，排除冷却系统空气，避免气阻。

（3）运行 5min，停机观察冷却液液位，如果液位偏低，再次补充冷却液直至液位位于上下刻度之间。

注意事项

（1）冷却液不是普通的水，需满足相应的冰点要求才适用于发动机。

（2）当冷却液严重不足导致发动机故障灯点亮时，不要轻易再次起动车辆，避免损坏车辆。

任务练习

一、判断题

1. 发动机可长时间运行在 30～50℃的环境中，这对发动机没有影响。（　　）
2. 冷却系统不需要类似于润滑系统的单向止回阀。（　　）
3. 汽油发动机冷却液温度超过 95℃时，只能进行限扭。（　　）
4. 节温器是通过改变冷却液流经发动机的循环路途来实现不同温度调节的。（　　）
5. 中冷器和主散热器散热对象是一样的。（　　）

二、选择题

1. 在排气涡轮增压系统中的中冷器，其作用是对（　　）。

A. 涡轮增压机进行冷却　　B. 涡轮轴承进行冷却

C. 进气进行冷却　　D. 排气进行冷却

2. 汽车行驶过程中，水箱口有蒸汽排出，水箱下部却是冷的，其原因是（　　）。

A. 水泵损坏　　B. 风扇带紧

C. 亏水　　D. 水稍少

3. 当发动机冷却液温度超过 90℃时，发动机（　　）。

A. 全部进行小循环　　B. 全部进行大循环

C. 大、小循环同时进行　　D. 不一定

三、简答题

1. 简述发动机冷却系统大循环的工作过程。

2. 简述大众迈腾 EA888－GEN3 发动机冷却液温度从－20℃到 95℃冷却系统的工作过程。

任务六　点火系统和起动系统的拆装与维护

案例导入

刘先生在早晨驾驶凯迪拉克轿车像往常一样去上班，途中在上坡时能明显感觉车辆动

力不足，发动机有轻微异常抖动，平路上行驶无明显感觉。随后他将车辆送进 4S 店进行维修，经高级维修技术人员初步判断可能是缺缸造成的故障。维修技术人员拆下发动机点火线圈和火花塞，检查发现是第三缸的点火线圈短路造成该缸火花塞无法点火，从而出现缺缸现象。更换点火线圈后故障排除。

知识探究

一、点火系统和起动系统的功能

汽油发动机正常工作的要素为良好的可燃混合气、很高的压缩压力、正确的点火正时和强烈的火花。点火系统中所产生的强烈的火花在最佳点火正时点燃可燃混合气。点火系统通过点火线圈产生的高电压产生火花，点燃已经被压缩的可燃混合气。可燃混合气在气缸内被压缩、点燃并燃烧，从而产生发动机的推动力。

对于点火系统来说，合适的点火时刻以及足够的点火能量是发动机能顺利输出功率的重要保证。

为了使静止的发动机进入工作状态，必须先用外力转动发动机曲轴，使活塞开始上下运动，气缸内吸入可燃混合气，并将其压缩、点燃，体积迅速膨胀产生强大的动力，推动活塞运动并带动曲轴旋转。发动机的曲轴在外力作用下开始转动到发动机怠速运转的全过程，称为发动机的起动过程。

起动系统的作用是驱动发动机飞轮旋转，使发动机曲轴达到必需的起动转速，以使发动机进入正常运转状态。当发动机进入正常运转状态后，起动系统结束任务，停止工作。能使发动机顺利起动所必需的曲轴转速，称为起动转速。根据缸数和排量不同，汽油发动机一般要求起动转速不低于 50～70r/min。柴油发动机一般要求起动转速不低于 150～300r/min。

二、点火系统和起动系统的基本结构

传统分电器式点火系统主要由蓄电池、点火开关、点火线圈、火花塞以及高低压导线等组成，如图 2－6－1 所示。传统分电器式点火系统可靠耐用，但在点火时刻的控制方面不能保证时刻处于最佳工况，目前已基本被市场淘汰。

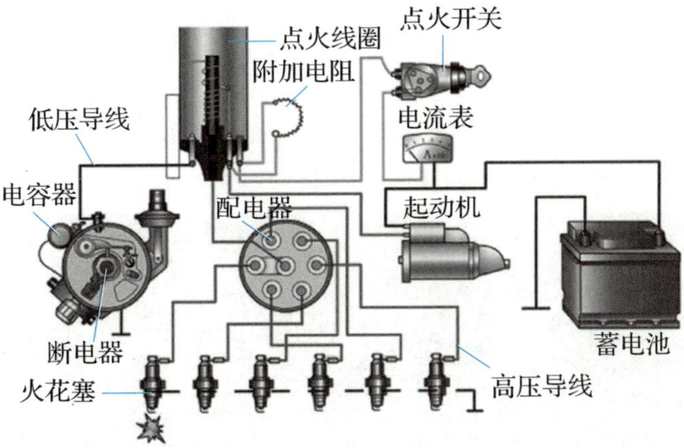

图 2－6－1　传统分电器式点火系统

电子点火系统（见图 2－6－2）或者说电控点火系统直接由电控单元根据相关的发动机信号，包括转速、凸轮轴位置、节气门位置、进气温度、车速等多种信号，并根据标定数据，采用最优点火时刻，确保发动机有最佳功率输出。各缸独立点火，避免了高压导线漏电风险；互不干扰，降低了故障率。

起动系统（见图 2－6－3）主要由蓄电池、起动机、起动继电器、点火开关等组成，起动继电器通断受整车及发动机诸多控制因素影响，只有满足起动条件时，起动继电器才能吸合，起动机驱动发动机飞轮旋转，车辆起动。

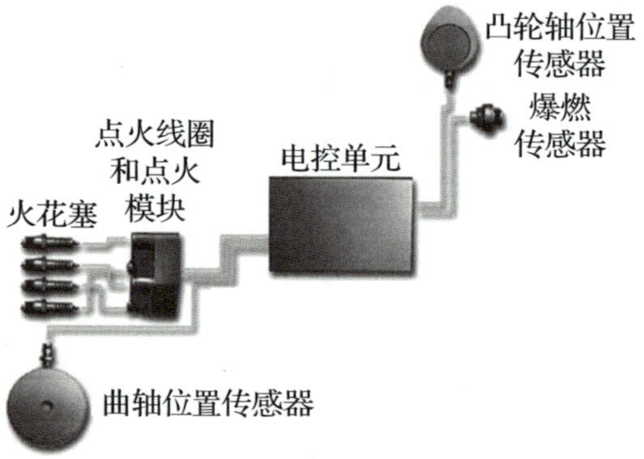

图 2－6－2　电子点火系统

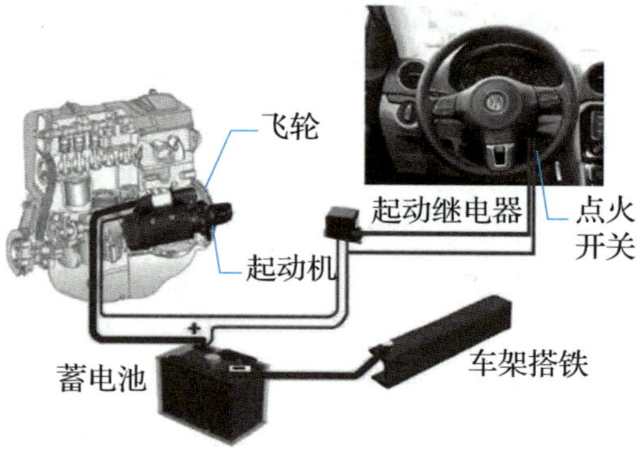

图 2－6－3　起动系统

任务实施

一、点火线圈和火花塞的拆装与维护

（一）作业准备

（1）场地设施：理实一体化教室，有消防设施的场地。

（2）设备：实训整车一辆、工作台、零件车。

（3）工具：常用工具车一台。

（4）防护用品：工作服、劳保鞋、车外三件套、车内三件套。

（5）耗材：干净抹布、泡沫清洗剂。

（二）操作步骤

1. 拆除点火线圈和火花塞

（1）发动机断电，拆除前先用气枪清理发动机顶部的灰尘和杂质。

（2）松开点火线圈固定螺栓（见图 2－6－4）及搭铁线（如有，如图 2－6－5 所示）。

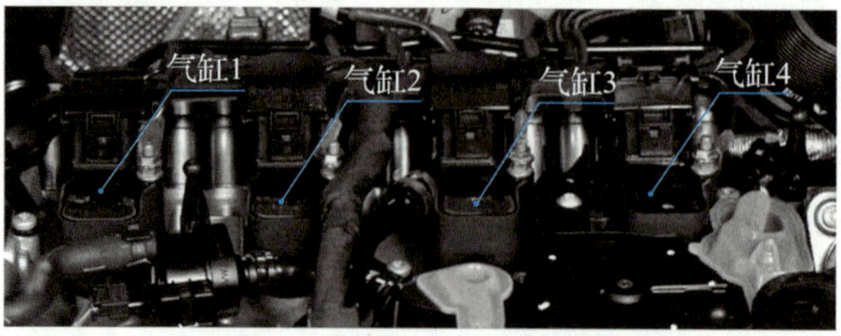

图 2－6－4　各缸点火线圈固定螺栓

(3) 断开点火线圈线束插接器，如图 2－6－6 所示。

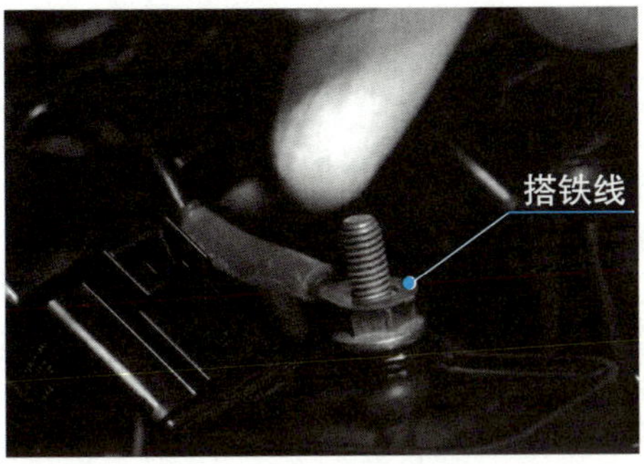

图 2－6－5 搭铁线

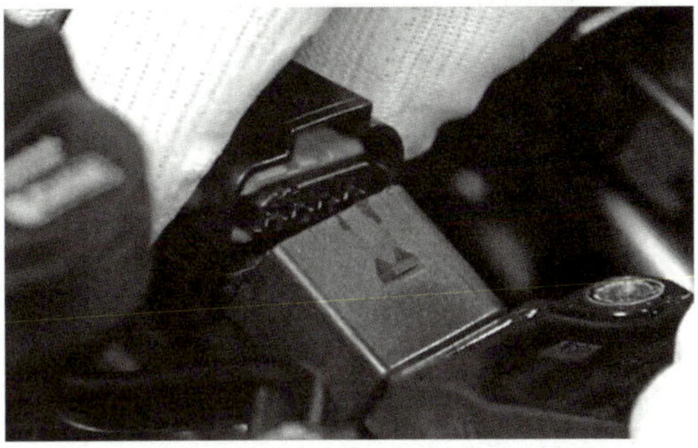

图 2－6－6 点火线圈线束插接器

(4) 用专用工具向发动机正上方轻轻取下点火线圈。

(5) 用棘轮扳手、长接杆、套筒（见图 2－6－7）拧松火花塞，用专用橡胶棒取出火花塞。

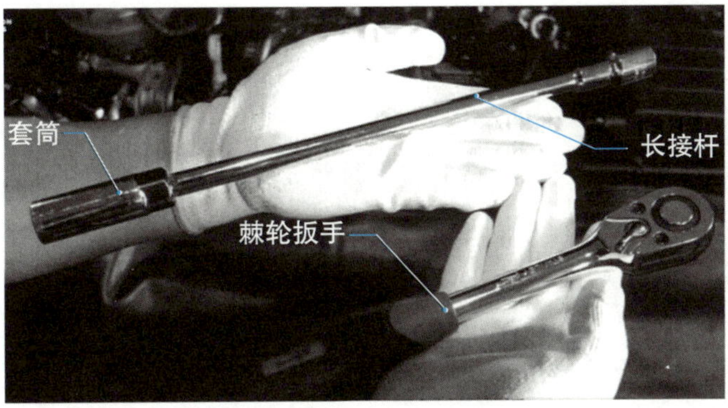

图 2－6－7 棘轮扳手、长接杆、套筒

2. 安装点火线圈和火花塞

(1) 检查火花塞是否有断裂、污损等异常，电极位置是否有积炭或者裂纹等。

(2) 用橡胶棒或长接杆和套筒将火花塞放入安装孔内，用棘轮扳手按规定力矩拧紧。

(3) 预装点火线圈到安装孔内，注意确保点火线圈胶套与火花塞套合良好。

(4) 连接所有线束插接器。

(5) 拧紧点火线圈固定螺栓至规定力矩。

注意事项

(1) 检查点火线圈外表面是否有断裂、胶套是否破损，以及线束插接器端子有无变形。

(2) 火花塞拧紧力矩过大或过小都会导致发动机运行故障。

二、起动机的拆装与维护

（一）作业准备

(1) 场地设施：理实一体化教室，有消防设施的场地。

(2) 设备：大众 EA888 发动机电控实验台、工作台、零件车。

(3) 工具：世达150件工具套装、扭力扳手。

(4) 防护用品：工作服、劳保鞋。

(5) 耗材：干净抹布。

(二) 操作步骤

(1) 断开蓄电池负极，松脱起动机线束插接器30端子。

(2) 用棘轮扳手松脱固定螺栓；取下起动机。注意：起动机自重较大，需防止掉落撞击。

(3) 起动机接蓄电池铜导线截面积较大，检查是否有断裂或松脱。

(4) 检查起动机是否有齿轮异常磨损，接线柱是否有松动等。

(5) 装配过程与拆卸过程基本一致。

任务练习

一、判断题

1. 发动机工作异常抖动，和缺缸基本无关。(　　)

2. 安装火花塞时不需要使用专用工具。(　　)

3. 插接点火线圈线束插接器时，确认听到锁止到位的“咔嗒”声，这是为了确保其插接牢固。(　　)

4. 发动机气缸的压力越大越好。(　　)

5. 发动机火花塞拧紧力矩超出规定力矩一定值才合理。(　　)

二、选择题

1. 发动机的气缸压力，可反映(　　)。

A. 发动机的功率大小　　B. 气缸的密封程度

C. 发动机的动力性　　D. 发动机的经济性

2. 下列不能引起发动机异常抖动的是(　　)。

A. 起动继电器断裂　　B. 三缸喷油器滴漏严重

C. 一缸点火线圈短路　　D. 燃烧室内积炭严重

3. 火花塞点火电压的合理值是(　　)。

A. 60V　　B. 12V　　C. 220V　　D. 20kV

4. 安装火花塞时必须(　　)。

A. 垂直放入火花塞安装孔中　　B. 以45°角安装

C. 以60°角安装　　D. 任意安装

三、简答题

1. 简述电控点火系统与传统分电器式点火系统的结构差异。

2. 简述起动系统的功能。

任务七 电机驱动系统的拆装与维护

案例导入

小王在某新能源汽车4S店工作，某天接了一辆比亚迪E5汽车。车主反映，该车行驶中伴随不同车速，会从底盘前部传来不同程度异响声。后来经过初步检查，维修高级技术人员告诉小王需要将动力总成拆下检查，因牵涉拆装部件较多，需要花费两天的时间，让小王和车主沟通好用车时间。后来经过维修技术人员努力，发现故障原因是驱动电机减速装置润滑不良。你知道如何安全、规范地拆装动力总成吗?

知识探究

一、电机驱动系统的功能

电机驱动系统在车辆中的地位相当于传统汽车中的发动机，为车辆提供驱动力。电机驱动系统一般由驱动电机、电机控制器（功率变换器）等组成，部分车辆还有减速器与驱动电机匹配。驱动电机是以磁场为媒介进行电能和机械能互相转换的电磁装置，在新能源汽车驱动过程中作为电动机运行将动力蓄电池中存储的电能转换为机械能，在制动或减速过程中作为发电机运行将机械能转化为电能存储在动力蓄电池中。电机控制器（功率变换器）输出特定的电压和电流调节驱动电机的运行以产生所需的转矩和转速。在能量转换过程中存在电能、机械能和磁场能量损失，这会影响能量转换效率，但是一般来说，驱动电机的能量转换效率远远高于其他设备的能量转换效率。

驱动电机对外有低压线束连接、高压线束连接和散热水管连接。驱动电机通过低压线束将当前的转速、转子位置、定子绕组温度等信息传送给高压电控总成内的电机控制器模块，电机控制器模块接收来自动力蓄电池的高压直流电，通过U、V、W三相高压线束控制驱动电机的运转速度、转矩、正反转以及驱动和发电两种工作模式。

电动水泵运转输送冷却液至高压电控总成的冷却水道，冷却液通过管路流入驱动电机的冷却水道，进而对电机控制器模块和驱动电机进行冷却散热，冷却液再由驱动电机冷却水道流向冷却液散热器，对冷却液进行散热，如此往复循环。

二、电机驱动系统的基本结构

电机驱动系统（见图2-7-1）主要由驱动电机、电机控制器、减速器总成（变速箱）以及对应的冷却系统等组成。

驱动电机在新能源汽车中承担着驱动车辆和发电的双重功能，即在正常行驶时发挥电动机的功能，将电能转化为机械能；在降速和下坡滑行时转变为发电机，将车轮的动能转换为电能。

对于纯电动汽车，驱动电机本身具备良好的调速特性。适用于纯电动汽车的驱动电机主要有三相交流异步电机、永磁同步电机、开关磁阻电机、永磁直流电机，目前市场主流纯电动汽车主要采用永磁同步电机，高端车型会采用三相异步电机或者双电机结构。由于驱动电机相对于内燃机良好的转速-扭矩特性，其减速机构可被大大简化，较多的是仅采用一种固定速比的减速装置。减速器总成的主要功能是将驱动电机的转速降低、扭矩升高以满足整车对驱动电机的扭矩、转速需求。

以永磁同步电机（见图 2-7-2）为例，驱动电机主要由转子、定子、壳体、旋变传感器、温度传感器等组成。

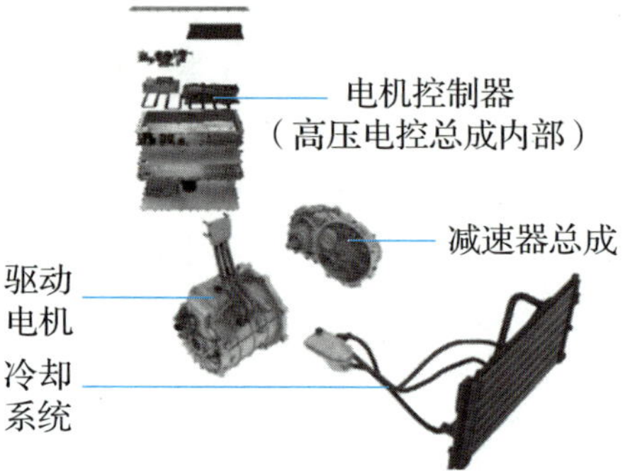

图 2-7-1　电机驱动系统的基本结构

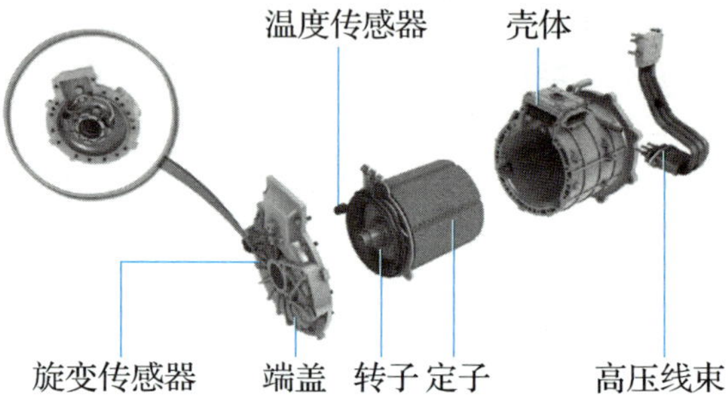

图 2-7-2　永磁同步电机的基本结构

汽车故事

我国汽车电驱动市场展望

我国新能源汽车电驱动行业厂家众多，整体呈现“百家争鸣”的局面。新能源汽车电驱动参与者主要可分为整车厂、传统汽车零部件供应商、第三方供应商三大类。整车厂如比亚迪、特斯拉等通常市场占有率高，因其拥有全产业链生产及研发的能力，实力较强。

数据显示，2022 年比亚迪、特斯拉在国内电机市场中分别占比 27.81%、8.31%，电控市场中分别占比 27.81%、8.31%，三合一及多合一电驱系统市场中分别占比 24.6%、14.1%。传统汽车零部件供应商多为海外汽车零部件巨头，如博格华纳、法雷奥西门子等。第三方供应商是主营 EV 电驱动或其他技术同源切入 EV 电驱动赛道的供应商，如上海电驱动、英搏尔、巨一科技、汇川技术、卧龙电驱等。

数据来源：中国新能源汽车电驱动系统行业现状深度研究与未来投资分析报告（2023—2030 年）.

任务实施

一、电机驱动系统的拆装

（一）作业准备

（1）场地设施：理实一体化教室，有消防设施的场地。

（2）设备：电机驱动系统总成一套、工作台、零件车。

（3）工具：绝缘工具车及配套工具一套、绝缘电阻仪、万用表。

（4）防护用品：工作服、劳保鞋、车外三件套、车内三件套、绝缘手套。

（5）耗材：干净抹布、泡沫清洗剂。

（二）操作步骤

（1）断开蓄电池负极，对车辆进行高压下电。对不同车辆采用不同的高压下电方式，有维修开关的直接取下维修开关，没有的一般采取断母线插接器的方式。

（2）驱动电机外观检查、紧固件检查和保养，检查有无漏油或断裂等，有无磕碰和线束破损。

（3）举升车辆，拔下驱动电机低压线束插接器，主要是温度传感器和旋变传感器的线束插接器，检查有无松动和破损、油污等现象。

（4）拆卸驱动电机的三相高压线束，如图 2－7－3 所示，注意线束及铜排位置，做好绝缘防护。

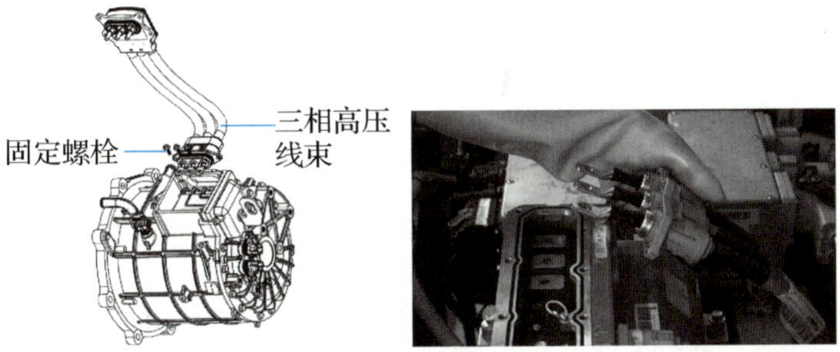

图 2－7－3　拆卸驱动电机的三相高压线束

（5）安装驱动电机，按照上述步骤倒序进行，注意三相高压线束的拧紧以及传感器固定螺栓的拧紧，需参照维修手册规定的力矩进行拧紧。

注意事项

（1）高压线束相关操作务必戴绝缘手套。

（2）此拆装流程不包含驱动电机内部定子、转子结构的拆解以及减速器机构的详细拆解。

二、电机驱动系统的维护

（一）作业准备

（1）场地设施：理实一体化教室，有消防设施的场地。

（2）设备：电机驱动系统总成一套、拆装检测实验台、零件车。

（3）工具：绝缘工具车及配套工具一套、绝缘电阻仪、万用表。

（4）防护用品：工作服、劳保鞋、车外三件套、车内三件套、绝缘手套。

（5）耗材：干净抹布、泡沫清洗剂。

（二）操作步骤

1. 驱动电机性能检查

新能源汽车的驱动电机性能是其关键特征之一，以下是有关驱动电机性能检查的操作步骤：

（1）加速性能测试。每季度进行加速性能测试，以确保新能源汽车驱动电机的加速性能正常。检验加速踏板的响应和加速时间。

（2）制动能量回收测试。每月进行制动能量回收测试，以确认制动能量回收系统是否正常工作，确保车辆在减速时能够有效地回收制动能量。

2. 电机驱动系统的冷却检查

电机驱动系统的正常运行需要有效的冷却，以下是有关电机驱动系统冷却的操作步骤：

（1）冷却液检查。每季度检查电机驱动系统的冷却液水平以及冰点，确保冷却液在适当的水平，且没有泄漏。

（2）冷却系统清洁。每半年进行冷却系统的清洁，清除冷却系统中的杂物和污垢，以确保冷却效率。

3. 电机驱动系统的清洁和润滑

电机驱动系统的清洁和润滑对于其高效运行非常重要。以下是有关电机驱动系统清洁和润滑的操作步骤：

（1）驱动电机外壳清洁。每季度清洁驱动电机外壳，去除尘土和杂物，以确保驱动电机散热效果良好。

（2）驱动电机轴承润滑。每半年检查驱动电机轴承的润滑情况，确保轴承润滑充足，没有过度磨损。

任务练习

一、判断题

1. 驱动电机如果出现尖锐声响、摩擦、撞击或者振动等异常，应立即断电检查。（ ）

2. 驱动电机受潮后，如发现绝缘电阻过低，要及时进行干燥处理。（ ）

3. 永磁同步电机是直流电机的一种。（ ）

4. 驱动电机、电机控制器和减速器将来发展的方向是分体式。（ ）

5. 特斯拉 Model 3 车型上用的驱动电机是交流永磁同步电机。（ ）

二、选择题

1. 将直流电能转换成机械能的电动机的是（ ）。

A. 直流电动机　B. 交流电动机　C. 同步电动机　D. 异步电动机

2. 利用电磁原理将机械能转换成电能的设备是（ ）。

A. 发电机　B. 电动机　C. 变压器　D. 熔断器

3. 国内新能源汽车常用的驱动电机为（ ）。

A. 无刷直流电机　B. 交流异步电机　C. 永磁同步电机　D. 开关磁阻电机

三、简答题

1. 新能源汽车常用的驱动电机类型有哪些？各有什么优缺点？检索至少 5 种车型的驱动电机参数进行对比说明。

2. 请简述永磁同步电机的工作原理。

项目小结

1. 曲柄连杆机构由机体组、活塞连杆组、曲轴飞轮组三部分组成。

2. 拆卸水泵带轮、曲轴带轮，拆卸正时齿形带上防护罩时注意观察曲轴、凸轮轴正时标记。

3. 装上气门弹簧和气门锁片后，用塑料锤轻敲几下，以确保气门锁片安装可靠。

4. 安装气门油封时，应先套上塑料保护套，最好用专用工具压入。

5. 用拇指和食指捏住凸轮轴齿轮和中间轴齿轮之间的齿形带的中间位置，以张紧轮刚好转动 90°为合适。

6. 注意拆卸燃油泵时燃油箱内燃油量不得超过三分之一，必要时排空。

7. 高压油泵的安装螺栓依次交替拧紧，每次只拧一圈，直至高压油泵法兰与安装座完全落座贴合后，按规定扭矩进行拧紧。

8. 美国石油学会（API）标准是国际上比较通用的机油质量等级标准，以“S”开头代表汽油机机油，以“C”开头代表柴油机机油；第二个字母越往后，质量等级越高，性能越好。

9. 机油放油过程中，用专用扳手或定制工具松开机油滤清器，确保发动机放油彻底。

10. 车辆停在水平地面上，检查膨胀水壶液位是否在正常刻度范围内，打开盖子查看膨胀水壶内冷却液颜色是否异常，如有黑色或者其他颜色异物，应及时更换冷却液。如果液位偏低，需补充冷却液。

11. 用橡胶棒或长接杆和套筒将火花塞放入安装孔内，用棘轮扳手按规定力矩拧紧。

12. 断开蓄电池负极，对车辆进行高压下电。对不同车辆采用不同的高压下电方式，有维修开关的直接取下维修开关，没有维修开关的一般采取断母线插接器的方式。

项目三

汽车底盘系统的拆装与维护

3

项目描述

汽车底盘的作用是支承、安装汽车发动机及各部件、总成，形成汽车的整体造型，并接收发动机的动力，使汽车产生运动，保证正常行驶。汽车底盘系统由传动系统、行驶系统、转向系统和制动系统四部分组成。

汽车底盘是支承汽车的车身并有助于平均分配汽车重量的重要部件。它经常暴露在外界环境中，受到雨水、沙尘、盐分等的侵蚀，这可能导致底盘生锈和腐蚀。如果不及时进行维护，底盘的问题可能会影响到汽车的操控性、舒适性和安全性。底盘维护的重要意义具体表现在以下几个方面：

提高稳定性：定期维护底盘，汽车在行驶时会更加平稳，能避免因底盘问题产生抖动现象。

延长使用寿命：定期维护底盘可以有效预防各种问题，如锈蚀、悬架和转向系统的损坏等，进而延长汽车的使用寿命。

增强操控性、安全性：底盘与汽车的悬架和转向系统紧密相连，其任何损坏或磨损都可能影响这些系统，从而影响汽车的操控性和安全性。

提升舒适性：底盘的维护和保养能有效解决由于底盘问题引发的各种异响和不适感，从而提高驾乘舒适性。

学习目标

知识目标	1. 掌握汽车底盘总成、各零部件及相互间的连接关系
	2. 掌握汽车底盘各总成拆装的方法
	3. 掌握汽车底盘维护保养方法和步骤及注意事项
能力目标	1. 掌握汽车底盘的拆装技能
	2. 熟悉汽车底盘零部件之间的装配关系
	3. 掌握汽车底盘的维护技能
素质目标	1. 培养团队意识及协作能力
	2. 培养爱护环境的环保意识、勤于动手和总结归纳的习惯
	3. 培养吃苦耐劳的工匠精神
	4. 培养良好的 6S 工作习惯

任务一　离合器的拆装与维护

案例导入

李先生在早晨驾驶丰田威驰轿车像往常一样去上班，途中操纵车辆感觉挂挡不顺畅，换挡杆卡涩不好操作，伴随离合器踏板有轻微发抖状况，他以为是自己操作方法问题，没有引起重视。后来问题出现频率越来越高后将车辆送进4S店进行检查，高级维修技术人员判断是离合器操纵机构长久使用过程中未维护保养，造成离合器操纵机构缺乏润滑从而出现卡滞，经店里维修技术人员进行维护保养后故障排除。

知识探究

一、离合器的功能

离合器是传动系统中直接与发动机相联系的总成，离合器的输出轴就是变速器的输入轴。汽车由起步进入正常行驶、变速、制动直至停车的整个行驶过程中，离合器经常地在起作用。驾驶员根据需要，用离合器将发动机与变速器暂时地分离或逐渐接合，以切断或接通发动机输往传动系统的动力。

二、离合器的基本结构

（一）离合器的位置

离合器位于发动机和变速器之间的飞轮壳内，如图3-1-1所示，用螺钉将离合器总成固定在飞轮的后平面上，离合器的输出轴就是变速器的输入轴。

（二）离合器的结构

汽车常见离合器的基本结构如图3-1-2所示，通常由主动部分（飞轮、压盘等）、从动部分（从动盘）、压紧机构（膜片弹簧）和操纵机构（分离叉等）四部分组成。

主动部分由飞轮、压盘和离合器盖等组成。离合器盖用螺钉固定于飞轮的后端面，压盘通过传动片与离合器盖相连，可作轴向移动，飞轮与曲轴固定在一起，只要曲轴旋转，发动机动力便可通过飞轮、离合器盖带动压盘一起转动。

从动部分由从动盘组成，带有摩擦衬片的从动盘安装于压盘与飞轮之间，通过花键套装在变速器第一轴上。

压紧机构由膜片弹簧组成，安装于压盘与离合器盖之间，把压盘、飞轮、从动盘相互压紧。

操纵机构由离合器踏板、推杆、总泵、分离叉、分泵等组成，如图3-1-3所示。

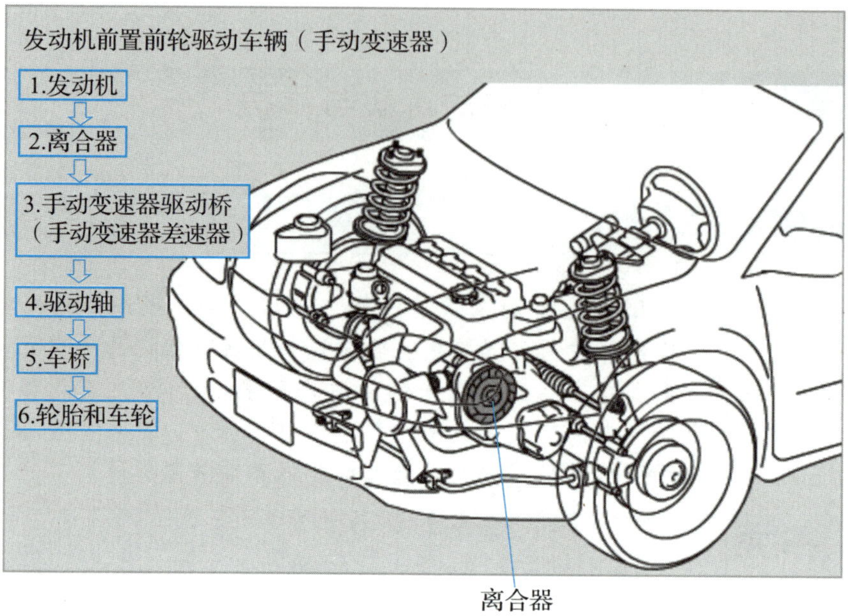

图 3-1-1　离合器的位置

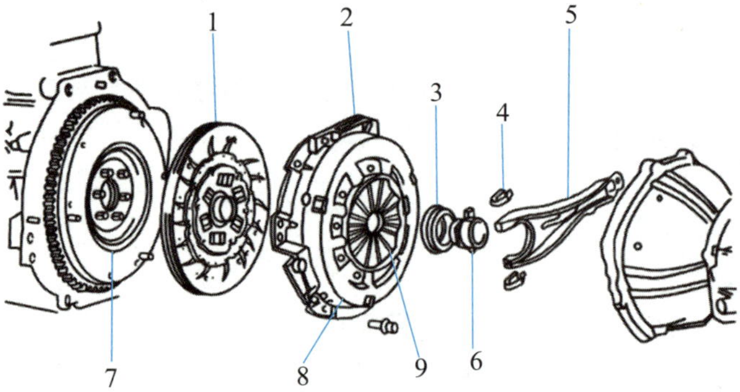

图 3-1-2　离合器的基本结构

1—从动盘；2—压盘；3—分离轴承；4—卡环；5—分离叉；6—分离套筒；7—飞轮；8—离合器盖；9—膜片弹簧

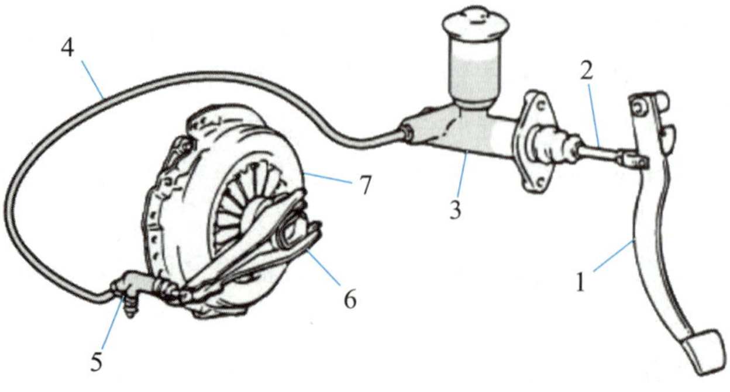

图 3-1-3　离合器操纵机构

1—离合器踏板；2—推杆；3—总泵；4—液压软管；5—分泵；6—分离叉；7—离合器盖

任务实施

一、离合器的拆装

（一）作业准备

（1）场地设施：理实一体化教室，有消防设施的场地。

（2）设备：举升设备，实训整车一辆，工作台，零件车，维修手册。

（3）工具：离合器拆装作业台，专用夹具数套，常用拆装工具、量具及专用工具等。

（4）防护用品：工作服、劳保鞋、车外三件套、车内三件套。

（5）耗材：干净抹布、泡沫清洗剂。

（二）操作步骤

1. 发动机和离合器总成的拆卸

从车上拆下发动机和离合器总成，如图 3-1-4 所示。

2. 离合器总成的拆解（见图 3-1-5）

（1）在离合器盖与飞轮上作装配标记。

（2）以对角拧松并拆下压盘与飞轮的固定螺栓，取下压盘总成、离合器从动盘。

（3）在离合器盖与压盘之间及膜片弹簧之间作对合标记，进行分解。

（4）拆下膜片弹簧装配螺栓，分离压盘、膜片弹簧与离合器盖。

离合器分解图如图 3-1-6 所示。

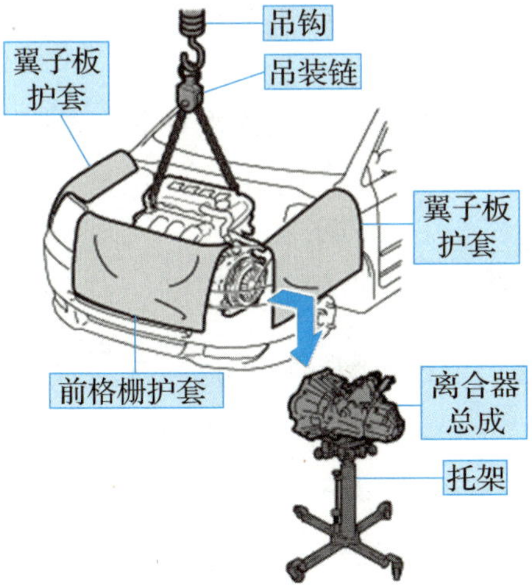

图 3-1-4　从车上拆下离合器总成

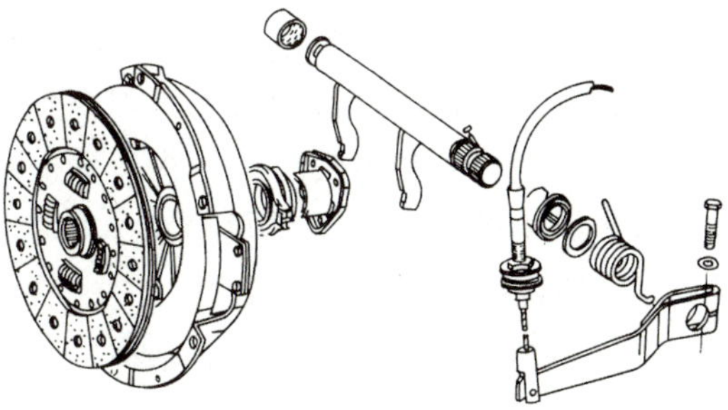

图 3-1-5　离合器总成的拆解

3. 分离叉轴的拆卸

（1）松开螺栓 14，拆下驱动臂。

（2）拆下分离轴承。

（3）松开螺栓 9，取下分离轴承导向套和橡胶防尘套、回位弹簧。

（4）用尖嘴钳取出卡簧和分离轴承后，分离叉轴即可取出。

4. 离合器的装配

离合器的装配一般按拆卸相反顺序进行，应注意以下几点：

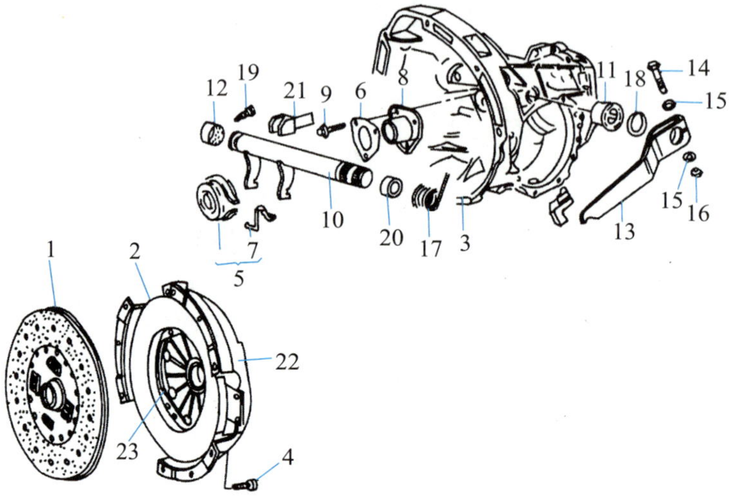

图 3-1-6　离合器分解图

1—离合器从动盘总成；2—离合器压盘总成；3—离合器罩壳；4—固定螺栓；5—分离轴承；6、15—垫圈；7—弹簧；8—分离轴承导向套；9、14—螺栓；10—分离叉轴；11—衬套座；12—分离叉轴衬套；13—离合器驱动臂；16—螺母；17—回位弹簧；18—卡簧；19—固定螺钉；20—橡胶防尘套；21—拉索；22—离合器盖；23—膜片弹簧

（1）离合器盖与压盘及膜片弹簧的对合标记要对齐。

（2）各支点和轴承表面以及分离轴承在组装时应涂以锂基润滑脂。

（3）离合器从动盘有减振弹簧保持架的一面应朝向压盘方向安装。

（4）安装离合器压盘总成时，需用导向定位器或变速器输入轴进行中心定位，使从动盘与压盘同心，便于安装输入轴。

（5）压盘需与飞轮接触，才可紧固螺栓。紧固时应按对角线方向逐次拧紧，紧固力矩为 25N·m。

（6）分离叉轴两端衬套必须同心。

（7）离合器驱动臂的安装位置与固定拉索螺母架距离 a＝200mm±5mm。

（8）应将离合器踏板的自由行程调到 15mm。

（9）安装橡胶防尘套时，先将弹簧推入分离轴承，再将垫圈预压至尺寸 A＝18mm 锁死，分离轴承锁紧力矩为 15N·m。

注意事项

为了保持离合器的原有平衡，从飞轮上拆下离合器时，应检查其原有标记，如无拆装标记，应补做标记后再开始拆卸。

二、离合器的维护

（一）作业准备

（1）场地设施：理实一体化教室，有消防设施的场地。

（2）设备：举升设备，实训整车一辆，工作台，零件车，维修手册。

（3）工具：套装工具、量具及专用工具等。

（4）防护用品：工作服、劳保鞋、车外三件套、车内三件套。

（5）耗材：润滑材料、干净抹布、泡沫清洗剂。

（二）操作步骤

1. 检查离合器工作状况（见图 3－1－7）

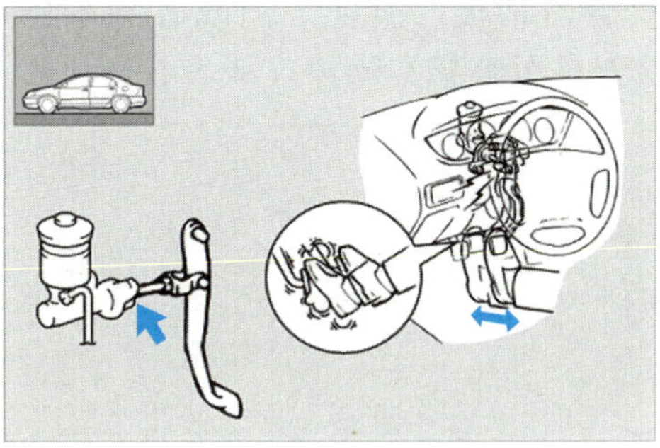

图 3－1－7　检查离合器工作状况

检查离合器总泵以确保液体不渗漏。踩下离合器踏板时，检查应该不存在下述故障：踏板回弹无力；异常噪声；过度松动；感觉踏板沉重。

2. 检查离合器踏板高度和自由行程（见图 3－1－8）

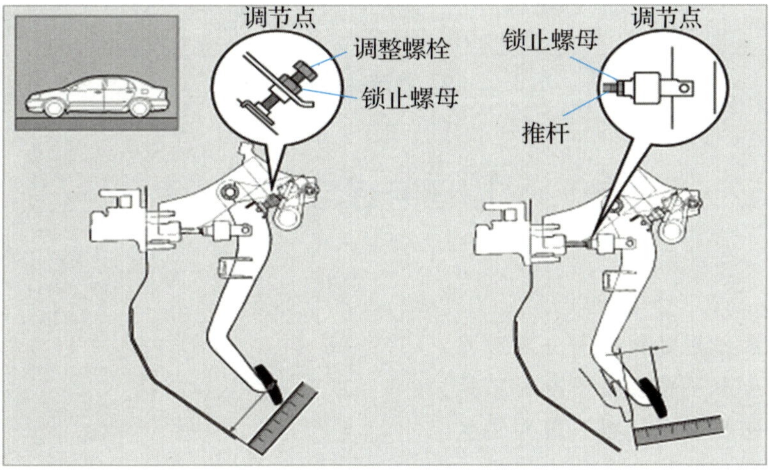

图 3－1－8　检查离合器踏板高度和自由行程

使用标尺检查离合器踏板高度是否处于标准值以内。如果超出标准范围，调整踏板高度。

注意事项

测量从地面到离合器踏板上表面的距离。如果必须要从地毯表面开始测量，则从标准值中去除地毯的厚度，或者地毯和沥青纸毡的厚度。

使用手指按压踏板并使用测量标尺测量踏板的自由行程量是否处于标准范围内，如果超出标准范围，调整踏板高度。

用手指按压踏板时，感觉踏板逐渐变重的过程分两步：

第一步，踏板运动直至踏板推杆接触总泵活塞。

第二步，踏板运动直至总泵引起液压上升。

离合器分离轴承推动膜片弹簧以前，随着踏板发生一定量的移动，踏板自由行程也就被确定。

3. 检查离合器分离点

发动机怠速运转时，在没有踩下离合器踏板的情况下，慢慢地换挡到倒车挡。逐渐踩下离合器踏板，测量踏板运动到齿轮噪声停止的位置的行程量。

4. 检查离合器磨损情况、离合器噪声情况

发动机怠速时，踩下离合器踏板，换到 1 挡或者倒车挡，检查换挡是否平稳，如图 3-1-9 所示。同时，检查是否有异常噪声，或者在踩下踏板时，是否有沉重感。

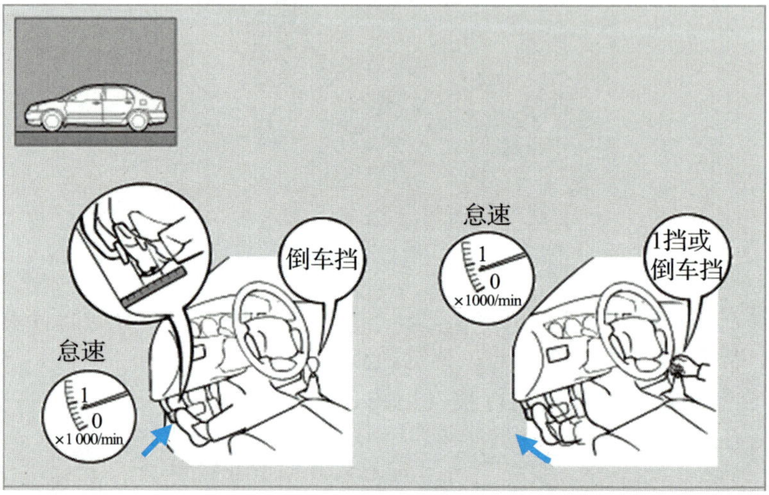

图 3-1-9　检查换挡是否平稳

任务练习

一、判断题

1. 离合器的作用是结合和分离动力。(　　)
2. 拆装离合器不需要使用专用工具。(　　)
3. 离合器踏板自由行程不需要调整。(　　)
4. 离合器踏板行程余量越大越好。(　　)
5. 直接测量从地板到离合器踏板上表面的距离就是踏板总行程。(　　)

二、选择题

1. 离合器自由行程，可反映（　　）。

A. 离合器的使用情况　　B. 离合器的总行程

C. 离合器的磨损情况　　D. 离合器故障

2. 离合器打滑的原因为（　　）。

A. 压盘磨损严重　　B. 从动盘损坏

C. 飞轮磨损　　D. 离合器自由行程过大

三、简答题

1. 简述离合器的拆装步骤。
2. 如何检查离合器自由行程？

任务二 手动变速器的拆装与维护

案例导入

吴先生驾驶日产阳光轿车去上班，途中操纵车辆时感觉车辆前下方有异响，特别是车速越快，异响声越明显。随后他将车辆送进4S店进行检查。服务顾问通过车主吴先生的描述，判断是变速器的问题，并且也了解到该车使用年限较长，车主吴先生也没有按照定期保养规定的时间来维护。高级维修技术人员进一步检查发现故障是变速器输出轴轴承磨损较大造成的，经过更换轴承，对变速器进行维护保养后故障排除。

知识探究

一、变速器的功能

汽车上广泛采用的活塞式内燃机，其转矩和转速变化范围较小，而复杂的使用条件要求汽车的驱动力和车速能在相当大的范围内变化。为解决这一矛盾，在传动系统中设置了变速器，它具有如下功用：

（一）实现变速变矩

变速器通过改变传动比扩大驱动轮转矩和转速的变化范围，以适应经常变化的行驶条件，同时使发动机在有利（功率较高而耗油率较低）的工况下工作。

（二）实现倒退行驶

由于发动机是不能反向旋转的，利用变速器的倒车挡，在发动机旋转方向不变的前提下，使汽车能倒退行驶。

（三）必要时中断动力传递

利用空挡，中断动力传递，以使发动机能够起动和怠速运转，满足汽车暂时停车或滑行的需要。

二、变速器的基本结构

（一）变速器的类型

目前汽车常见变速器有手动和自动两大类，手动变速器根据变速传动机构形式的不同分为两轴式和三轴式两种。

（二）手动变速器基本结构

手动变速器由变速传动机构和变速操纵机构两部分组成。变速传动机构的主要作用是改变转矩和转速的数值和方向，变速操纵机构的主要作用是控制变速传动机构，实现变速器传动比的变换，即实现换挡，以达到变速变矩。

1. 两轴式变速传动机构

在发动机前置前轮驱动或发动机后置后轮驱动的汽车上，由于总体结构布置的需要，采用两轴式变速器，其传动机构的特点是输入轴与输出轴平行，无中间轴，如图 3-2-1 所示。

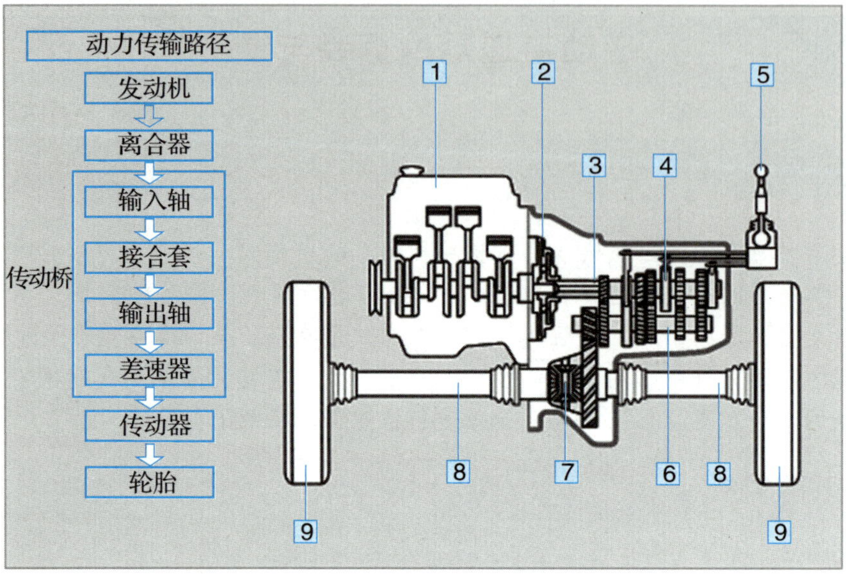

图 3-2-1　两轴式变速器

1—发动机；2—离合器；3—变速器输入轴；4—换挡接合套；5—换挡手柄；6—变速器输出轴；7—差速器；8—驱动轴；9—驱动轮

2. 三轴式变速传动机构

三轴式变速器适用于发动机前置后轮驱动的布置形式，不同车型变速器的构造虽各有不同，但变速传动机构主要都是由齿轮、轴、壳体和支承等组成的，与两轴式的区别是在输入轴和输出轴之间多了一根中间轴。

3. 变速操纵机构

对于机械式变速器，换挡操作均是由驾驶员拨动变速操纵杆（简称变速杆）再通过一套操纵机构来实现的。变速操纵机构应保证驾驶员能准确可靠地使变速杆挂入所需要的任一挡位工作，并可随时将之推到空挡。

变速操纵机构根据其变速杆与变速器的相互位置不同，可分为直接操纵式和远距离操纵式（如图 3-2-2 所示）两种类型。

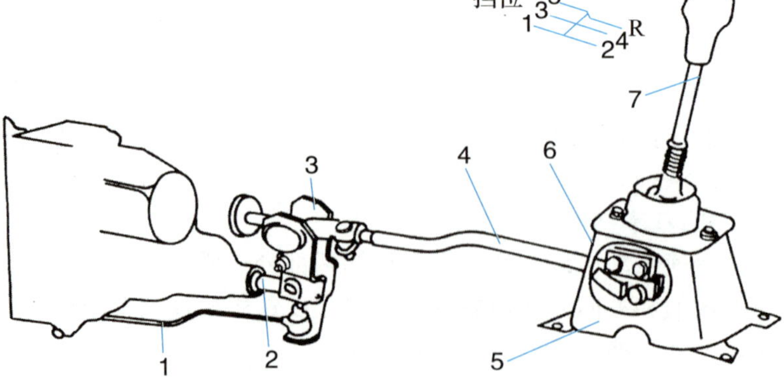

图 3-2-2　远距离操纵式

1—支承杆；2—内换挡杆；3—换挡杆接合器；4—外换挡杆；5—倒挡保险挡块；6—换挡手柄座；7—变速操纵杆

任务实施

一、手动变速器的拆装

（一）作业准备

（1）场地设施：理实一体化教室，有消防设施的场地。

（2）设备：举升设备、实训整车、变速器总成、工作台、零件车及维修手册。

（3）工具：变速器拆装作业台，专用工具及夹具数套，常用拆装工具、量具及专用工具等。

（4）防护用品：工作服、劳保鞋、车外三件套、车内三件套。

（5）耗材：干净抹布、泡沫清洗剂。

（二）操作步骤

1. 从车上拆下手动变速器总成（见图 3-2-3）

（1）拆下蓄电池的搭铁线及离合器拉索。

（2）拆去车速表轴的软轴。

（3）拆去排气管、倒车灯开关的电线束插接器，拆下发动机—变速器上部连接螺栓。

（4）举升汽车，将传动轴从变速器上拆下并支承好。

（5）旋松变速器控制系统的内换挡螺栓，依次拆下离合器盖板、起动电动机、发动机中间支架。

（6）拆下螺栓，拆下变速器减振垫和减振垫前支架。

（7）拆下发动机—变速器下连接螺栓，使用杠杆将变速器和发动机分开，并拆卸变速器。

图 3-2-3　从车上拆下手动变速器总成

2. 手动变速器总成（见图 3-2-4）的拆卸

（1）清洗变速器外表，将其固定在修理架上，放出润滑油，拆下变速器后盖。

（2）拆卸一、二挡锁销，接着把拨叉向左转动，挂入二挡，拉下拨叉轴。

（3）拆下五挡拨叉轴及五挡同步器和五挡齿轮组件，如图 3-2-5 所示。

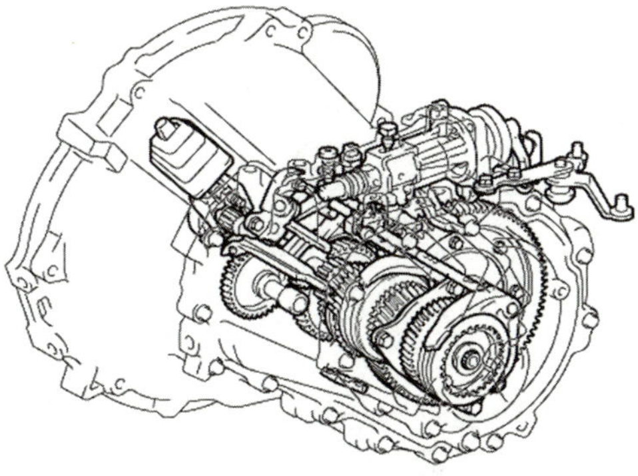

图 3-2-4　手动变速器总成

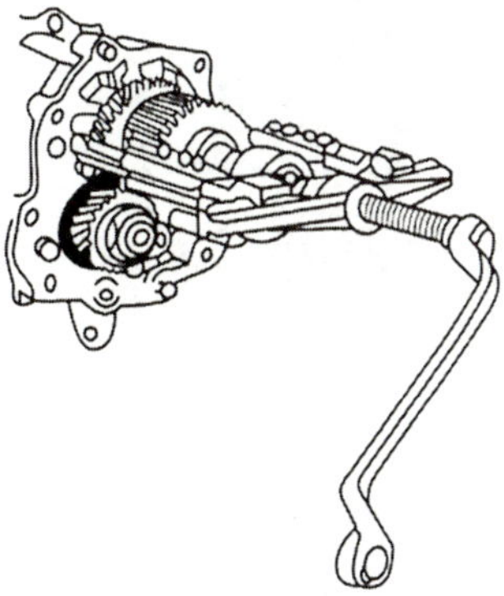

图 3-2-5　拆下五挡拨叉轴及五挡同步器和五挡齿轮组件

（4）锁住输入轴，取下输出轴五挡齿轮紧固螺母，拆卸五挡齿轮，如图 3－2－6 所示。

（5）取下三、四挡锁销和拨叉轴。拆下倒挡自锁装置和倒挡拨叉轴。

（6）拆下输入轴和输出轴组件，取出倒挡轴和齿轮、倒挡传动臂。

（7）拆卸拨叉轴自锁和互锁装置，如图 3－2－7 所示。

（8）拆卸从动齿轮的轴承盖螺栓，如图 3－2－8 所示，取下盖子，取出主减速器差速器总成。

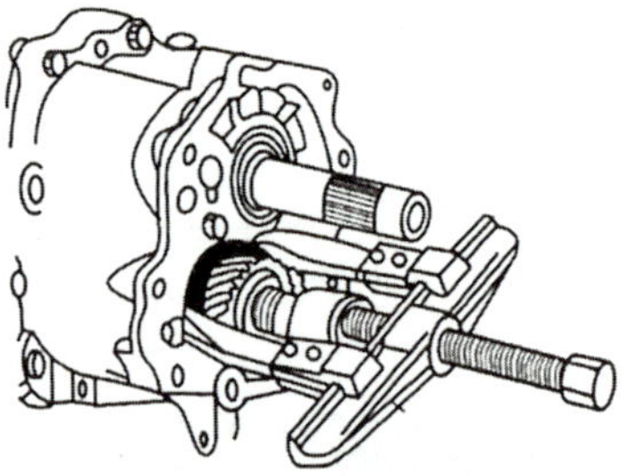

图 3－2－6　拆卸五挡齿轮

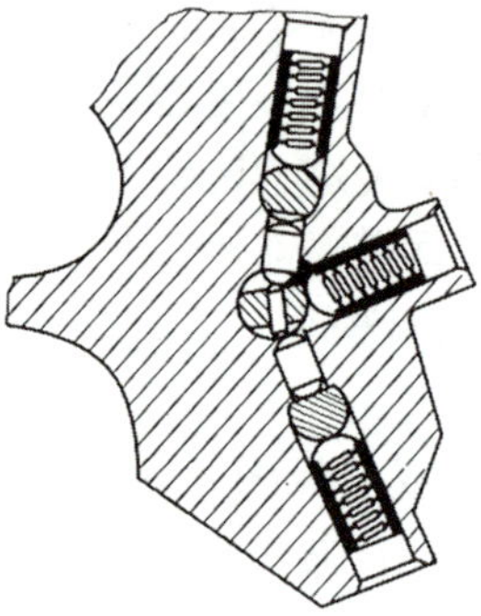

图 3－2－7　拆卸拨叉轴自锁和互锁装置

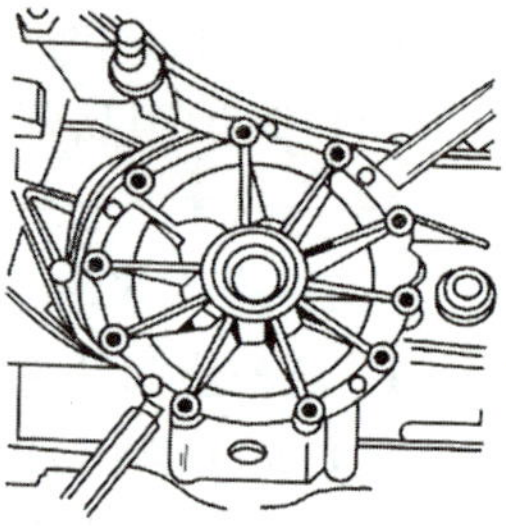

图 3－2－8　拆卸从动齿轮的轴承盖螺栓

3. 手动变速器的装配

手动变速器的装配应大致按拆卸相反顺序进行，如图 3－2－9 所示，同时还应注意壳体的对合标记要对齐，各支点和轴承在组装时应涂以锂基润滑脂。

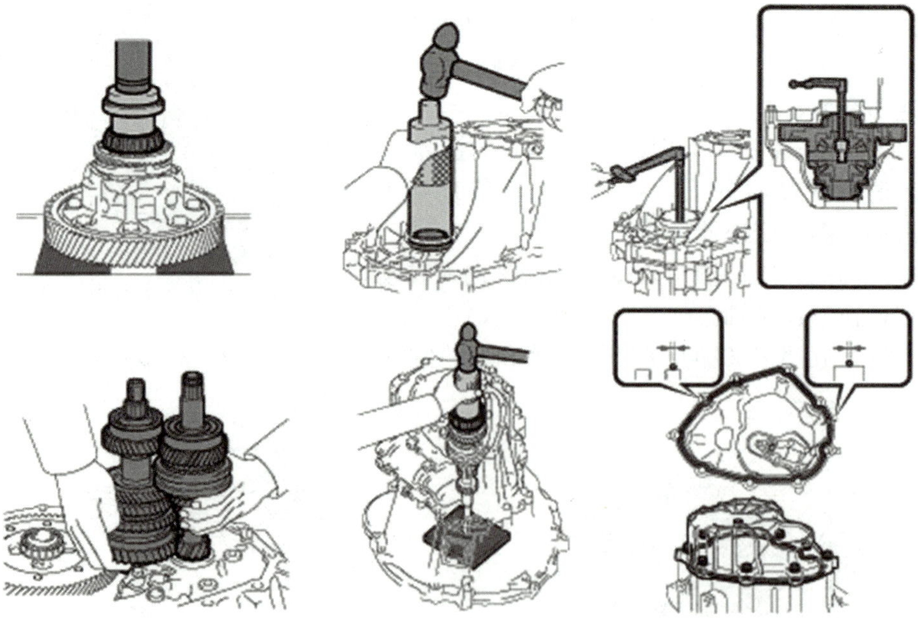

图 3－2－9　手动变速器的装配

具体可按下列顺序进行装合：输入轴与齿轮的装合→输出轴与齿轮的装合→变速器轴承支座的装合→变速器后盖的装合→变速器整体的装合→变速器上车的装合→变速器操纵机构的装合。

二、手动变速器的维护

（一）作业准备

（1）场地设施：理实一体化教室，有消防设施的场地。

（2）设备：举升设备、实训整车、手动变速器总成、工作台、零件车及维修手册。

（3）工具：量具及专用工具等。

（4）防护用品：工作服、劳保鞋、车外三件套、车内三件套。

（5）耗材：润滑材料、干净抹布、泡沫清洗剂。

（二）操作步骤

1. 检查手动变速器润滑油液位

（1）检查手动变速器的下述区域是否漏油：变速器与发动机壳体安装接触面、轴和拉索伸出的区域、油封、排放塞和加注塞。

（2）检查润滑油液位：从传动桥上拆卸加注塞。将手指插入塞孔，并且检查油与手指接触的位置。正常情况下液面高度应该距离加注塞口 0～5mm，如图 3－2－10 所示。

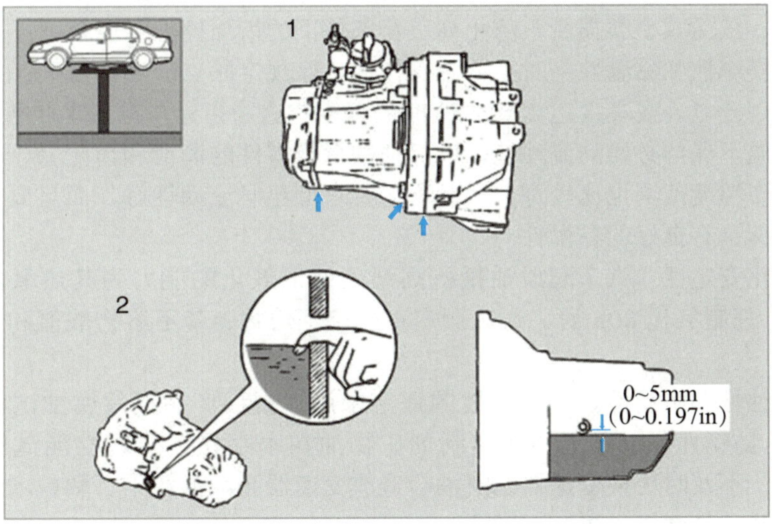

图 3－2－10　检查手动变速器润滑油液位

2. 更换手动变速器润滑油

一般情况下，变速器润滑油（见图 3－2－11）应每隔 40 000～60 000km 进行一次更换作业。

（1）拆卸加注塞、排放塞和两个垫片，如图 3－2－12 所示。然后，排放传动桥（变速器）油。

（2）将油排放之后，用新垫片重新安装排放塞。

（3）根据维修手册，重新加注规定量的油。

（4）更换一个新垫片，重新安装加注塞。

目前汽车上采用四种变速器：手动变速器、液力自动变速器（AT）、无极自动变速器（CVT）和双离合自动变速器（DCT）。不同的变速器使用不同的润滑油。在检查添加润滑油前应先区分变速器的类型，选择适当的润滑油进行添加或更换。

图 3－2－11　变速器润滑油

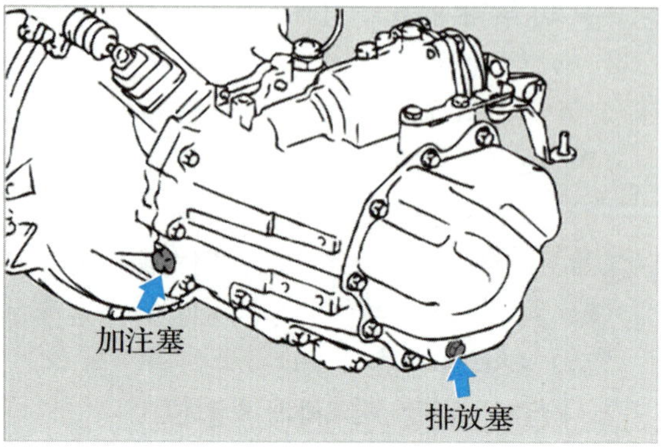

图 3－2－12　拆卸加注塞、排放塞

3. 对变速器润滑油的要求

（1）润滑性和极压抗磨性。汽车润滑油应具有适宜的运动黏度，以保证形成较好的润滑状态。汽车齿轮多处于混合润滑和边界润滑状态，主要是油性剂的油膜和极压抗磨剂的反应膜起作用，从而减小磨损量，防止高负荷条件下的齿面擦伤和烧结。

（2）低温操作性和黏温性。对于低温操作性，除规定倾点、成沟点和黏度指数等指标外，还特别采用了“表观黏度达 150Pa·s 时的温度”这一指标。在冬季严寒地区，要求汽车润滑油在低温下保持必要的流动性，以保证轴承等零件的润滑和齿轮易于开始转动。汽车润滑油的工作温度范围也比较宽，因此不但要求低温时流动性好，而且要求高温时黏度值不能太小，即具有良好的黏温性。

（3）热氧化安定性。汽车润滑油抵抗高温条件下氧化的能力为其热氧化安定性。在 162℃高温下，强制氧化 50h 后，通过测定正戊烷不熔物、苯不溶物酸值和运动黏度等来评定。

（4）抗腐蚀性和防锈性。抗腐蚀性的评定采用《石油产品铜片腐蚀试验法》（GB/T 5096—2017），防锈性评定采用《加抑制剂矿物油在水存在下防锈性能试验法》（GB/T 11143—2008）。不及时更换变速器润滑油会造成变速器润滑油污染、颗粒增大、变质和黏度下降、摩擦片间的磨损加重，以及产生碎屑，从而产生换挡卡滞、油耗增加等工作异常现象，甚至损坏变速器。为保证变速器正常工作，应及时更换变速器润滑油。

更换变速器润滑油必须使用同一品牌的变速器润滑油，因为在更换变速器润滑油时，并不能够将旧油全部排出，如果使用不同品牌的变速器润滑油，新油与旧油混合，会损坏变速器或缩短变速器的使用寿命。排放变速器润滑油如图 3－2－13 所示。

图 3－2－13　排放变速器润滑油

任务练习

一、判断题

1. 手动变速器不可以中断动力。（　　）
2. 手动变速器拆装可以不用专用工具来完成。（　　）
3. 手动挡的车辆经济性比自动挡的好。（　　）
4. 手动变速器换润滑油时可以不更换加注塞垫片。（　　）

二、简答题

1. 简述手动变速器的拆装步骤。
2. 简述手动变速器更换润滑油的流程。

任务三　自动变速器的拆装与维护

案例导入

王先生驾驶通用别克君越轿车出行途中感觉车辆有顿挫感，特别是在车速有明显变化的时候，比如爬坡或者提速时候更加明显。随后他将车辆送往4S店进行检查。服务顾问接车时了解到，该车已经7年多未更换自动变速器润滑油，车主王先生平时用车也没有注意看使用手册。经高级维修技术人员检查发现是自动变速器润滑油过脏造成的，更换自动变速器润滑油后故障排除。同时服务顾问也提醒王先生要按时保养车辆，这样可以减少车辆故障发生的概率。

知识探究

一、自动变速器的类型和特点

自动变速器是指无须驾驶员的换挡操作而能自动实现挡位变换的变速器。它能自动地从低挡换到高挡，无须驾驶员进行离合器操作。它具有操作方便、换挡平稳、乘坐舒适、过载保护性好等优点。

自动变速器技术在汽车上的应用主要有以下三种形式：液力自动变速器（AT）、双离合自动变速器（DCT）和无级自动变速器（CVT）。

与手动变速器相比，自动变速器的缺点是结构较复杂、制造困难、成本高。另外，液力自动变速器的突出缺点是传动效率不高。随着技术的不断进步，通过与发动机的匹配优化、液力变矩器锁止离合器的应用、控制换挡点、增加挡位数等措施，目前液力自动变速器的传动效率已接近手动变速器的水平，双离合自动变速器甚至超过手动变速器。

二、液力自动变速器的结构

常见液力自动变速器（见图3-3-1）由液力变矩器、齿轮变速传动装置、液压控制系统、电子控制系统等组成，此外还有自动变速器油冷却和滤清装置。

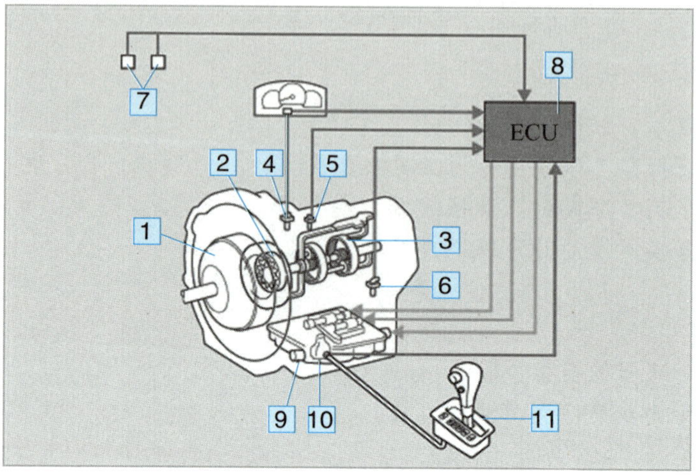

图 3-3-1　液力自动变速器

1—液力变矩器；2—油泵；3—行星齿轮机构（齿轮变速传动装置）；4—车速传感器；5—中间轴齿轮转速传感器（输出）；6—涡轮转速传感器（输入）；7—传感器；8—发动机和自动变速器 ECU；9—电磁阀；10—液压控制系统；11—换挡杆

（一）液力变矩器

液力变矩器（见图 3-3-2）位于自动变速器的最前端，安装在发动机的飞轮上。其作用是利用液力传递的原理，将发动机的动力传给自动变速器的输入轴。它还对发动机及传动系统的扭转振动起缓冲作用，使发动机转动平稳，同时能驱动液压控制系统的油泵。

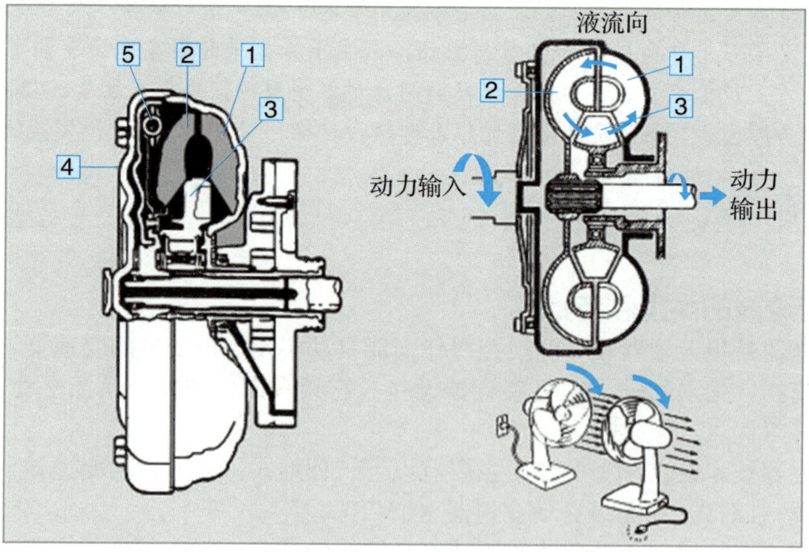

图 3-3-2　液力变矩器

1—泵叶轮（自发动机）；2—蜗轮转子（通往齿轮机构）；3—导轮；4—前盖；5—锁止离合器

（二）齿轮变速传动装置

齿轮变速传动装置是自动变速器的主要组成部分，如图 3-3-3 所示。它包括齿轮变速机构和换挡执行机构。换挡执行机构可以使齿轮变速机构处于不同的挡位，以实现不同的传动比，从而获得适当的转矩和转速。

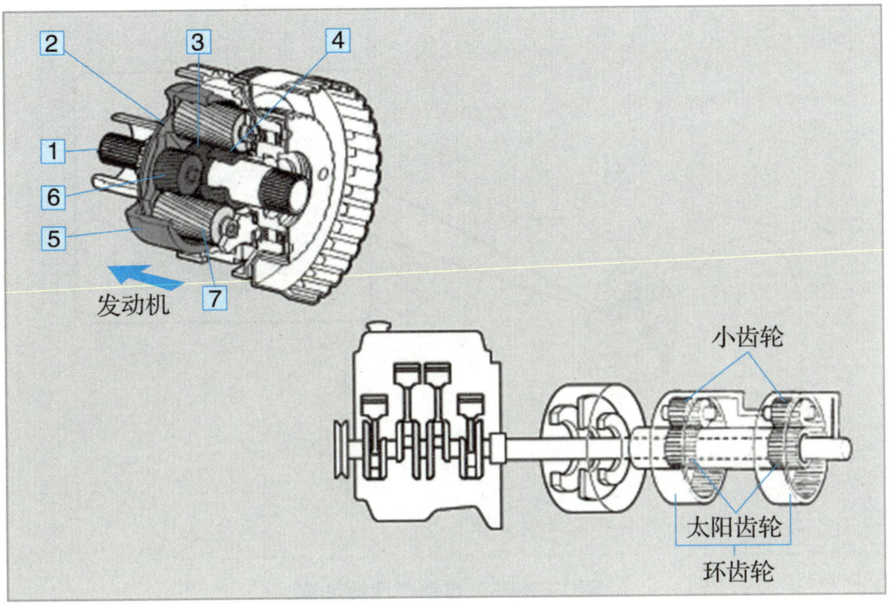

图 3-3-3 齿轮变速传动装置

1—中间轴；2—行星齿轮架；3—前太阳齿轮；4—后太阳齿轮；5—齿圈；6—短行星轮；7—长行星轮

(三) 液压控制系统

液压控制系统（见图 3-3-4）主要由自动变速器油泵（见图 3-3-5）、各种控制阀及油路组成。其作用是产生和调节油压，并在操纵手柄和电子控制系统的控制下将液压油送至换挡执行机构，实现换挡；此外，它向液力变矩器提供液压油，将液力变矩器中的高温液压油送至散热器进行冷却。

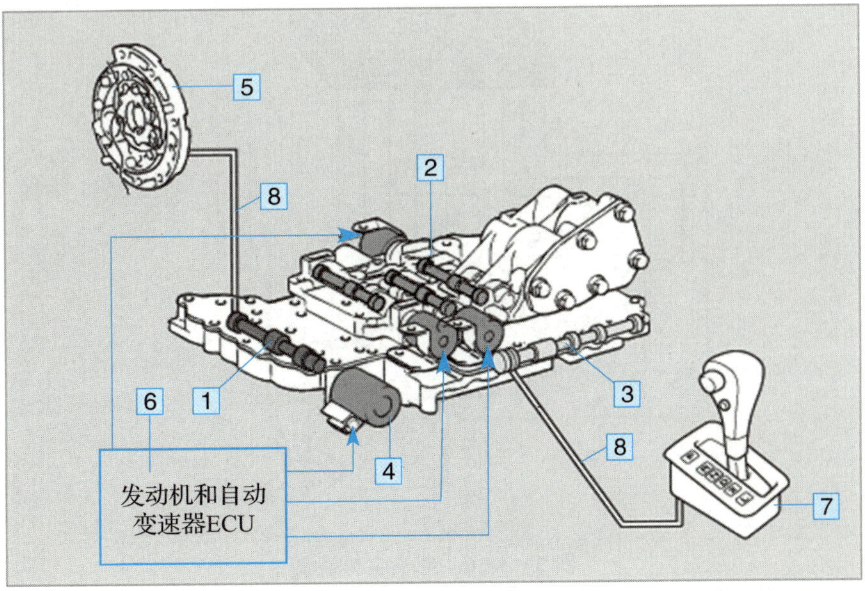

图 3-3-4 液压控制系统

1—初级调节阀；2—换挡阀；3—手动阀；4—电磁阀；5—自动变速器油泵；
6—发动机和自动变速器 ECU；7—换挡杆；8—油路

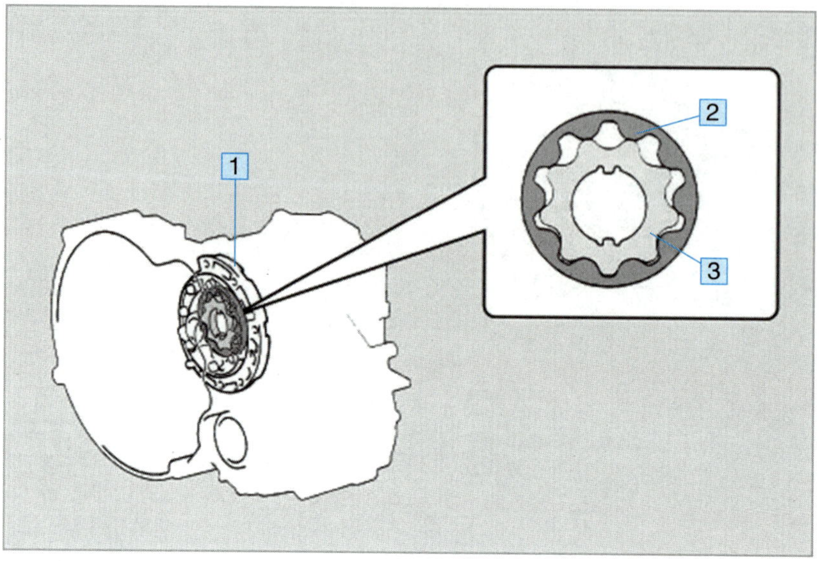

图 3-3-5　自动变速器油泵

1—前泵体；2—从动齿轮；3—主动齿轮

（四）电子控制系统

自动变速器的电子控制系统（见图 3-3-6）由各种传感器、电子控制单元（ECU）、电磁阀、各种开关及指示装置等组成。其作用是根据传感器测得的汽车行驶状况和发动机工况信息，经过计算、比较处理后，根据预先编制的控制程序发出控制信号，通过控制电磁阀来操纵液压控制阀的工作，实现自动换挡控制、锁止离合器控制等。

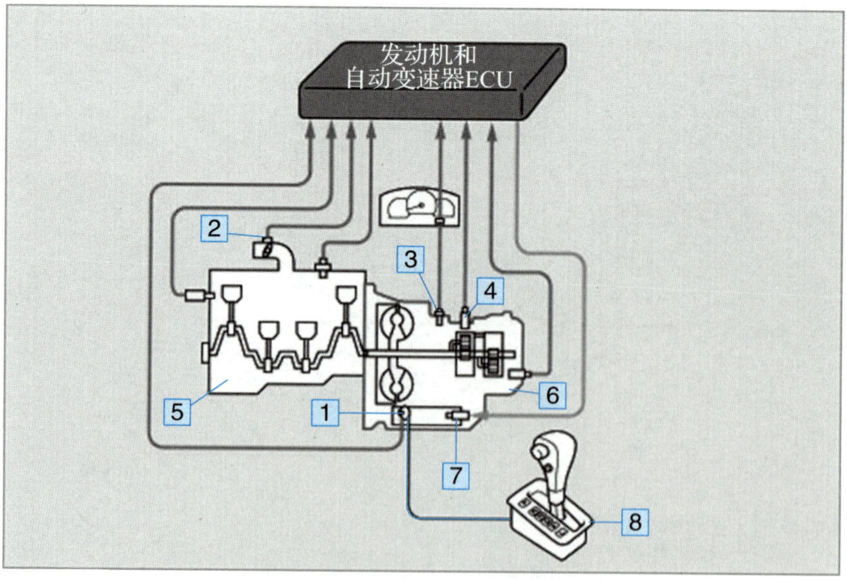

图 3-3-6　电子控制系统

1—空挡起动开关；2—节气门位置传感器；3—车速传感器；4—输入轴转速传感器；5—发动机；6—自动变速器；7—电磁阀；8—换挡杆

三、双离合自动变速器的结构

双离合自动变速器是基于手动变速器，且具有两个离合器及传动和换挡机构的自动变速器，如图 3－3－7 所示。

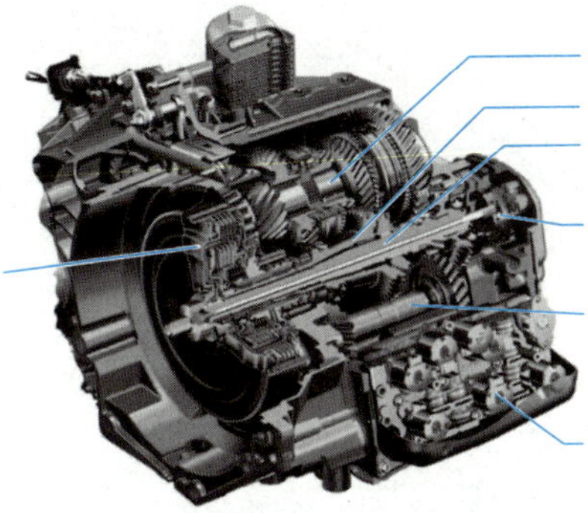

图 3－3－7　双离合自动变速器

发动机转矩由双质量飞轮借助花键传递到双离合器的输入轴上。从双离合器开始，根据具体使用哪一挡行车，发动机转矩就传递到输入轴 1 或 2，然后再传递到相应的输出轴。为清楚表示出每个轴，图 3－3－8 中的输出轴以及倒挡齿轮轴并不处于实际位置，而是与其他轴处于同一平面。输入轴采用同轴布置形式，且奇数挡和偶数挡齿轮混合分布在两个输出轴上。这两个输出轴采用不同的传动比将发动机转矩传递到主传动直齿圆柱齿轮上，然后再传递到差速器，如图 3－3－8 所示。

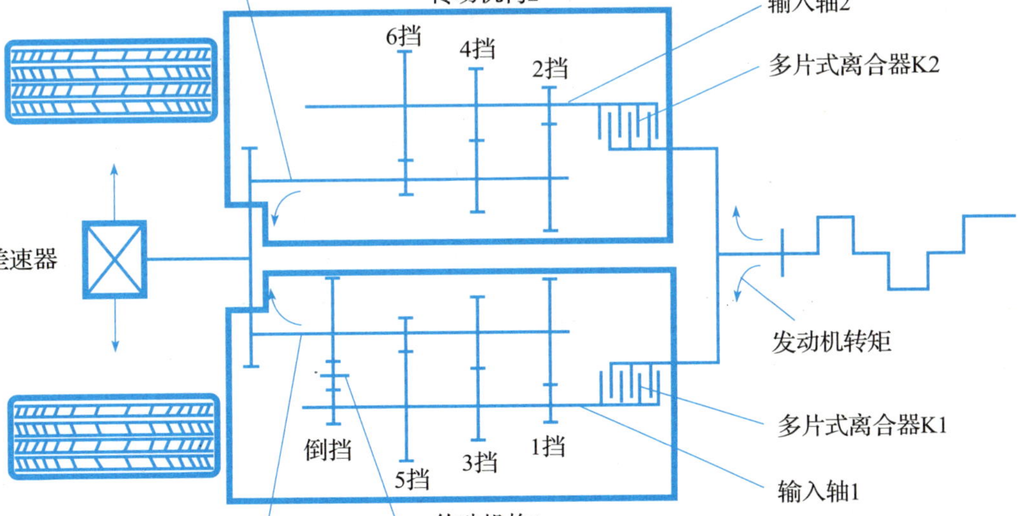

图 3－3－8　双离合自动变速器工作线路

双离合自动变速器主要由两个彼此相互独立的传动机构组成。单个传动机构的结构与手动变速器是相同的，两者各配一个多片式离合器，如图 3－3－9 所示。两个多片式离合器分别与两根输入轴相连，换挡和离合操作是通过机械电子装置实现的。

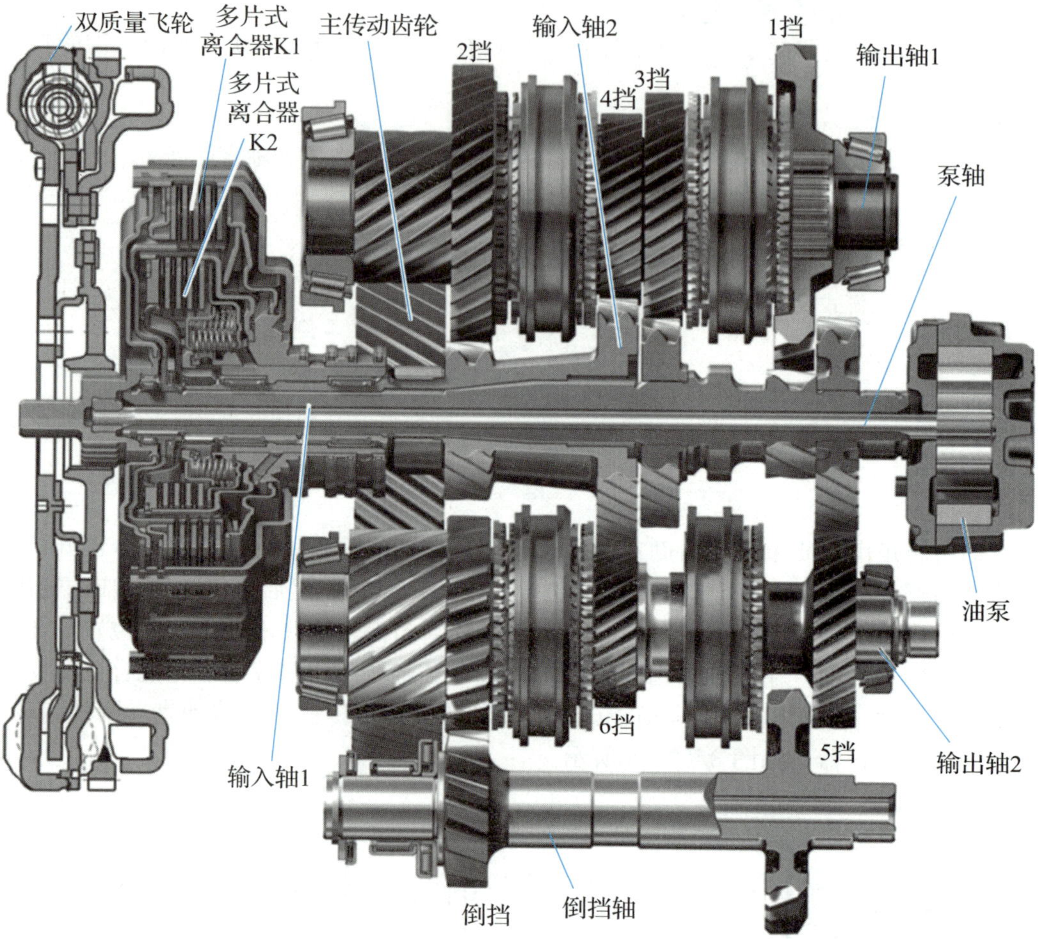

图 3-3-9 双离合自动变速器结构

发动机转矩经外片支架传递到相应的离合器内。当离合器接合时，转矩就传递到内片支架上，即传递到相应的输入轴上。离合器 K1 是一个外离合器，可将转矩传递到 1、3、5 和倒挡所在的输入轴 1 上。当液压油进入多片式离合器 K1 的压力腔时，活塞 1 就开始移动，这使多片式离合器 K1 的片组压靠在一起，离合器接合。转矩经内片支架的片组传递到输入轴 1 上。多片式离合器 K2 是一个内离合器，可将转矩传递到 2、4、6 挡所在的输入轴 2 上。要想使该离合器接合，必须将液压油压入多片式离合器 K2 的压力腔内。于是，活塞 2 就通过该离合器片组将转矩传递到输入轴 2 上。

双离合自动变速器的换挡机构（见图 3-3-10）包含换挡拨叉。每个换挡拨叉都配有一个行程传感器，该传感器用于感知换挡拨叉的准确位置和行程。换挡液压油经过变速器壳体上的孔流至相应挡位的液压缸内。于是，在换挡拨叉上产生压力，将换挡拨叉推至左侧止点位置或右侧止点位置或中间位置（空挡位置）。如果已挂挡，则相应的液压缸就会卸压。挡位由换挡齿的齿背和止动销来保持。

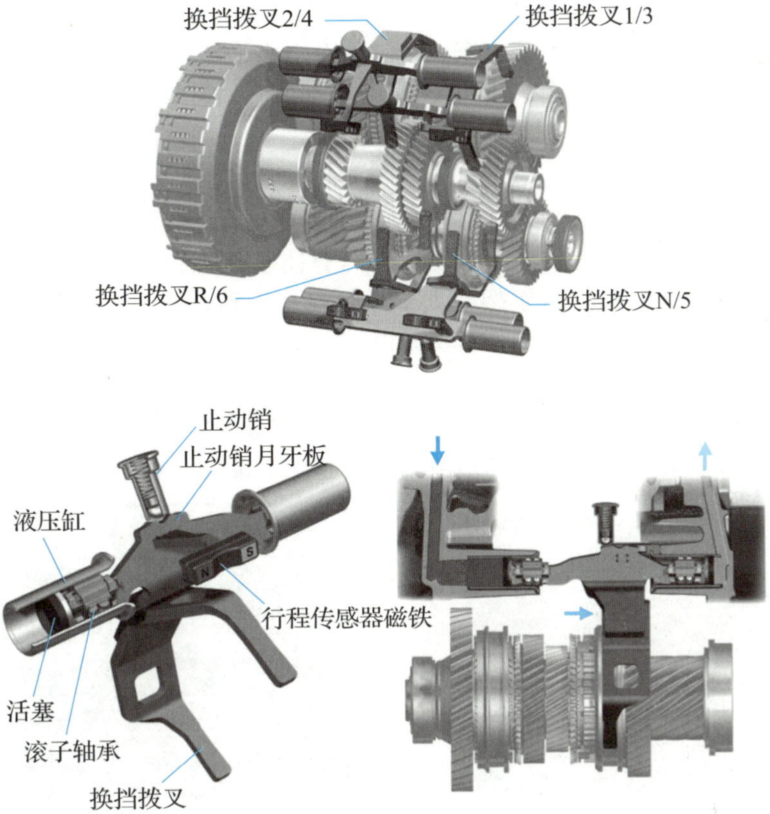

图 3-3-10 双离合自动变速器的换挡机构

四、无级自动变速器的结构

无级自动变速器采用传动带和工作直径可变的主、从动锥轮相配合传递动力，可实现传动比的连续改变。其包括两个对置的锥轮和一条环绕在两个锥轮上的金属传动带（钢带），如图 3-3-11 所示。变速装置的动力最终通过中间轴传递到变速器内的差速器。

图 3-3-11 无级自动变速器

（一）动力结合装置

动力结合装置的主要作用是使汽车以足够的牵引力平稳起步，提高驾驶舒适性，必要时可切断动力传递。目前，汽车起步主要采用三种装置：湿式离合器、电磁离合器和液力变矩器。

（二）行星齿轮机构

CVT 的行星齿轮机构用于前进挡和倒挡的切换。CVT 采用双行星齿轮机构，行星架上固定有内外行星齿轮，其中外行星齿轮与齿圈啮合，内行星齿轮与太阳齿轮啮合。在前进挡时，太阳齿轮主动旋转，行星架与太阳齿轮同速旋转，即整体同步旋转；在倒挡时，太阳齿轮主动旋转，而齿圈不移动，行星架以与太阳齿轮相反的方向旋转。

（三）无级变速机构

无级变速机构由金属传动带（见图 3－3－12）、主动锥轮和从动锥轮组成，如图 3－3－13 所示。其中，主动锥轮和从动锥轮均由活动锥盘和固定锥盘组成。

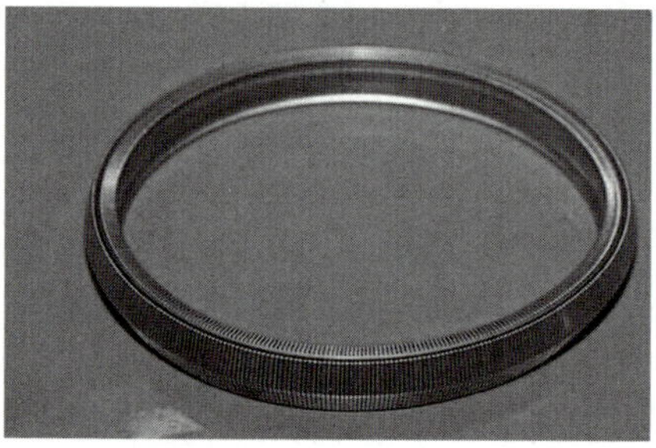

图 3－3－12　金属传动带

图 3－3－13　无级变速机构

（四）控制系统

控制系统用于实现 CVT 传动比的无级自动变化，多采用机械液压控制系统或电液控制系统（见图 3－3－14）。机械液压控制系统主要由油泵、液压控制阀（用于调节传动比和传动带与车轮之间的压紧力）、传感器（节气门位置和发动机转速）、驱动轮液压缸和管路等组成；电液控制系统在机械控制系统的基础上，增设了电子控制单元、电磁阀和传感器等，提高了 CVT 控制的效率和精度。

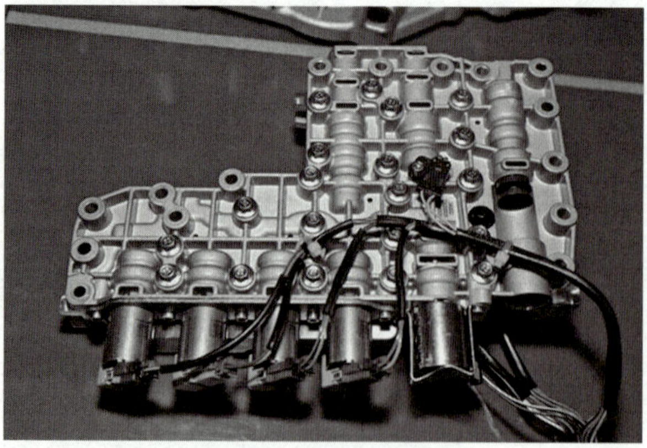

图 3－3－14　电液控制系统

（五）中间减速机构

由于 CVT 传动比为 0.445～2.6，不能完全满足整车传动比范围的要求，因此增设了中间减速机构。CVT 的传动比范围可以通过中间减速机构调节到 0.8～5。

任务实施

一、自动变速器的拆装

（一）作业准备

（1）场地设施：理实一体化教室，有消防设施的场地。

（2）设备：举升设备、实训整车、自动变速器总成、工作台、零件车及维修手册。

（3）工具：自动变速器拆装作业台、专用工具及夹具数套、常用拆装工具和量具等。

（4）防护用品：工作服、劳保鞋、车外三件套、车内三件套。

（5）耗材：干净抹布、泡沫清洗剂。

（二）操作步骤

从车上将自动变速器总成拆下，步骤和方法与手动变速器类似，参考本项目任务二。拆下总成后进行分解。

1. 液力自动变速器的拆装

（1）清洁自动变速器外部，拆除所有安装在自动变速器壳体上的零部件，如加油管、空挡起动开关等。

（2）从自动变速器前方取下液力变矩器，松开固定螺栓，拆下自动变速器前端的液力变矩器壳，拆除输出轴凸缘和自动变速器后端盖，从输出轴上拆下车速传感器的感应转子。

（3）拆下油底壳，取下油底壳连接螺栓后，用专用工具的刃部插入变速器与油底壳之间，切开密封胶，注意不要损坏油底壳凸缘。

（4）检查油底壳中的颗粒。拆下磁铁，观察其收集的金属颗粒，若是钢（磁性）性材料，则说明轴承、齿轮和离合器钢片存在磨损；若是黄铜（非磁性）材料，则说明衬套存在磨损。

（5）拆下连接在阀板上的所有线束插接器，拆下 4 个电磁阀，拆下与节气门阀连接的节气门拉索，用螺钉旋具把液压油管小心地翘起取下，松开进油滤网与阀板之间的固定螺栓，从阀板上拆下进油滤清器。

（6）拆下阀板与自动变速器壳体之间的连接螺栓，取下阀板总成，取出自动变速器壳体油道中的止回阀、弹簧和蓄压器活塞，拆下手控阀拉杆和停车闭锁爪，必要时也可拆下手控阀操作轴。

（7）拆下油泵固定螺栓，用专用工具拉出油泵总成。

（8）拆解行星齿轮机构，如图 3 - 3 - 15 所示。

（9）从自动变速器前方取出超速行星架和超速（直接）离合器组件及超速齿圈。

1）拆下超速制动器，用螺钉旋具拆下超速制动卡环，取出超速制动器钢片和摩擦片。

2）拆下超速制动器鼓的卡环，松开壳体上的固定螺栓，用拉具拉出超速制动器鼓。

3）拆下 2 挡强制制动带活塞，从外壳上拆下 2 挡强制制动带液压缸缸盖卡环，用手指按住液压缸缸盖，从液压缸进油孔吹入压缩空气，将液压缸缸盖和活塞吹出。

4）取出中间轴，拆下高、倒挡离合器和前进挡离合器组件，如图 3－3－16 所示。拆下 2 挡强制制动带销轴，取出制动带，拆除前行星排，取出前齿圈，将自动变速器立起，用木块垫住输出轴，拆下前行星齿轮架上的卡环，拆除前行星齿轮架和行星齿轮组件，取出前后太阳齿轮组件和低挡单向离合器，如图 3－3－17 所示。拆下 2 挡强制制动带，拆下卡环，取出 2 挡制动器的所有摩擦片、钢片及活塞衬套。

图 3－3－15　拆解行星齿轮机构

图 3－3－16　拆下高、倒挡离合器和前进挡离合器组件

5）拆卸输出轴、后行星排和低、倒挡制动器组件。拆下卡环，取出输出轴、后行星排、前进挡单向离合器、低挡和倒挡制动器、2 挡制动器组件。在拆解自动变速器时，应将所有组件和零部件按拆解顺序依次排放，如图 3－3－18 所示，以便于检修和组装。要特别注意各个止推垫片、止推轴承的位置，不可错乱。

图 3－3－17　取出前后太阳齿轮组件和低挡单向离合器

图 3－3－18　自动变速器拆解

（10）自动变速器的装配应大致按拆卸相反顺序进行，同时注意保证离合器和制动器的自由间隙要符合标准，挡圈和其他油封安装方向不能出错。

2. 双离合自动变速器的拆卸

（1）拆卸变速器总成，撬出推力轴承定位夹。

（2）取出推力轴承定位螺母。

（3）旋出推力轴承。

（4）旋出图 3－3－19 中箭头所指的 9 个固定螺栓，取出离合器 K1 盖总成。

（5）取出离合器 K1 从动盘。

（6）取出离合器中间盘（主动盘）。

（7）取出离合器 K2 从动盘。

（8）旋出图 3－3－20 中箭头所指的 3 个固定螺栓，取出离合器 K2 盖总成。

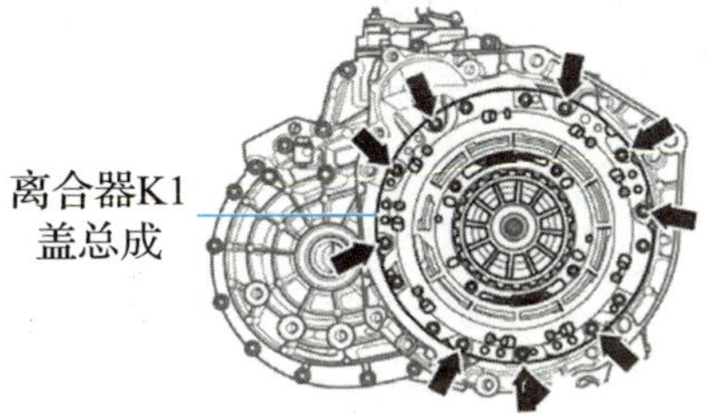

图 3－3－19　取出离合器 K1 盖总成

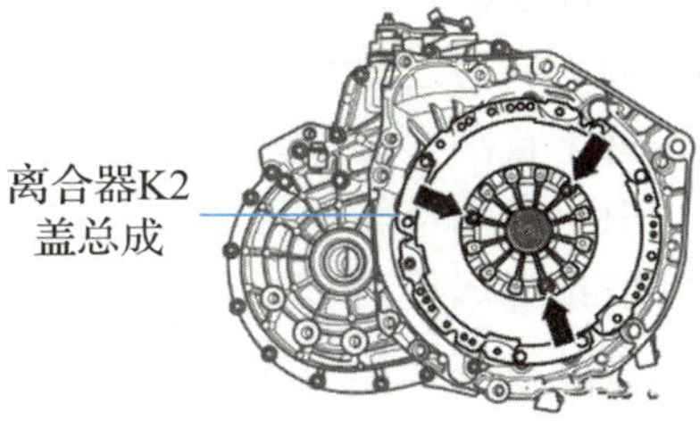

图 3－3－20　取出离合器 K2 盖总成

3. 双离合自动变速器的装配

（1）将离合器 K2 盖总成上的凹槽对准变速器壳体内圆弧边，如图 3－3－21 所示。

（2）安装离合器 K2 盖总成，使螺纹孔对正，按照规定力矩拧紧固定螺栓。

（3）安装离合器 K2 从动盘，使其有“LATOMOTORE”字样的一面朝向发动机侧。

（4）将离合器中间盘边缘上的缺口对正离合器盖 K2 总成边缘上的缺口。

（5）安装离合器中间盘，使其边上的 3 个定位销对正安装到离合器盖 K2 总成上。

（6）安装离合器 K1 从动盘，使其凸起内花键套的一面朝向变速器侧。

（7）将离合器 K1 盖总成边缘上的缺口对正离合器中间盘边缘上的缺口。

（8）安装离合器 K1 盖总成，如图 3－3－22 所示。对正定位销，以对角交错的顺序分数次拧紧固定螺栓。

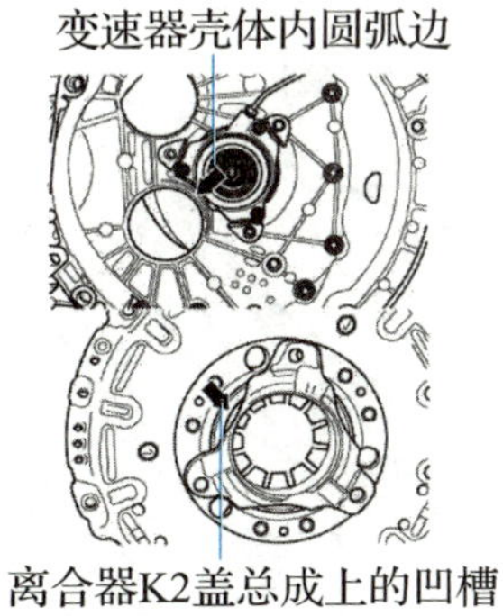

图 3－3－21　安装离合器 K2 盖总成

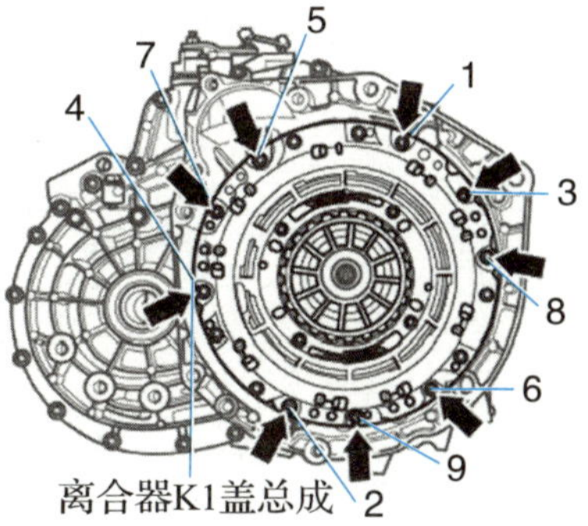

图 3－3－22　安装离合器 K1 盖总成

（9）安装并用手轻轻拧紧推力轴承，直到其外圈不随内螺母转动为止。内螺母旋进 10.5 圈。

（10）安装推力轴承定位螺母。

（11）安装新的定位夹，安装变速器总成，连接诊断仪，进行自学习。

4. 无极自动变速器的拆装

（1）排放变速器油：找到变速器油底壳的螺钉，将其拧松并排放出变速器油。

（2）拆卸油底壳：将油底壳的螺钉全部拧下，取出油底壳，露出变速器内部。

（3）拆卸输入轴：使用扳手和螺丝刀，依次拆卸输入轴上的螺钉和卡环，取出输入轴。

（4）拆卸输出轴：使用扳手和螺丝刀，拆卸输出轴上的螺钉和卡环，取出输出轴。

（5）拆下所有连接在阀板上的线束插接器，拆下变速器阀板总成。

（6）拆下自动变速器壳体的固定螺栓。

（7）取出主动锥轮和从动锥轮。

（8）取出金属传动带。

以与拆卸过程相反的顺序进行安装。

二、自动变速器的维护

（一）作业准备

（1）场地设施：理实一体化教室，有消防设施的场地。

（2）设备：举升设备、实训整车、工作台、零件车及维修手册。

（3）工具：自动变速器拆装作业台、专用工具及夹具数套、常用拆装工具和量具等。

（4）防护用品：工作服、劳保鞋、车外三件套、车内三件套。

（5）耗材：干净抹布、泡沫清洗剂。

（二）操作步骤

1. 自动变速器油液液位的检查

发动机怠速时，按照从P到L的顺序转换换挡杆，再从L到P拉回。然后检查液位尺（油尺）度数是否在“热”范围内，如图3-3-23所示。

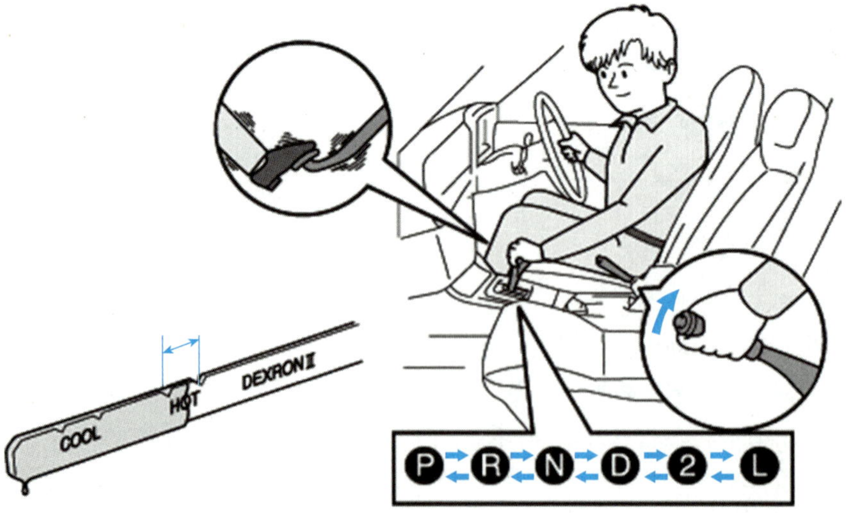

图3-3-23　自动变速器油液液位的检查

注意事项

液位应当在正常运行的条件下检查（变速器油液温度为75℃左右）。虽然作为一个参考点给出了“冷”范围标记，正确的检查还是在“热”范围内进行。

汽车在平坦路面上行驶，油温为50～90℃时，油面应在油尺指示的正确高度范围内；变速器油应无烧焦异味、色泽正常，手捻时有黏感、无杂质；变速器外部及油路连接处无滴漏。

2. 自动变速器油液的更换

自动变速器油液简称ATF，是指专用于自动变速器的油液。ATF对自动变速器的工作、使用性能以及使用寿命都有非常重要的影响。汽车自动变速器保养的主要内容就是ATF的检查和更换。ATF通常根据厂家规定型号进行更换。

由于ATF工作特点的不同，在性能上有别于其他油液，主要有以下特性：

（1）较高的黏温性：黏度过大或过小都会使变速器传动效率下降，黏度随温度而变化。

（2）较高的氧化安定性：自动变速器在工作中其离合器等零件温度高达300℃。在高温下油液与空气作用生成一种胶质黏附在阀体及各运动零件上，影响系统的正常工作。因此，要求ATF具有较高的氧化安定性。

在无级自动变速器内，牵引传力元件的接触润滑情况一般属于弹性流体动压润滑。极薄的ATF油膜在高压下受剪切时应能传递足够的负载，并提供良好的润滑效果，通常具有较高的牵引系数，所以ATF又叫牵引油。无级自动变速器油液必须具备内摩擦阻力大、附着性能好、抗泡沫能力强的特点，并且可吸收散发积集在摩擦部位的热量、减小温升、分散摩擦部位的接触应力、减少摩擦部件的磨损及清洗摩擦部件的表面。

（3）防腐防锈性：零件的腐蚀或锈蚀，会造成系统工作失灵，甚至损坏。

（4）良好的抗泡沫性：油液中的泡沫影响传动油的正常循环，并有可能使各挡离合器一直处于不能彻底分离或不能完全结合的状态，使自动变速器无法正常工作。

（5）抗磨性：要求ATF能良好地润滑各运动副，但摩擦系数不能太小，否则离合器将难以结合。

ATF要及时更换，车辆正常使用、车速在150km/h以下的情况下，通常车辆行驶96 000km需要换一次油。如果车速经常为150～300km/h，则应每48 000km更换一次油。一般平均车速越高，换油里程越短。在恶劣的环境下行驶，比如路况不好、经常换挡，则需要在规定里程的1/2处检查油质。不及时更换ATF的影响如图3-3-24所示。

除了少数车型，大部分车辆的液力变矩器都没有放油口，控制阀体内的油大部分无法排出。按照传统的方法，只有大约60%的旧油可以从油底壳中排出。

目前有两种排油的方法。一种方法是在热车状态下打开变速器侧自动变速器油液冷却器的回油管，用自动变速器清洗换油机（见图3-3-25）将新油注入注油孔，用新油排挤出旧油。每个变速器都需要超过1L的油液，这样可以排出90%以上的旧油。缺点是没有更换自动变速器机油滤清器。

另一种方法是在热车怠速时打开冷却器的回油管，利用变速器自带油泵的压力，尽可能多地排油。回油管不出油液时，立即停车，打开冷却器进油管，用0.2MPa压缩空气加压，排出冷却器中的残油，拆下油底壳，排出变速器中的残油，更换自动变速器的机油滤清器。这种方法比较麻烦，但是效果好。

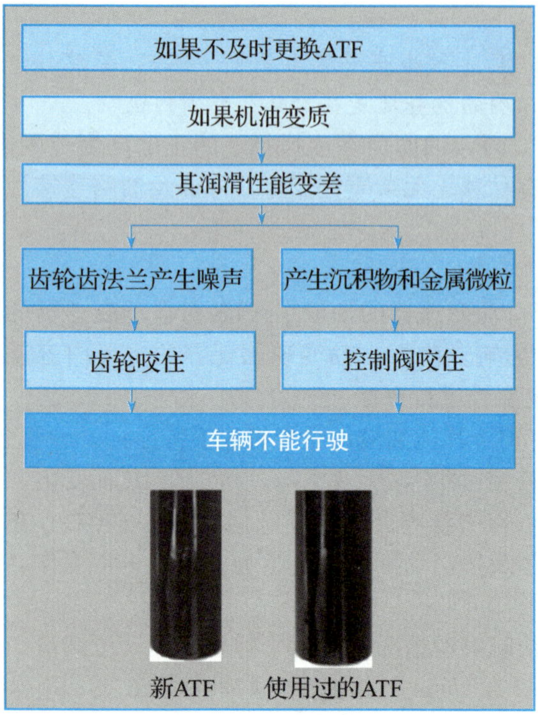

图 3-3-24　不及时更换 ATF 的影响

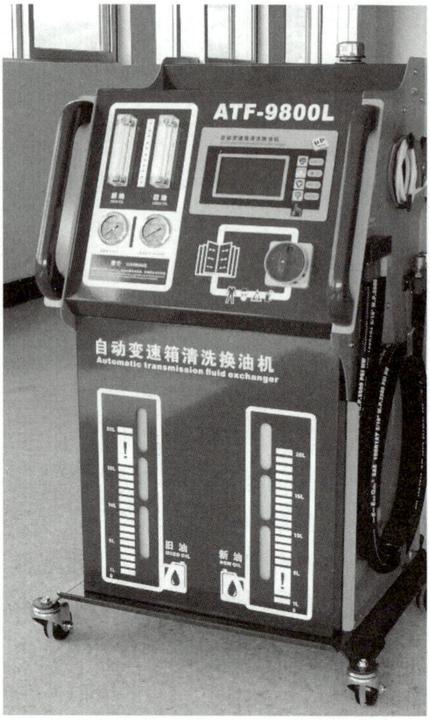

图 3-3-25　自动变速箱（器）清洗换油机

3. 换挡杆位置的检查调整

换挡杆（见图 3-3-26）由驾驶员操纵，一般有 5～6 个位置供驾驶员选择，分别为驻车挡位、倒挡位、空挡位、正常前进挡位和 2 个强制锁定前进挡位，其代号依次是 P、R、N、D、2 或 S、1 或 L。

换挡杆位置的调整方法是：松动换挡杆与变速器手动调节阀臂的连接杆上的螺母；将换挡杆朝 P 位推到底后，拉回到 N 位；在稍将换挡杆向 R 位方向推靠的同时，拧紧连接杆螺母。

图 3-3-26　换挡杆

汽车故事

“璧山造”中国自主品牌双离合器自动变速器排名第一

2023 年 6 月 1 日，记者在重庆青山工业有限责任公司了解到，该公司自突破 4 项“卡脖子”技术、自主研发国内第一台双离合器自动变速器（DCT）以来，截至目前，DCT 累计产销突破 220 万台，成为中国自主品牌 DCT 细分领域翘楚。

记者在该公司 DCT 自动变速器生产线看到，干净整齐的车间内，机械手臂不停挥舞，整个生产线有序、高效。“DCT 生产线二期建设是在 2021 年底完成建设的，正是因为加大了战略产品的产线建设，目前，DCT 产能已达 90 万台/年，累计产销突破 220 万台。”作为 DCT 设计开发团队的骨干力量，张本柱告诉记者，变速器是汽车最为核心的零部件之一，由齿轮、液压系统、离合器等精密零部件组成，被称为汽车制造领域中的“皇冠”，而其中的核心技术以前一直被国外的相关企业垄断。

长期依赖进口，一来成本高，二来供货时间长，为了填补国内供应链空白，突破“卡脖子”技术，2008 年，该公司组建团队启动 DCT 项目自主开发；2016 年，双离合自动变速器 DF515 获评该年度“龙蟠杯”中国汽车十佳变速器称号；2020 年，双离合自动变速器 DF727 产品获评“龙蟠杯”世界十佳变速器。2022 年 11 月 21 日，该公司 DCT 单月产量首次突破 10 万台，在中国自主品牌 DCT 细分领域排名第一，开启了新的里程碑。

该公司 DCT 经过三代迭代升级，在性能、效率、油耗、集成化、电子化等方面实现全面提升，具有响应快、效率高、质量轻等优点。如此硬核的“壁山造”，离不开青山工业持续加强科技创新投入的引导作用。“十四五”期间，该公司规划科技投入 27 亿元以上，每年研发投入强度 5.1%。现拥有技术研发人员 700 余人，公司每万名职工中研发人员达 2 300 余人，研发人员中研究生学历占比 31%。目前，公司拥有核心技术 135 项，成功突破 4 项国外垄断的“卡脖子”技术，拥有有效授权专利 363 项，其中发明专利 123 项。

近年来，作为壁山重点企业，青山工业发挥自身优势，积极吸引配套企业来壁落地，带动产业链上下游协同发展。2021 年，该公司体系内生产供应商数量为 152 家；2023 年供应商数量已达到 241 家。其中，近两年来新增加的近 100 家，几乎全部是电子、传感器、芯片企业。

资料来源：康思嘉，熊浩．“壁山造”中国自主品牌 DCT 自动变速器排名第一，2023-06-05.

任务练习

一、判断题

1. 自动变速器特点是动力性和经济性都很出众。（　　）
2. 自动变速器油液要定期更换。（　　）
3. 拆装自动变速器不需要用专用工具。（　　）
4. 用自动变速器清洗换油机可以排出大量旧油液，故该方法被大量采用。（　　）
5. 装有自动变速器的汽车在前进时可以随时挂入倒挡。（　　）
6. 自动变速器油液与手动变速器油液可以通用。（　　）
7. 自动变速器油液与手动变速器油液没有区别。（　　）
8. 自动变速器维护需要检查变速器是否有漏油现象。（　　）
9. 自动变速器油液可以直接通过油尺检查。（　　）
10. 自动变速器挡位开关不在检查的范围内。（　　）

二、选择题

1. 下列不属于自动变速器维护内容的是（　　）。

A. 更换油液　　B. 检查是否漏油　　C. 转向球头　　D. 转向横拉杆

2. 在以下哪个挡位车辆方可起动？（　　）

A. D 位　　B. N 位　　C. P 位　　D. S 位

三、简答题

1. 简述自动变速器的拆装流程有哪些。
2. 如何检查自动变速器油液油质？
3. 如何更换自动变速器油液？

任务四　万向节和驱动桥的拆装与维护

案例导入

赵先生驾驶丰田威驰轿车出行途中发现车辆前轮下部有“呜呜”响声，随车速提高响声越加明显。他开始以为是车轮轮胎问题，到路边小型汽修店检查轮胎和轮胎气压皆无异常。后他将车辆送往 4S 店进行检查，经高级维修技术人员检查发现是前轮驱动轴护套破损导致润滑脂溢出的原因。服务顾问向车主赵先生详细解释了问题的原因和后果，经店里维修技术人员更换驱动轴护套后故障排除。

知识探究

一、万向节的类型与基本结构

在汽车上使用的万向节可以从不同的角度分类。按其在扭转方向上是否有明显的弹性，可分为刚性万向节和柔性万向节。刚性万向节按其速度特性分为不等速万向节（常用的为十字轴式）、准等速万向节（双联式和三销轴式）、等速万向节（包括球叉式和球笼式）。目前应用较多的是十字轴式刚性万向节和等速万向节。十字轴式刚性万向节主要用于发动机前置后轮驱动的变速器与驱动桥之间，等速万向节主要用于发动机前置前轮驱动的内、外半轴之间。

（一）十字轴式刚性万向节

十字轴式刚性万向节如图 3－4－1 所示，它允许相邻两轴的最大交角为 15°～20°。两个万向节叉轴分别与主、从动轴相连，两个万向节叉上的孔分别活套在十字轴的两对轴颈上。这样，当主动轴转动时，从动轴既可随之转动，又可绕十字轴中心在任意方向上摆动。

（二）球叉式万向节

球叉式万向节由主动叉、从动叉、四个传动钢球、中心钢球、定位销、锁止销组成，如图 3-4-2 所示。主动叉与从动叉分别与内、外半轴制成一体。在主、从动叉上，各有四个曲面凹槽，装合后形成两个相交的环形槽作为钢球滚道。四个传动钢球放在槽中，中心钢球放在两叉中心的凹槽内，以定中心。

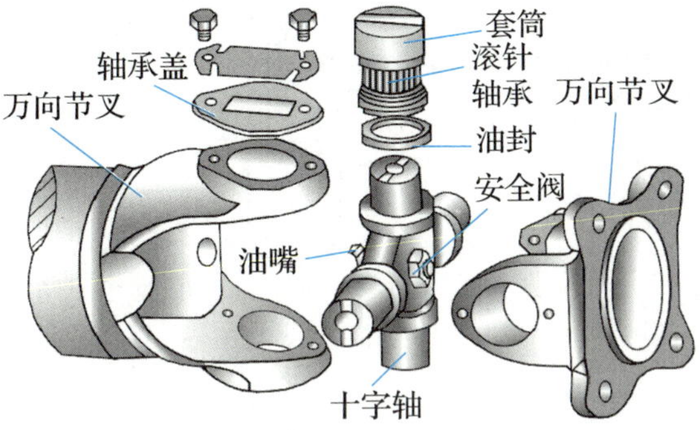

图 3-4-1　十字轴式刚性万向节

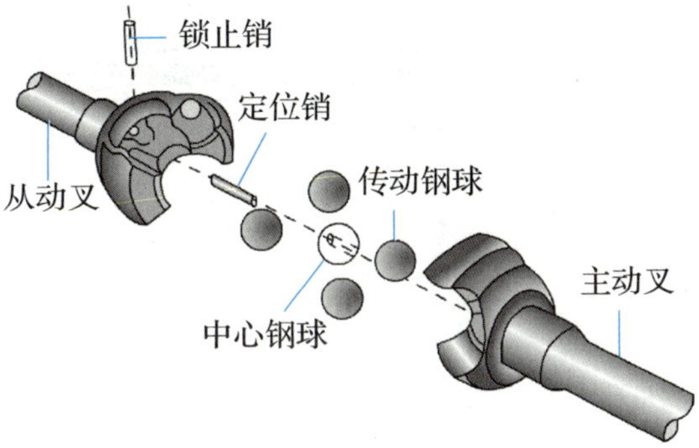

图 3-4-2　球叉式万向节

(三) 球笼式万向节

球笼式万向节按其内、外滚道结构不同可分为 RF 型球笼式万向节、VL 型球笼式万向节及球笼式双补偿万向节。

如图 3-4-3 所示，VL 型球笼式万向节由六个钢球、星形套（内滚道）、球形壳（外滚道）和保持架（球笼）等组成。星形套以内花键与主动轴相连，其外表面有六条凹槽，形成内滚道。球形壳的内表面有相应的六条凹槽，形成外滚道。六个钢球分别装在各条凹槽中，并由保持架使之保持在一个平面内。动力由主动轴经钢球、球形壳输出。

图 3-4-3　VL 型球笼式万向节

1—防尘罩；2—箍带；3—外罩；4—球形壳（外滚道）；5—密封垫；6—保持架（球笼）；7—星形套（内滚道）；8—中半轴；9—钢球

二、驱动桥的基本结构与功用

驱动桥一般由主减速器、差速器、半轴、桥壳等组成，如图 3-4-4 所示。

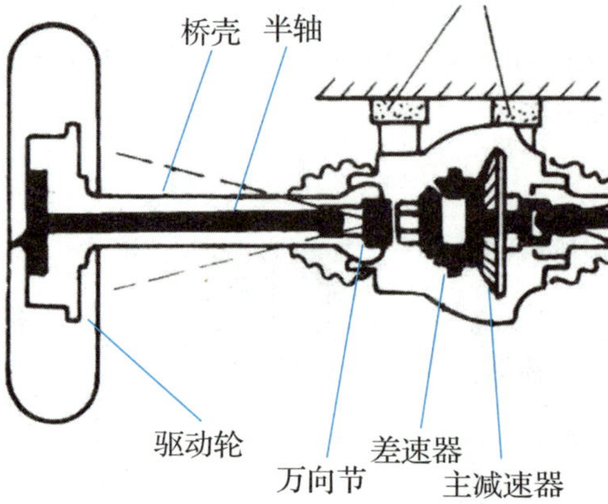

图 3-4-4　驱动桥的基本结构

驱动桥的功用是将万向传动装置（或变速器）传来的动力经降速增扭、改变动力传递方向（发动机纵置时）后，分配到左、右驱动轮，使汽车行驶，并允许左、右驱动轮以不同的转速旋转。

按照悬架结构的不同，驱动桥可以分为整体式驱动桥和断开式驱动桥。整体式驱动桥又称为非断开式驱动桥。

（一）主减速器

主减速器（见图 3-4-5）的功用如下：

图 3-4-5　主减速器

（1）将万向传动装置传来的发动机转矩传给差速器。

（2）在动力的传动过程中要使转矩增大并相应降低转速。

（3）对于纵置发动机，还要将转矩的旋转方向改变 90°。

（二）差速器

差速器的功用是将主减速器传来的动力传给左、右两半轴，并在必要时允许左、右半轴以不同转速旋转，使左、右驱动车轮相对地面纯滚动而不是滑动。差速器的工作原理如图 3-4-6 所示。

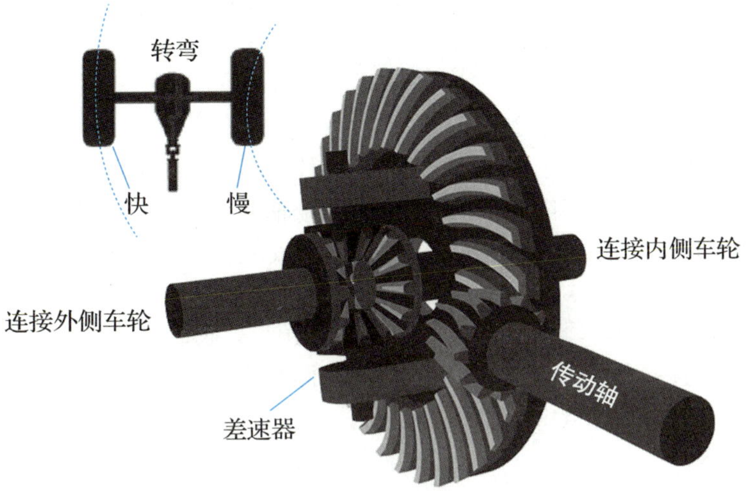

图 3-4-6　差速器的工作原理

（三）半轴

半轴（见图 3-4-7）的功用是将差速器传来的动力传给驱动轮。因其传递的转矩较大，常制成实心轴。如果半轴断裂，则汽车无法起步、行驶。轿车上的车轴也叫驱动轴。

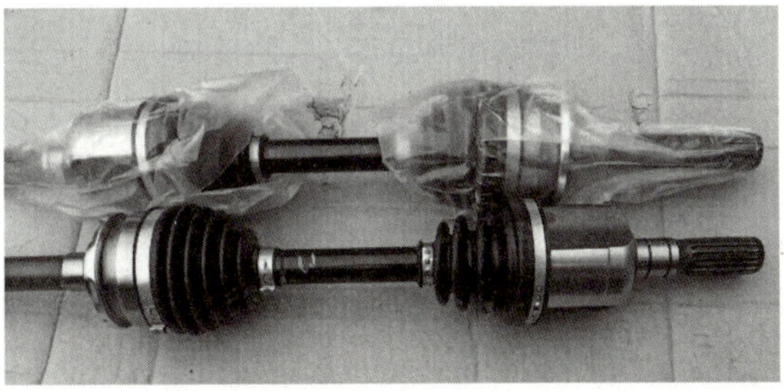

图 3-4-7　半轴

（四）桥壳

桥壳既是传动系统的组成部分，也是行驶系统的组成部分。作为传动系统的组成部分，其功用是安装并保护主减速器、差速器和半轴等，使左、右驱动轮的轴向相对位置固定。作为行驶系统的组成部分，其功用是安装悬架或轮毂，和从动桥一起支承汽车悬架以上各部分质量，承受驱动轮传来的反力和力矩，并在驱动轮与悬架之间传力。

任务实施

一、万向节的拆装

（一）作业准备

（1）场地设施：理实一体化教室，有消防设施的场地。

（2）设备：举升设备、实训整车、驱动轴总成、万向节总成、工作台、零件车及维修手册。

（3）工具：拆装作业台、专用工具及夹具数套、常用拆装工具和量具等。

（4）防护用品：工作服、劳保鞋、车外三件套、车内三件套。

（5）耗材：干净抹布、泡沫清洗剂。

（二）操作步骤

1. 十字轴式刚性万向节的拆装

（1）拆卸，如图 3－4－8 所示。先拆下盖板螺栓，拆下盖板和万向节滚针轴承盖。拆下其余两个万向节滚针轴承后，用手握住万向节的两个轴颈，用锤子轻敲传动轴或伸缩套的万向节边缘，用十字轴顶出轴承壳。拆卸时，不要轻敲安装轴承座孔边缘或轴承壳底部。

（2）装配，如图 3－4－9 所示。先对各部位进行清洗。轴承壳内涂有少量润滑脂，装上滚针轴承，将轴承盖装好，毛毡和垫圈装回横轴颈上，再将十字轴套入万向节口，将油嘴侧传动轴装入轴承壳（向槽和螺孔正）内，不得有卡滞或松动现象，最后用锁紧盘锁紧。螺栓装配后，要求其能自由转动而不松动。

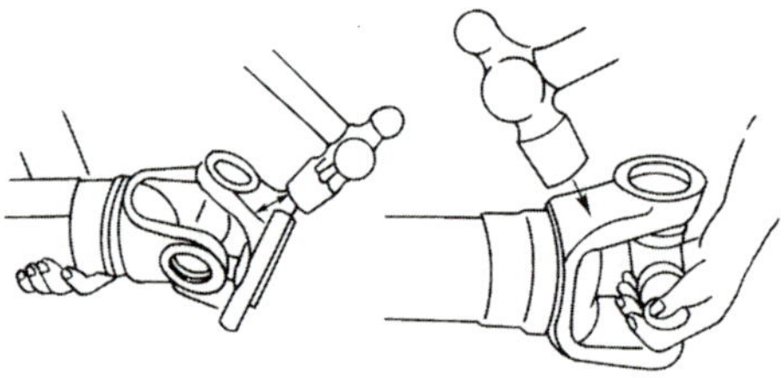

图 3－4－8　十字轴式刚性万向节的拆卸

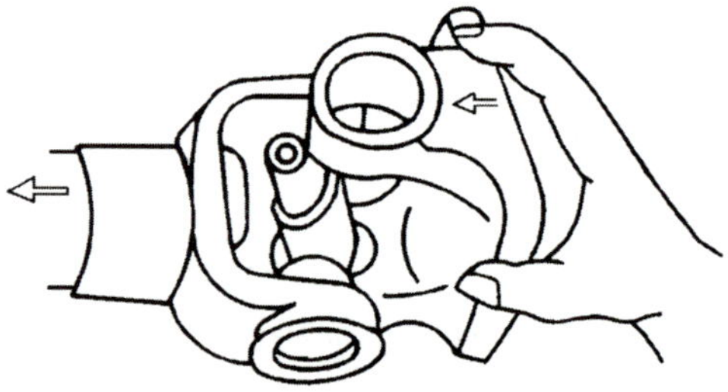

图 3－4－9　十字轴式刚性万向节的装配

2. 球笼式万向节的拆装

（1）拆解。

1）用鲤鱼钳打开原装卡箍，拆下防尘罩。

2）万向节内、外圈拆解。先用锤子敲打外万向节使之从传动轴上卸下，再拆下弹簧卡圈，如图 3－4－10 所示，然后用专用工具压出内万向节。

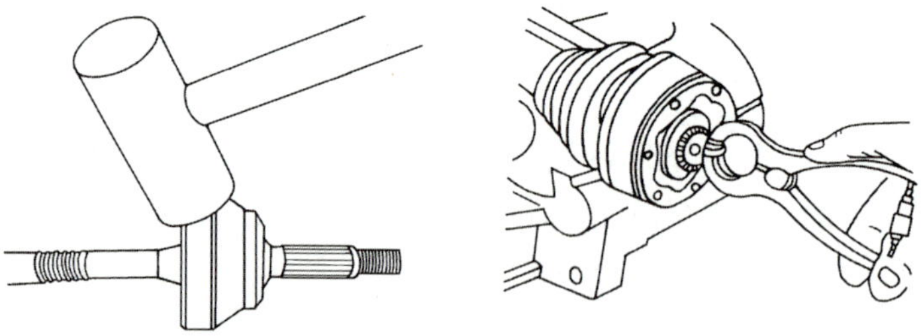

图 3－4－10　万向节内、外圈拆解

3）外等速万向节拆解。分解前，在钢球球笼和球形壳上标出星形套位置，然后转动星形套与球笼，依次取出钢球。用力转动球笼使两个方孔与球形壳对上，将星形套、球笼一起拆下。将星形套上扇形齿旋入球笼的方孔，然后从球笼中取出星形套，如图 3－4－11 所示。

4）内等速万向节拆解。转动球笼和星形套，按垂直向前的方向压出球笼里的钢球，如图 3－4－12 中箭头所示。从球槽上面取出球笼里的星形套。

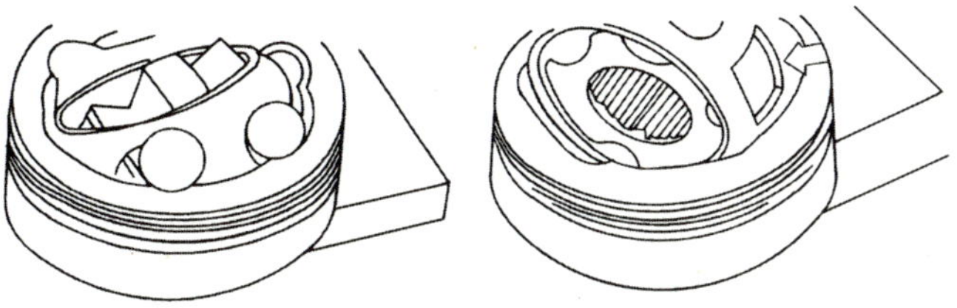

图 3-4-11　取出钢球和星形套

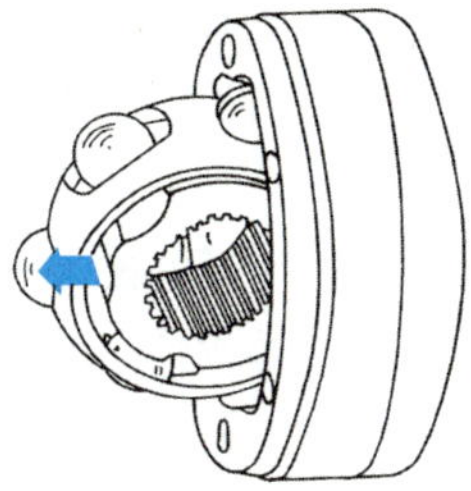

图 3-4-12　取出钢球

注意事项

因星形套与球形壳是选配的，拆卸时注意将星形套与球形壳成对放置，不允许互换。

(2) 装配。

1) 外等速万向节的装配。用汽油清洗各部件，将 G6 润滑脂总量的一半（45g）注入万向节内，将球笼连同星形套一起装入球形壳。对角交替地压入钢球，必须保持星形套在球笼及球形壳的原先位置。将弹簧挡圈装入星形套，并将剩余的润滑脂压入万向节。

2) 内等速万向节的装配。对准凹槽，将星形套嵌入球笼，再将钢球压入球笼，并注入 G6 润滑脂 90g。将带钢球的球笼垂直装入球形壳，如图 3-4-13 所示。

装配时，注意球形壳上的宽间隙 A 应对准星形套上的窄间隙 B，转动球笼以便嵌入到位；转动星形套，星形套就能转出球笼，如图 3-4-14 所示。安装时应保证球形壳中的球槽有足够间隙。

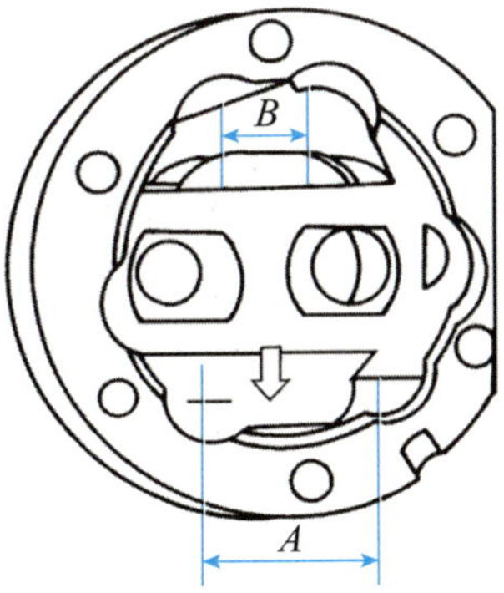

图 3-4-13　将球笼垂直装入球形壳

图 3-4-14　将星形套转出球笼

用力掀压球笼，如图 3-4-14 中的箭头所示，使装有钢球的球笼完全转入球形壳。最后进行检查，如果用手能将星形套在轴向范围内来回灵活推动，则表明装配正确。

3) 碟形座圈的安装。将碟形座圈装在传动轴带齿端配合位置上，其安装位置如图 3-4-15 所示。

4) 压入内万向节，安装弹簧挡圈，装上外万向节。

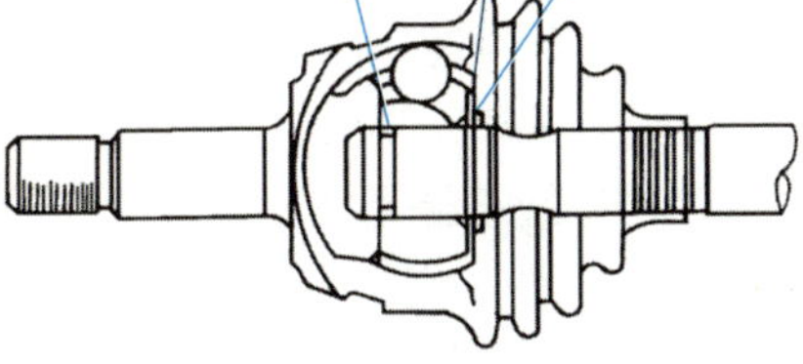

图 3-4-15　碟形座圈的安装

5）安装防尘罩。万向节防尘罩受到挤压后内部将产生真空，所以安装防尘罩后，要稍微充点气，使其压力平衡，不产生皱褶。

二、驱动桥的拆装

（一）作业准备

（1）场地设施：理实一体化教室，有消防设施的场地。

（2）设备：举升设备、实训整车、驱动桥总成、工作台、零件车及维修手册。

（3）工具：拆装作业台、专用工具及夹具数套、常用拆装工具和量具等。

（4）防护用品：工作服、劳保鞋、车外三件套、车内三件套。

（5）耗材：干净抹布、泡沫清洗剂。

（二）操作步骤

1. 主、从动锥齿轮总成的拆卸

（1）拆卸变速器，将其固定在支架上。拆下轴承支座和后盖。取下车速里程表的传感器。

（2）锁住传动轴（半轴），拆下紧固螺栓，如图 3－4－16 所示。

（3）取下传动轴，取下车速里程表的主动齿轮导向器和齿轮，拆下主减速器盖，如图 3－4－17 所示。

（4）从变速器壳体上取下差速器。用铝质的夹具将差速器壳固定在台虎钳上，拆下从动齿轮的紧固螺栓。

（5）拆卸从动锥齿轮，如图 3－4－18 所示。

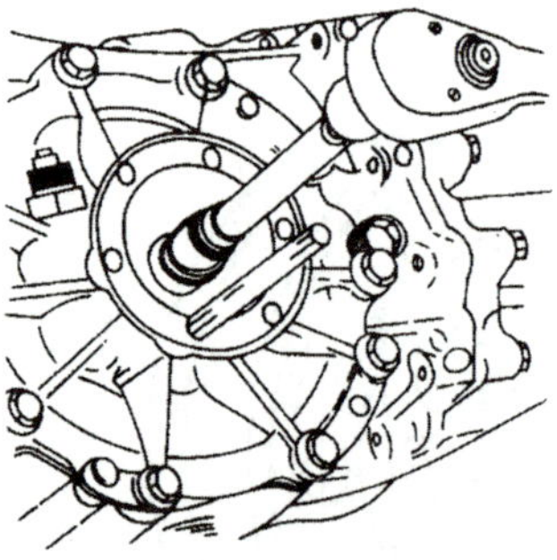

图 3－4－16　拆下紧固螺栓

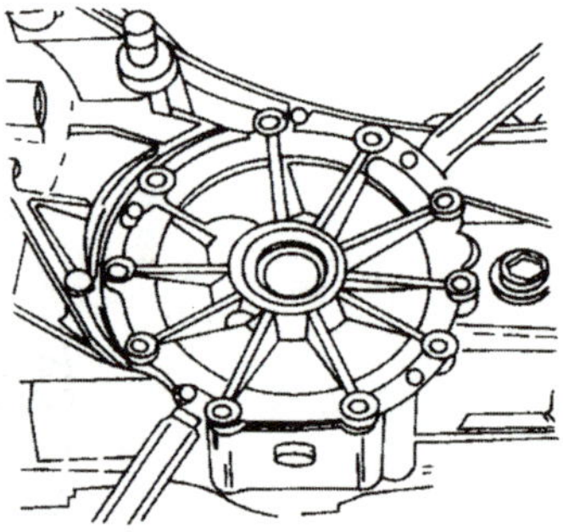

图 3－4－17　拆下主减速器盖

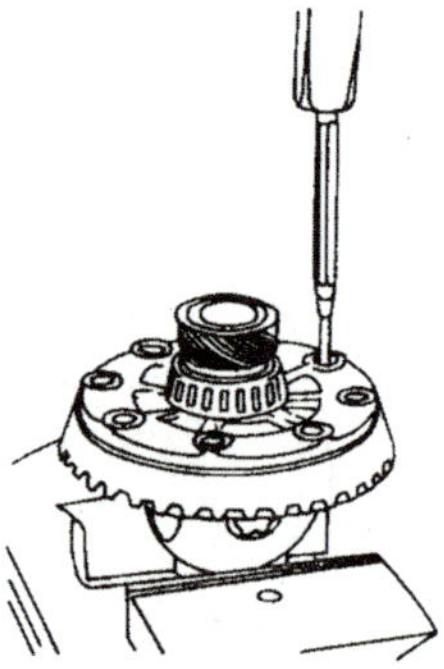

图 3－4－18　拆卸从动锥齿轮

注意事项

从动锥齿轮的紧固螺栓是自动锁紧的，一经拆卸就必须更换。

2. 差速器的拆卸

（1）拆下差速器轴承（与从动锥齿轮相对的一边），如图 3－4－19 所示。

（2）拆下差速器另一侧的轴承，同时取下车速里程表主动齿轮和锁紧套筒。

（3）拆下变速器侧面的密封圈。

（4）从主减速器盖上拆下差速器轴承的外座圈和调整垫片 s1，如图 3－4－20 所示。

（5）从变速器壳体上拆下差速器另一侧轴承的外座圈和调整垫片 s2，如图 3－4－21 所示。

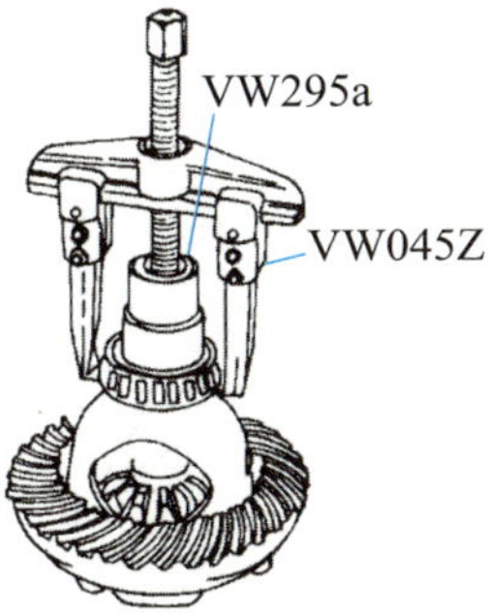

图 3-4-19　拆下差速器轴承

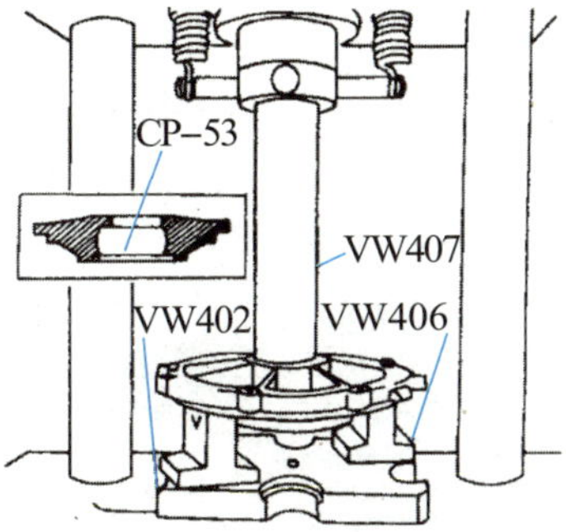

图 3-4-20　拆下差速器轴承的外座圈和调整垫片 s1

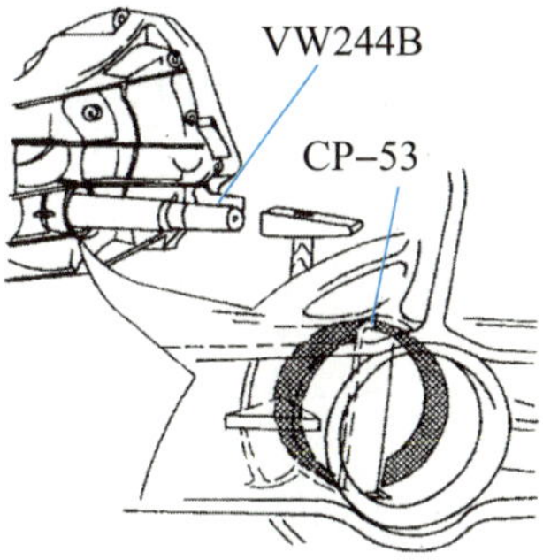

图 3-4-21　拆下差速器另一侧轴承的外座圈和调整垫片 s2

注意事项

当更换差速器轴承时，轴承外座圈需一起更换，同时必须计算出从动齿轮的调整垫片 s1 和 s2 的厚度。

（6）拆下从动锥齿轮。拆下行星齿轮轴的止动销，如图 3-4-22 所示。

（7）取下行星齿轮轴，再取下行星齿轮和半轴齿轮。

3. 差速器的安装

在安装之前，检查复合式止推垫片是否损坏，如损坏应进行更换。

（1）通过半轴凸缘将半轴齿轮固定在差速器壳上，如图 3-4-23 所示。

（2）将行星齿轮放在适当的位置上，接着转动半轴凸缘使行星齿轮进入差速器壳，如图 3-4-24 所示。

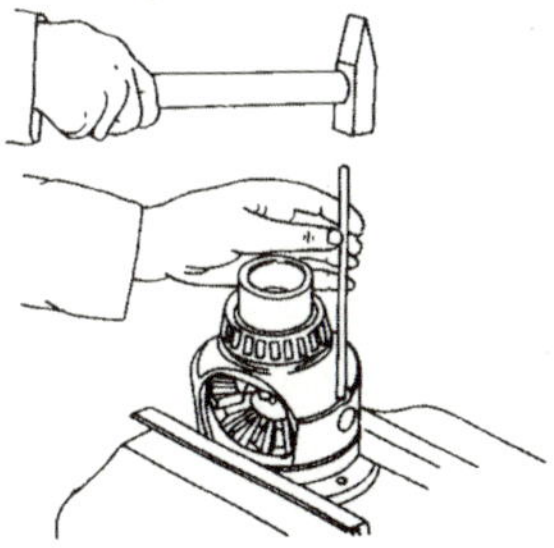
图 3-4-22　拆下行星齿轮轴的止动销

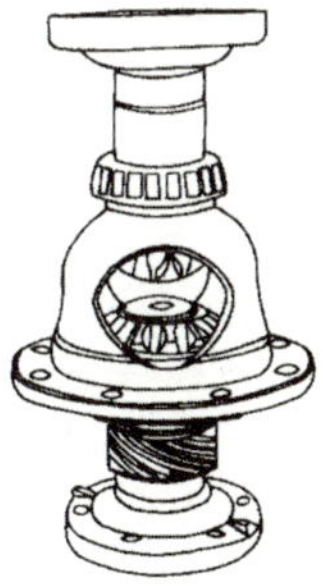
图 3-4-23　安装半轴齿轮

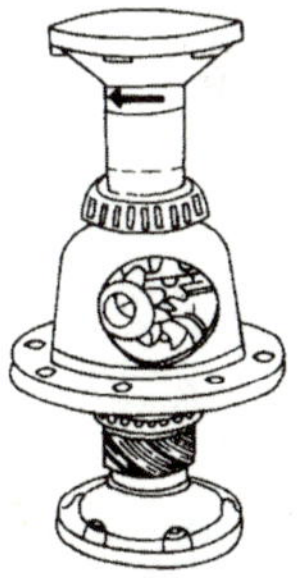
图 3-4-24　安装行星齿轮

（3）装上行星齿轮轴。在行星齿轮轴装上止动销。

（4）取下差速器半轴凸缘。用 120℃的温度加热，将从动锥齿轮装在差速器壳上。将差速器装在变速器壳体内，装上半轴凸缘，安装变速器。

4. 驱动轴的拆装

（1）驱动轴的拆卸。

1）在顶部定位传动轴凹槽。

2）使用专用工具，取下锁止螺母。

3）拆卸锁止螺母。

4）一人踩制动踏板，保持驱动轴，同时其他人松开锁止螺母。

5）从车桥轮毂上拆卸下横臂。

6）当将车桥轮毂轻轻拉离车辆时，用塑料锤轻轻敲击端部，脱开驱动轴，从车桥轮毂断开驱动轴。

7）使用专用工具，拉出驱动轴，如图 3-4-25 所示。

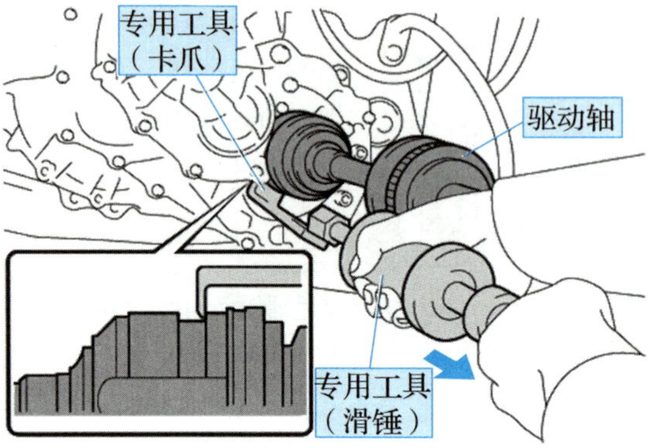

图 3-4-25　拉出驱动轴

注意事项

用卡爪钩住驱动轴凹槽。卡爪脱钩可能会损坏驱动轴护套。

（2）驱动轴的安装。

安装驱动轴时，在内侧球节面的花键上涂抹润滑油，然后将驱动轴与传动桥花键接合，用铜棒接触驱动轴凹槽，最后，用锤子敲击铜棒，将轴插入传动桥，如图 3-4-26 所示。

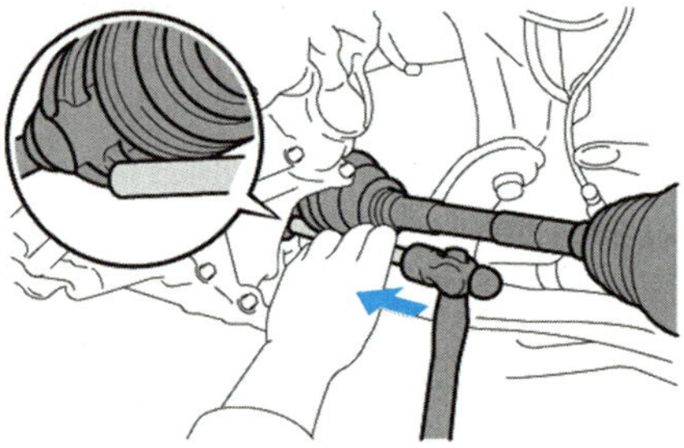

图 3-4-26　安装驱动轴

注意事项

可通过确认铜棒推斥力或音质是否改变来判断驱动轴是否已经完全插入。

1）当将车桥轮毂轻轻拉向车辆外部时，安装车桥轮毂花键，如图 3-4-27 所示，然后将驱动轴插入车桥轮毂。

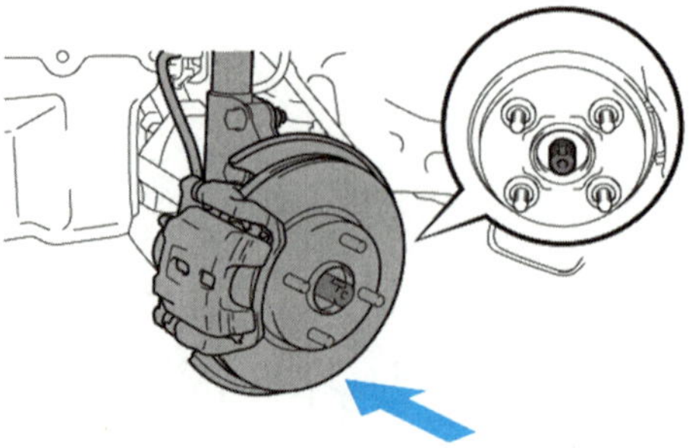

图 3-4-27　安装车桥轮毂花键

2）将下横臂连接到车桥轮毂。

3）安装 ABS 转速传感器。

4）为了保证牢固拧紧锁止螺母，需要两名工作人员。驱动轴凹槽面向顶部，使用凿子和锤子装入新的锁止螺母，如图 3－4－28 所示。

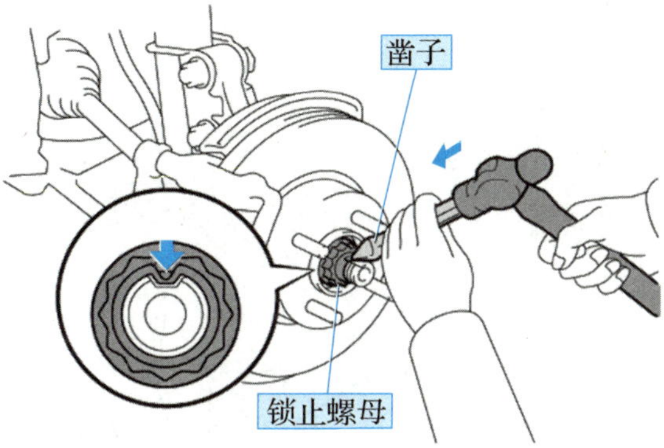

图 3－4－28　装入新的锁止螺母

三、驱动桥的维护

（一）作业准备

（1）场地设施：理实一体化教室，有消防设施的场地。

（2）设备：举升设备、实训整车、工作台、零件车及维修手册。

（3）工具：拆装作业台、专用工具及夹具数套、常用拆装工具和量具等。

（4）防护用品：工作服、劳保鞋、车外三件套、车内三件套。

（5）耗材：干净抹布、泡沫清洗剂。

（二）操作步骤

（1）检查手动变速驱动桥的漏油情况（见图 3－4－29）。

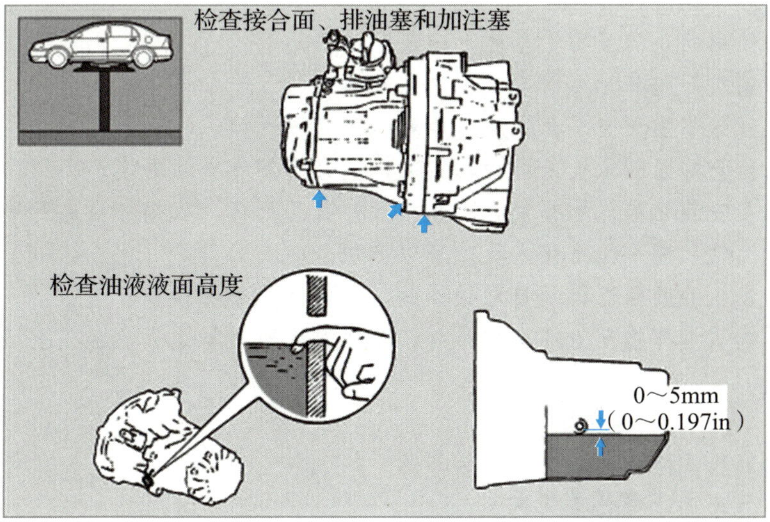

图 3－4－29　检查手动变速驱动桥的漏油情况

检查的重点部位包括壳体的接合面处、轴或里程表从动绳索伸出的区域、油封处、排油塞和加注塞。

检查前一般将上述部位用干净抹布擦拭干净，然后行驶一段时间后检查。

（2）检查万向节。

转动左右驱动车轮，万向节处应无异响且车轮转动自如。

（3）检查驱动轴护套（见图 3－4－30）。

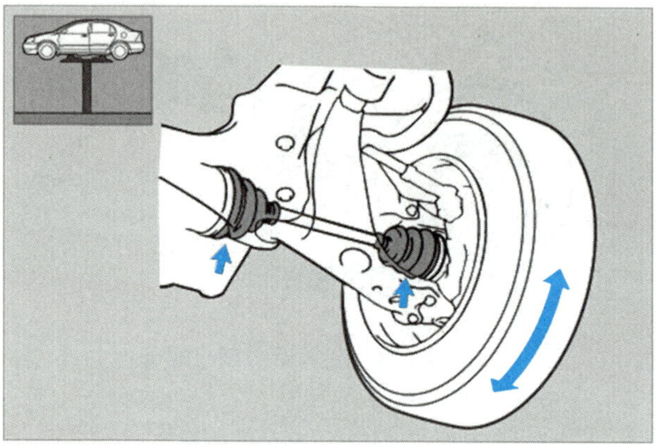

图 3－4－30　检查驱动轴护套

1）手动搬动车轮使车轮完全转向一侧，检查驱动轴护套是否有裂纹或其他损坏。

2）检查护套卡箍是否安装正确且无损坏。

3）检查护套处是否有油脂渗漏。

任务练习

一、判断题

1. 十字轴式刚性万向节属于等速万向节。（　　）
2. 拆装球笼式万向节时不需要使用专用工具。（　　）
3. 球笼式万向节星形套与壳体成对放置，不允许互换。（　　）
4. 从动锥齿轮的紧固螺栓是自动锁紧的，一经拆卸就必须更换。（　　）
5. 差速器在安装之前，检查复合式止推垫片是否损坏，如损坏应进行更换。（　　）
6. 安装驱动轴只需一位维修人员就可以完成。（　　）
7. 从动锥齿轮的紧固螺栓是自动锁紧的，拆卸后无须更换。（　　）
8. 可通过确认铜棒推斥力或音质是否改变来判断驱动轴是否已经完全插入。（　　）

二、简答题

1. 简述十字轴式刚式万向节的拆装步骤。
2. 装配差速器要注意什么问题？
3. 驱动轴的维护内容有哪些？

任务五　车架和车桥的拆装与维护

案例导入

李女士驾驶大众 polo 轿车出行途中发现车辆底盘有异响，过沟或坎时声音比较明显，开始她并没有太重视，发现响声越来越明显后将车辆送往 4S 店进行检查，经高级维修技术人员检查发现是底盘副车架螺栓松了导致的。经维修技术人员对车架螺栓进行紧固后故障排除。同时服务顾问也了解到车主李女士家附近正在施工修路，路况很差，导致汽车行驶颠簸而出现底盘车架螺栓松动的现象。

知识探究

一、车架的功用与类型

车架是连接在各车桥之间形似桥梁的一种结构，是整个汽车的安装基础。图 3-5-1 所示是货车车架。

图 3-5-1　货车车架

车架的功用是支承、连接汽车的各总成，使各总成保持相对正确的位置，并承受汽车内外的各种载荷。

目前绝大多数汽车都具有作为整车骨架的车架，车架是整个汽车的基体。车架的结构形式有边梁式、中梁式（或称脊骨式）、综合式和无梁式。

轿车和部分客车上常常不设车架，而采用兼代车架作用的承载式车身。车架的结构类型如图 3-5-2 所示。

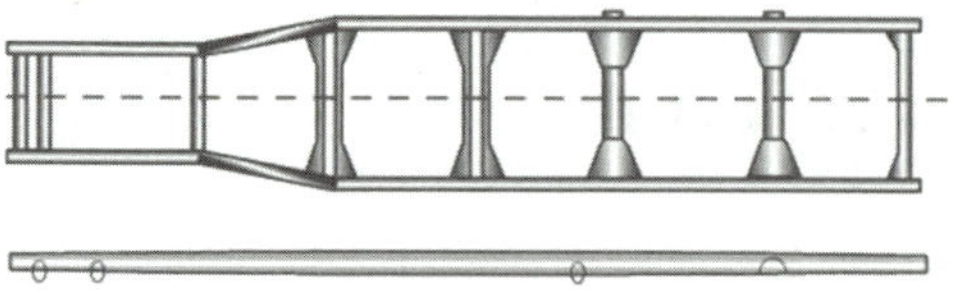

（a）中型货车车架

（b）大型货车车架

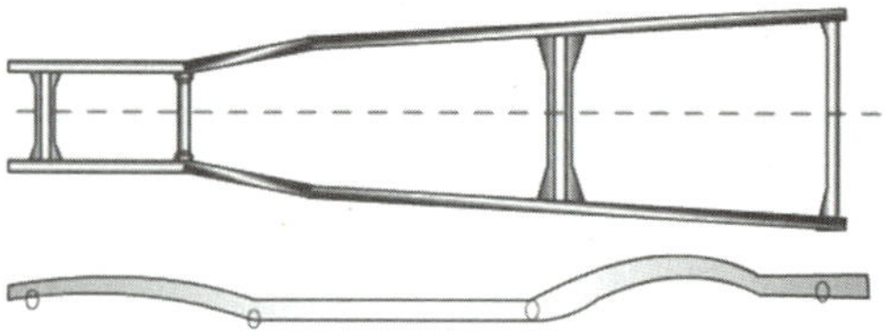

（c）轿车车架

（d）轻型货车车架

（e）轿车车身

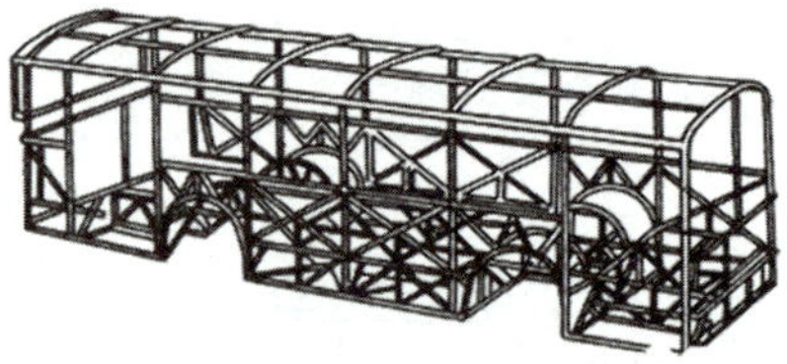

（f）大客车整体承载式车身骨架

图 3－5－2　车架的结构类型

二、车桥的功用与类型

车桥（也称车轴，见图 3－5－3）通过悬架与车架（或承载式车身）相连接，两端安装车轮。车架所受的垂直载荷通过车桥传到车轮，车轮上的滚动阻力、驱动力、制动力和侧向力及弯矩、转矩又通过车桥传递给悬架和车架。车桥的作用是传递车架与车轮之间的各向作用力及产生的弯矩和转矩。

图 3－5－3　车桥

车桥的结构形式与悬架结构以及传动系统的布置形式有关，根据悬架结构不同可分为整体式、断开式。整体式车桥的中部是一个整体的刚性实心或空心梁（轴），它多与非独立悬架配用。断开式车桥为活动关节式结构，如图 3－5－4 所示，它与独立悬架配合使用。大部分现代轿车左右车轮之间实际上没有车桥，而是通过各自的悬架与车架相连接，然而习惯上仍将它们称为断开式车桥。此外，根据车轮作用，车桥还可分为转向桥、驱动桥、转向驱动桥、支持桥。

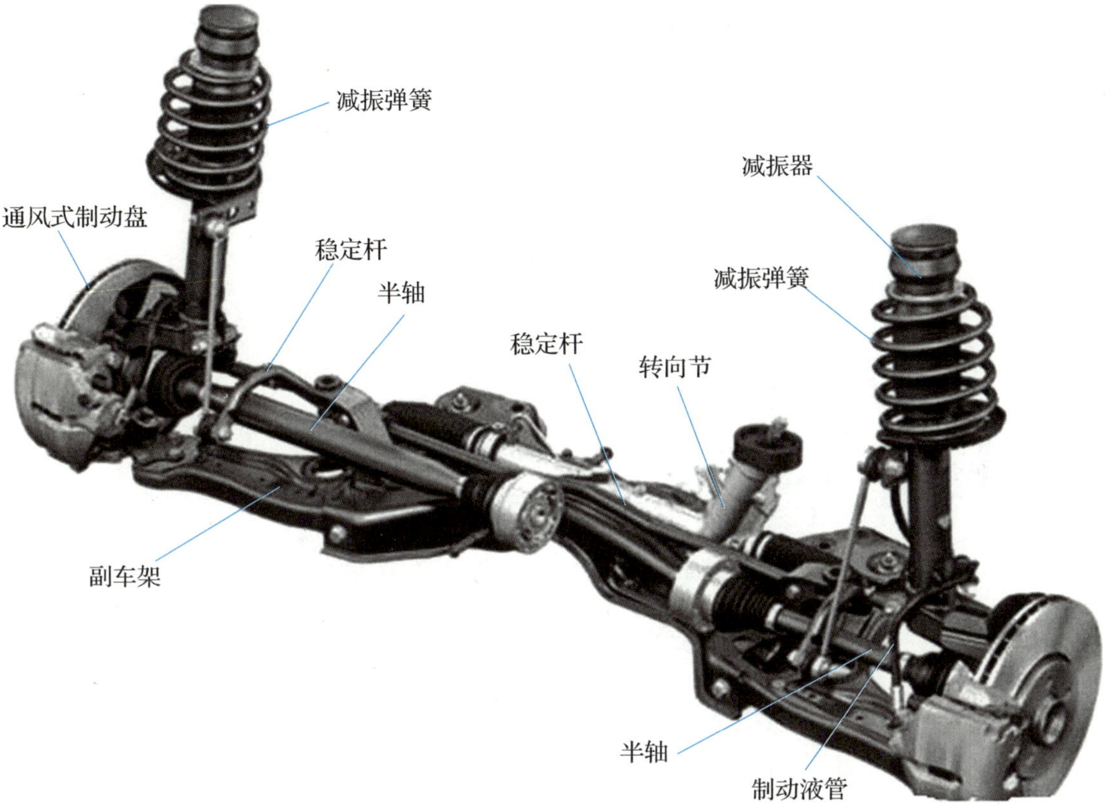

图 3-5-4　断开式车桥

任务实施

一、车桥的拆装

（一）作业准备

（1）场地设施：理实一体化教室，有消防设施的场地。

（2）设备：举升设备、实训整车、工作台、零件车及维修手册。

（3）工具：拆装作业台、专用工具及夹具数套、常用拆装工具和量具等。

（4）防护用品：工作服、劳保鞋、车外三件套、车内三件套。

（5）耗材：干净抹布、泡沫清洗剂。

（二）操作步骤

1. 转向桥的拆装

解体检修步骤：拆下前轮、制动鼓及制动底板总成，拆下横、直拉杆，拆除前钢板弹簧U形螺栓，并用小车将转向桥推出，到拆装作业台上将各零件分解。也可在车上拆下转向节等零件，然后再松开钢板弹簧U形螺栓，拆下前轴。转向桥零件拆解图如图 3-5-5 所示。

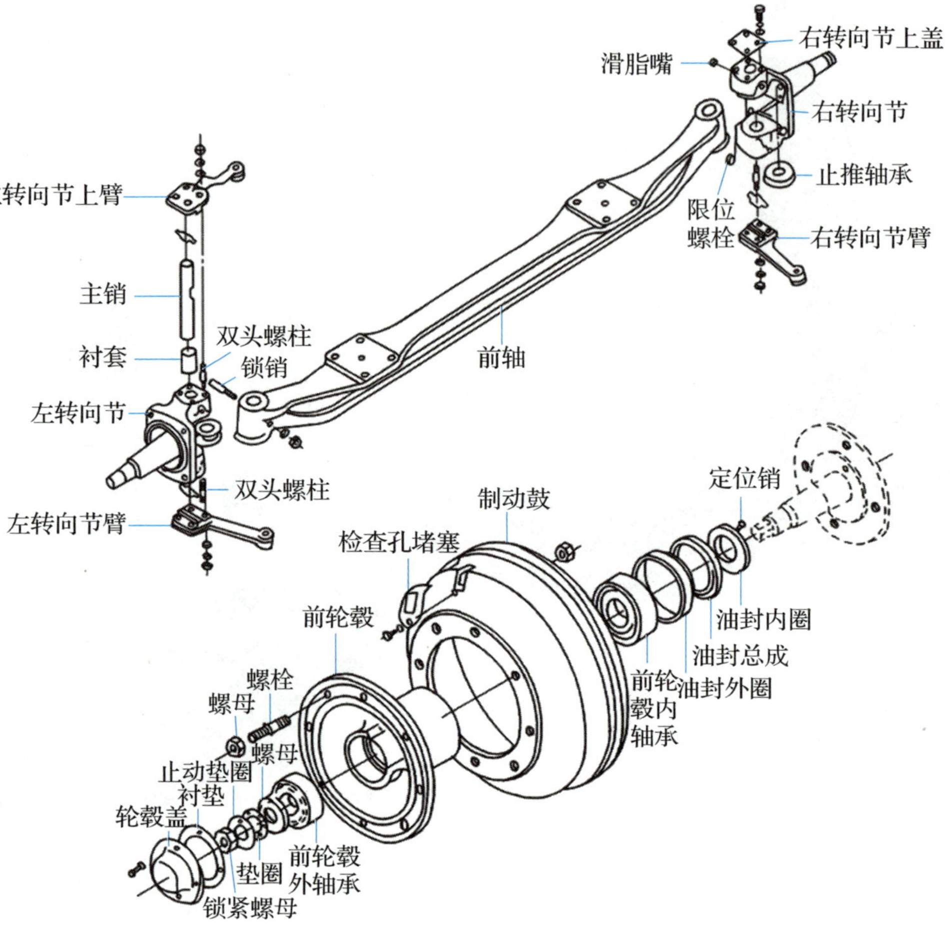

图 3－5－5　转向桥零件拆解图

注意事项

（1）车辆支承稳固后才能进行解体。

（2）合理选用拆卸工具，以保证拆卸质量，提高拆卸效率。

（3）主销应尽量采用压力机压出，若采用锤击法拆卸，应用铜棒抵住主销。

装配步骤与拆卸步骤顺序相反。

2. 转向驱动桥的拆装

拆卸步骤如下：

（1）在车轮着地时，拧下传动轴与轮毂的紧固螺母。

（2）拧下传动轴凸缘上的紧固螺栓。

（3）将传动轴与凸缘分开。

（4）从车轮轴承壳内拉出传动轴，或者利用压力装置拉出传动轴。

注意事项

拆卸传动轴时，轮毂绝对不能加热，否则会损坏车轮轴承，原则上应使用拉具。拆掉传动轴后，应装上一根连接轴来代替传动轴，防止移动卸掉传动轴的车辆时，损坏前轮轴承总成。

安装步骤如下：

（1）擦净传动轴和花键上的油污，涂上锂基润滑脂。

（2）在外万向节的花键上涂上一圈 5mm 的防护剂，然后装上传动轴花键套。涂防护剂后的传动轴安装后应停车 60min，然后才可使用汽车。

（3）将球头销重新装配在原位置，并拧紧螺母。在安装球头销时，不能损坏波纹管护套。

（4）必要时检查前轮外倾角。

（5）车轮着地后，拧紧轮毂固定螺母。

二、车架和车桥的维护

（一）作业准备

（1）场地设施：理实一体化教室，有消防设施的场地。

（2）设备：举升设备、实训整车、工作台、零件车及维修手册。

（3）工具：拆装作业台、专用工具及夹具数套、常用拆装工具和量具等。

（4）防护用品：工作服、劳保鞋、车外三件套、车内三件套。

（5）耗材：干净抹布、泡沫清洗剂。

（二）操作步骤

1. 车架的检查

（1）外观检查。从外观上检查车架是否有严重的变形、裂纹、锈蚀、螺栓或铆钉松动等现象。

（2）车架变形的检查。车架弯曲的检查可以通过拉线、直尺等进行。一般要检查车架上平面和侧平面的直线度误差，如图 3－5－6 所示。车架扭转通常采用拉线法进行测量。双桥汽车的平行边梁式车架，以钢板弹簧支座上钢板销孔的轴线为基准，构成三个矩形框，如图 3－5－7 所示。通过测量每个矩形框两条对角线的长度差及位置度误差来判断车架在垂直方向和水平方向上的变形。把这种划分矩形框的办法称为“三段法”。其优点为定位精度高，测量准确，可提高前、后桥的平行度和轴距的准确性。

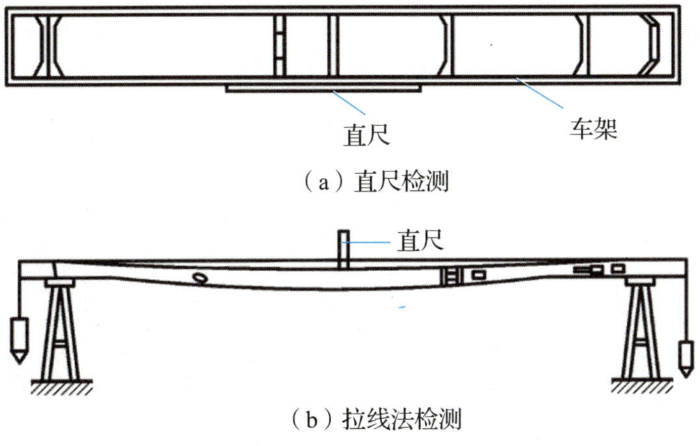

图 3－5－6 车架纵梁直线度的检测

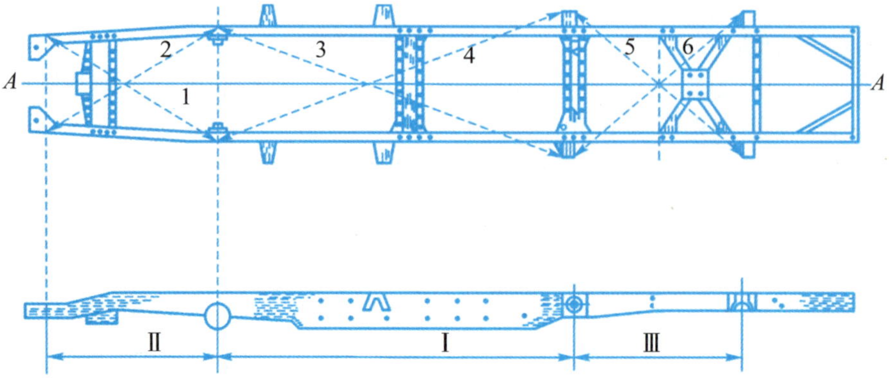

图 3-5-7　车架钢板弹簧支座孔中心距及对角线的检查

2. 前轮最大转向角的检查

将前轮转向角调到最大的目的是获得最小转弯半径，以保证汽车具有良好的通过性能。在没有仪器的情况下，可用简易的方法进行检查。

（1）将前桥顶起，使前轮处于直线位置。

（2）左右轮胎下面垫一块木板和白纸（固定在板上），将木尺紧靠轮胎外边缘，用铅笔在纸上画出车轮平行的直线，再把方向盘向右转到底（前轮胎不得与翼子板、钢板弹簧、直拉杆等机件碰擦，并有 8～10mm 的距离为合适），画出第二条线，然后用量角器测量出右转向角。

（3）用同样的方法检查左轮的左转向角。

各种车辆不同的转向角都是在既能保证转向的灵活性，又能保证轮胎不与其他机件碰擦的前提下规定的。

3. 前轮最大转向角的调整

经测量转向角不符合规定时，可旋出或旋入转向节上的转向角限位螺栓，或转动转向节壳上的一个调整螺栓进行调整，调整完毕后，必须旋紧锁紧螺母。

4. 车身润滑检查

（1）打开驾驶员侧车门，左右轻轻摆动车门，检查是否存在卡滞或异响，并润滑车门铰接处及门锁，如图 3-5-8 所示。

（2）打开左后车门，检查是否有异响和卡滞现象，并润滑车门铰接处及门锁。

（3）打开行李舱，如图 3-5-9 所示，上下晃动行李舱，检查是否有卡滞和异响，润滑行李舱铰接处及行李舱锁，检查行李舱液压挺杆工作是否正常。

（4）检查右侧车门是否存在卡滞及异响，并润滑铰接处及门锁。

（5）打开发动机舱盖，如图 3-5-10 所示，上下晃动发动机舱盖，检查是否存在卡滞及异响，并润滑铰接处，检查发动

图 3-5-8　车门检查和铰接处润滑

机舱盖液压挺杆工作是否正常（或检查支承杆是否弯曲变形）。

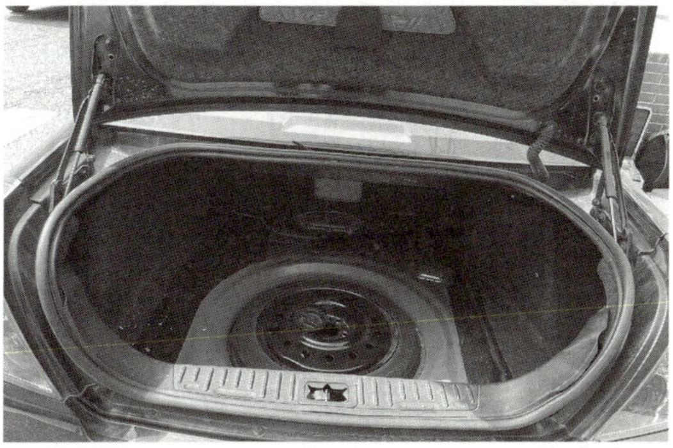

图 3-5-9　行李舱检查和铰链润滑

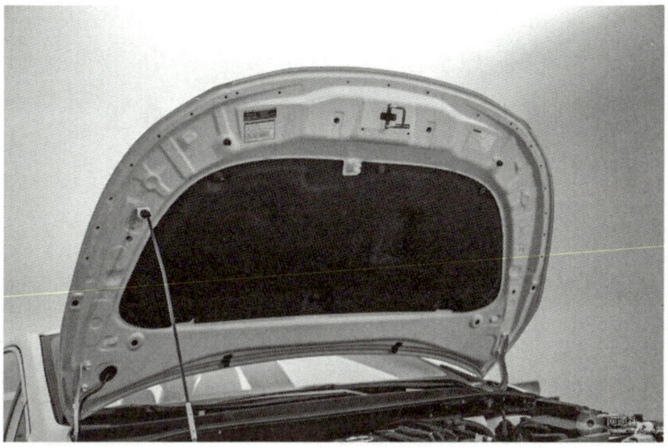

图 3-5-10　发动机舱盖检查和铰链润滑

（6）检查天窗工作是否正常，并清洁天窗轨道，如图 3-5-11 所示，润滑天窗。

5. 车架螺栓的紧固

（1）车辆驶入工位，挂入空挡或 P 挡，拉起驻车制动。

（2）用举升设备将车辆支承牢靠。

（3）安装翼子板布，举升车辆。

（4）根据标准力矩拧紧前后减振器上端螺栓，如图 3-5-12 所示。

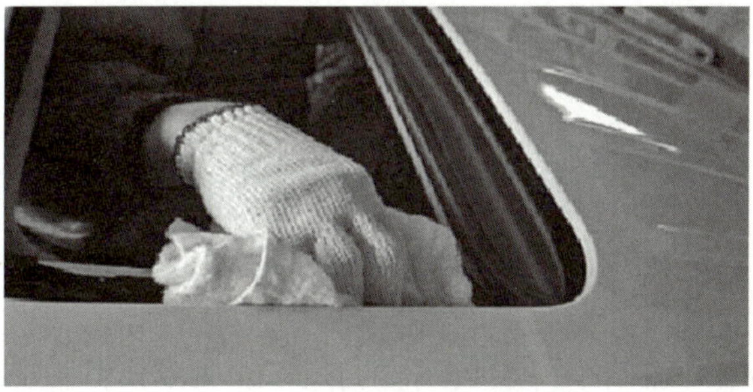

图 3-5-11　检查和清洁天窗

图 3-5-12　拧紧减振器上端螺栓

（5）根据标准力矩紧固前桥及前悬架部分螺栓。

（6）根据标准力矩紧固变速器与发动机支架螺栓。

（7）根据标准力矩紧固底盘部分其他螺栓，底盘螺栓拧紧力矩根据车型查询维修手册。

任务练习

一、判断题

1. 轿车和部分客车没有车架，而采用车身兼代车架作用的承载式车身。（　　）

2. 整体式车桥的中部是一个整体的刚性实心或空心梁（轴），它多与独立悬架配用。（　　）

3. 将前轮转向角调到最大的目的是获得最大转弯半径，以保证汽车具有良好的通过

性能。(　　)

4. 车辆不同的转向角都是在既能保证转向的灵活性，又能保证轮胎不与其他机件碰擦的前提下规定的。(　　)

5. 要根据标准力矩紧固底盘螺栓。(　　)

二、简答题

1. 简述转向桥的拆装流程。

2. 简述前轮最大转向角的检查方法。

3. 在进行车架螺栓的紧固作业时要注意什么?

任务六　悬架系统的拆装与维护

案例导入

李女士驾驶日产天籁轿车出行途中感觉车辆晃动明显，像乘坐船一样，随车速提高晃动越加明显，而且有时过坎还有异响。她将车辆送往4S店进行检查，经高级维修技术人员检查发现是汽车底盘悬架系统螺旋弹簧损坏导致的。经店里维修技术人员进行更换后故障排除。

知识探究

一、悬架的功用

(1) 连接车架（或承载式车身）和车轮，把路面作用到车轮的各种力传给车架（或承载式车身）。

(2) 缓和冲击、衰减振动，使乘坐舒适，具有良好的平顺性。

(3) 保证车轮和车身（或车架）之间有确定的运动关系，保证汽车具有良好的操纵稳定性。

二、悬架的结构与类型

(一) 悬架的结构

悬架是车架（或承载式车身）与车桥（或车轮）之间一切传力连接装置的统称。现代汽车的悬架虽有不同的结构形式，但一般都由弹性元件、减振器、导向机构三个基本部分组成，轿车一般还有横向稳定器。悬架的结构如图3-6-1所示。

弹性元件使车架（或车身）与车桥（或车轮）之间弹性连接，可以缓和由于不平路面带来的冲击，并承受和传递垂直载荷。

减振器可以衰减由于路面冲击产生的振动，使振幅迅速减小。

导向机构包括纵向推力杆和横向推力杆，用于传递纵向载荷和横向载荷，并保持车轮

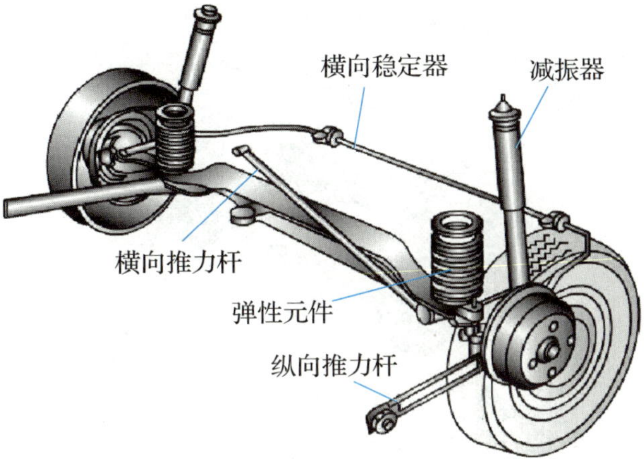

图 3-6-1　悬架的结构

相对于车架（或车身）的运动关系。

横向稳定器可以防止车身在不平路面行驶或转向等情况下发生过大的横向倾斜，提高侧倾刚度，使汽车具有不足转向特性，改善汽车的操纵稳定性和行驶平顺性。

（二）悬架的类型

根据控制形式不同，悬架可分为被动式悬架、半主动悬架和主动悬架。

根据汽车导向装置的不同，悬架又可分为独立悬架和非独立悬架，如图 3-6-2 所示。

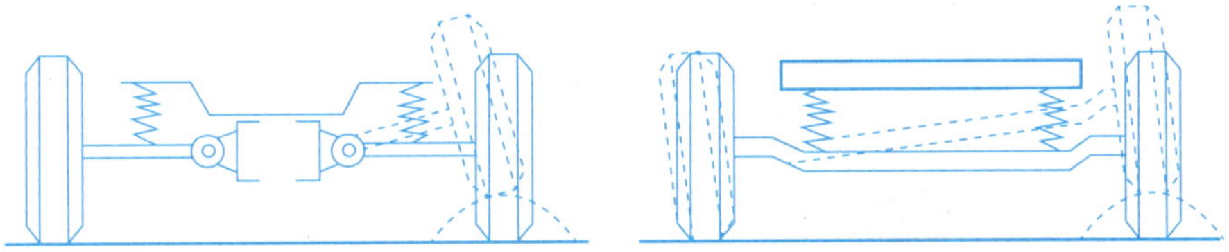

（a）独立悬架　（b）非独立悬架

图 3-6-2　独立悬架和非独立悬架

电控悬架也叫主动悬架，是能够根据车身高度、车速、转向角度及速率、制动等信号，由电子控制单元（ECU）控制悬架执行机构，使悬架系统的刚度、减振器的阻尼力及车身高度等参数得以改变，从而使汽车具有良好的乘坐舒适性和操纵稳定性的系统。

目前市面上主流的主动悬架主要有四种形式：空气悬架、液压悬架、电磁悬架、电子液力悬架。

空气悬架由空气弹簧减振器总成、空气弹簧、储气罐、高度传感器、车身加速度传感器、悬架控制单元（ECU）、分配阀、供气系统（空气压缩机）等组成，如图 3-6-3 所示。

车辆在行驶过程中，通过高度传感器测量车身离地高度和姿态，将得到的数据实时反馈给车载计算机，进行数据分析后，反馈给汽车空气悬架 ECU，ECU 通过预设好的控制策略对空气弹簧进行充放气操作，实现稳定车身姿态的作用。空气悬架工作过程如图 3-6-4 所示。

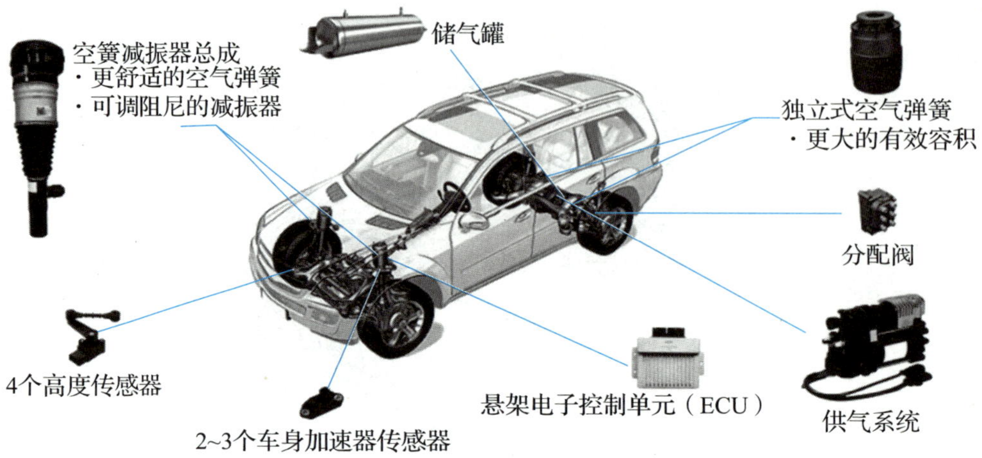

图 3-6-3　空气悬架的组成

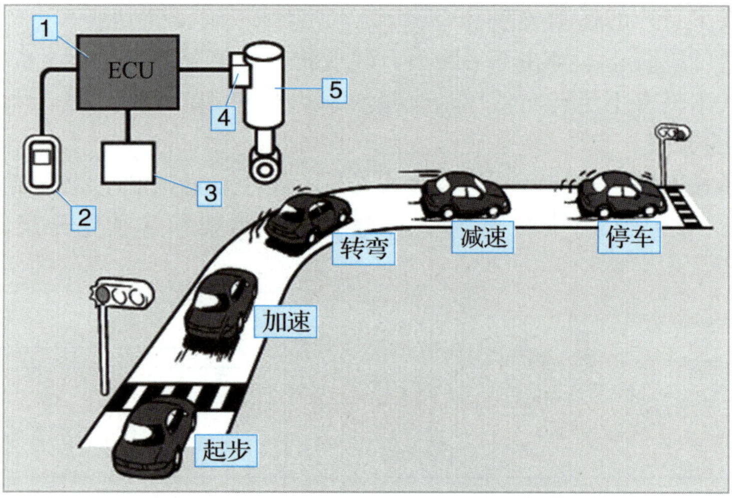

图 3-6-4　空气悬架工作过程

1—ECU；2—减振器控制开关；3—传感器；4—减振器控制执行器；5—空簧减振器

汽车故事

比亚迪的云辇系统

云辇系统总体来说是一套智能车身控制系统，主要包含了云辇-C智能阻尼车身控制系统、云辇-A智能空气车身控制系统、云辇-P智能液压车身控制系统、云辇-X全主动车身控制技术，未来还将推出更多产品系列。

从目前的控制策略来看，云辇系统暂时只会运用在腾势以及仰望这样的高端品牌上面，目的是兼顾家用、运动、行政、越野等不同使用场景，为用户打造高智能、护安全、稳驾乘、全覆盖的车身控制系统。

云辇系统的大致工作原理是通过传感器探知路面情况，同时根据驾驶员操纵转向盘的角度，踩下制动/加速踏板的幅度和速度，再结合车辆当前的速度情况，让车身做出实时的调整，以便让车辆获得更出色的弯道、越野等性能，并让驾乘人员获得舒适体验。

任务实施

一、汽车悬架系统的拆装

（一）作业准备

（1）场地设施：理实一体化教室，有消防设施的场地。

（2）设备：举升设备、实训整车一辆、工作台、零件车及维修手册。

（3）工具：悬架拆装作业台、专用工具及夹具数套、常用拆装工具和量具等。

（4）防护用品：工作服、劳保鞋、车外三件套、车内三件套。

（5）耗材：干净抹布、泡沫清洗剂。

（二）操作步骤

（1）拆下车轮装饰罩。

（2）在车轮着地的情况下，拆下轮毂和传动轴的紧固螺母，并拆下车轮。

（3）拆下制动钳和制动盘，如图 3－6－5 所示；拆下制动软管支架，用铁丝将制动钳总成固定在车身上，注意不要拆下和损坏制动软管。

（4）拆下减振器滑柱壳和轮毂的紧固螺栓。

（5）用拉具将横拉杆接头从减振器滑柱壳中压出。

（6）从下摇臂上拆卸驱动轴和轮毂上的稳定杆和螺母。向下按压前悬架的摆臂，并从车轮轴承中拉出驱动轴。如果拔不出来，就用压力装置压出来。

（7）拆下盖子，支承住减振器支柱的下部，用专用工具固定支柱，拆下减振器上支承螺母，如图 3－6－6 所示。

图 3－6－5　拆下制动钳和制动盘

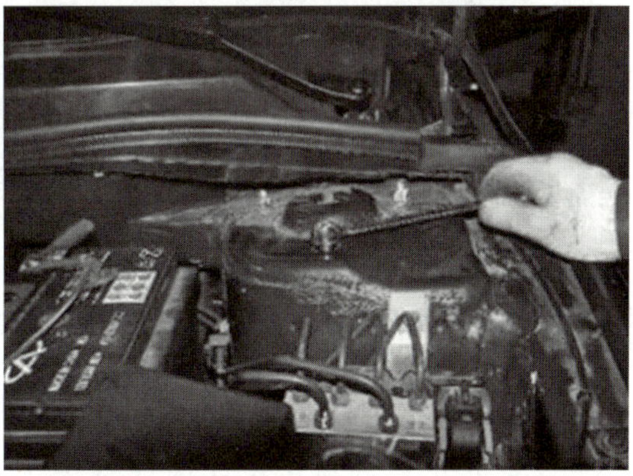

图 3－6－6　拆下减振器上支承螺母

（8）拆卸带弹簧的减振器总成，压缩弹簧，用扳手和专用工具将螺母和螺母盖开槽。拆下弹簧。

（9）用台钳夹住转向节臂。拆下减振器固定螺母，拉出前减振器。

二、汽车悬架系统的维护

（一）作业准备

（1）场地设施：理实一体化教室，有消防设施的场地。

（2）设备：举升设备、实训整车一辆、工作台、零件车及维修手册。

（3）工具：常用拆装工具、量具及专用工具等。

（4）防护用品：工作服、劳保鞋、车外三件套、车内三件套。

（5）耗材：干净抹布、泡沫清洗剂。

（二）操作步骤

悬架性能的好坏不但直接影响行驶的平顺性和乘坐的舒适性，而且对汽车的行驶安全性、操纵稳定性和燃油经济性等均有不同程度的影响。在车辆使用过程中，悬架系统的部件存在着磨损、老化及腐蚀等现象，这些现象发展到一定程度会导致悬架系统出现明显的故障，例如悬架发出异响、前轮容易跑偏、车身侧倾严重、减振器太硬等。当驾驶员感觉到车辆不能正常行驶或者操控时，应该及时对悬架系统进行系统性的检查和诊断，然后修复相关故障。

1. 减振器的检查

当减振器出现漏油、外壳破裂、断裂等现象时，应更换减振器，弹簧和减振器应该成对更换。为了保证车辆最佳的操控性，应同时更换两个前减振器和两个后减振器。

检查减振器的方法如下：目视检查减振器外部筒体是否变形或锈蚀，是否存在漏油，如图 3－6－7 所示，上下端衬套是否磨损、老化或损坏。若减振器漏油，应更换减振器总成；若减振器筒体变形、锈蚀，应校正、除锈和重新涂漆。用手握住减振器的两端，快速拉动或压缩减振器，如图 3－6－8 所示，压缩阻力应明显小于拉动阻力，否则表明减振器性能不良，应更换。

图 3－6－7　检查减振器漏油情况

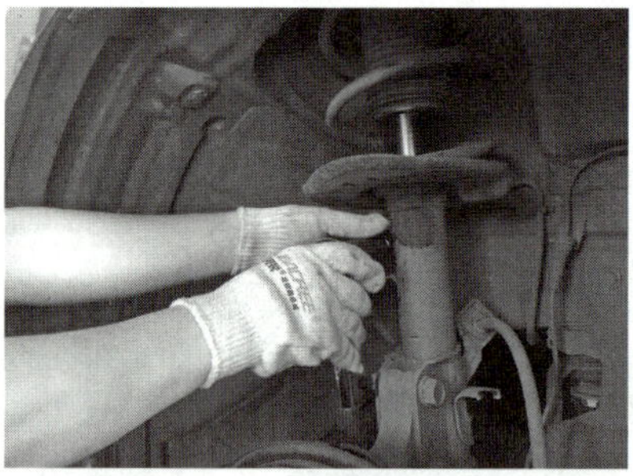

图 3－6－8　检查减振器性能

目视检查完成后，检查轮胎的压力并调整至规定值，在需要检查的减振器一侧按压车辆，使车体上下连续回跳 3～4 次。每次按压时所用的力应相等，同时还应注意在松手之后车体要回跳多少次才能够停下来。用同样的方法检查另一侧的减振器。比较左、右两侧减振器的阻力和回跳次数，左右两侧减振器的阻力和回跳次数必须相等。如果减振器功能正常，一松手车体就应该停止回跳，或者回跳一两次后便会停下来，在后方目测检查车辆是否倾斜，如图 3－6－9 所示。

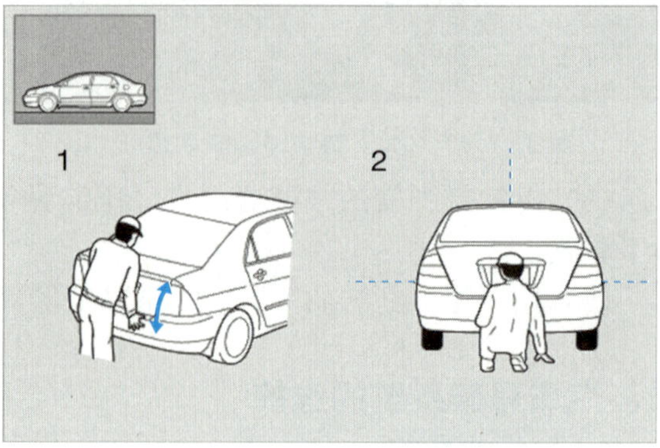

图 3－6－9　检查左、右两侧减振器

2. 悬架弹簧的检查

检查悬架弹簧表面是否存在变形、裂纹、锈蚀等现象，如图 3－6－10 所示，然后测量左右侧悬架弹簧的自由长度。如果弹簧的实际长度比标准长度缩短 5%以上，应该更换悬架弹簧。

不正确的车身高度可能导致车辆底盘在颠簸路面时拖底、损坏悬架系统部件，并出现与轮胎定位问题相关的症状。诊断悬架系统故障以及检查车轮定位情况前，要检查车身高度。所有尺寸均为垂直于地面的测量值，正确的车身高度误差应在±10mm 内。

3. 球节的检查

球节的寿命是由车辆的行驶环境、汽车质量和球节的润滑维护状况来决定的。在同样维护条件下，负荷式球节由于负荷比从动球节大，因此磨损程度要比从动球节严重一些。当球节磨损严重时，会影响车辆行驶的稳定性。

球节应成对更换，以确保车辆的操控性。更换球节之前，需要对车辆进行球节磨损检查，在车上检查球节磨损程度时，用专用顶杠在下控制臂下面尽可能接近球节的位置将车轮顶起至规定高度（5～25cm），保证球头处于空负荷状态，如图 3－6－11 所示。用手或撬棍上下左右方向晃动轮胎，如果轮胎球节产生移动间隙，则必须更换球节。在检查负荷球节时也应该同时检查从动球节。同样用手或者撬棍在轮胎顶部和底部交错扳动车轮，观察并感知球节是否有移动间隙。

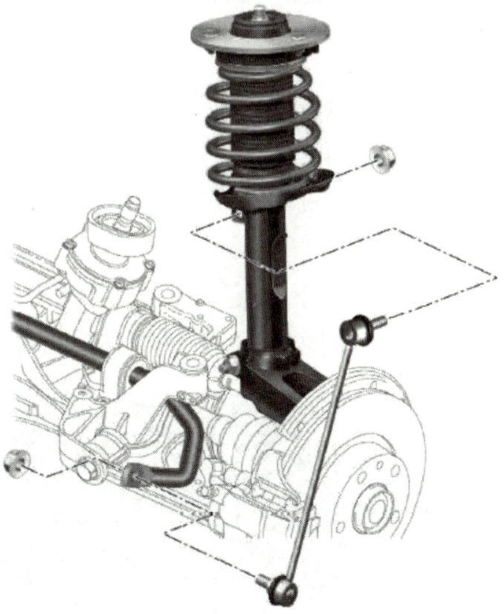

图 3－6－10　检查悬架弹簧

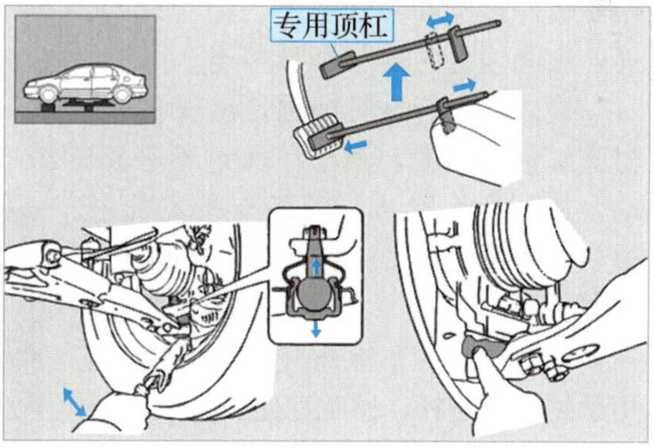

图 3－6－11　球节的检查

4. 横向稳定杆的检查

横向稳定杆（见图 3－6－12）是用弹簧钢制成的扭杆弹簧，形状呈“U”形，横置在汽车的前端和后端。当两端运动方向不同的时候，它可以发生扭曲变形，从而抑制车身侧倾的角度。检查横向稳定杆和衬套是否变形或损坏，若存在缺陷，应更换；检查摆臂是否变形，摆臂的衬套两端是否存在裂纹、焊缝脱落等缺陷，若有，应更换；检查各轮盘是否有压伤、裂纹和变形，严重损伤的轮盘必须进行更换。横向稳定杆的检查如图 3－6－13 所示。

图 3-6-12　横向稳定杆和衬套

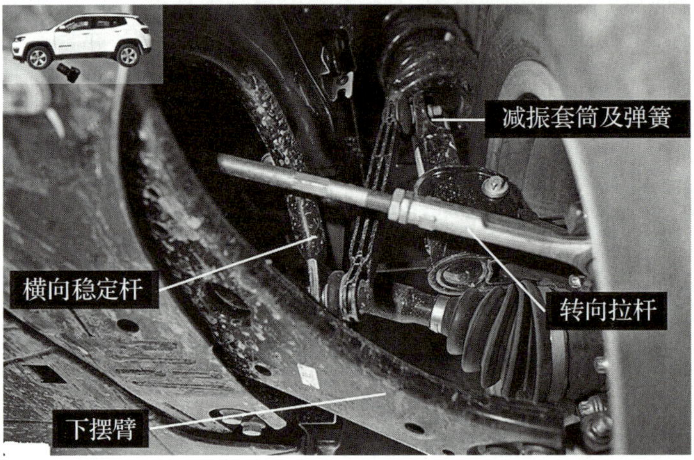

图 3-6-13　横向稳定杆的检查

稳定杆主要由杆体和衬套组成。稳定杆杆体设计主要是为避免与悬架的导向杆发生运动干涉，同时起到稳定悬架的作用。稳定杆衬套在横向稳定杆与车轮及车架的连接处，作用是缓冲振动和降低噪声。稳定杆与汽车一共有 4 个连接点，两端分别与汽车减振器相连，中间连杆衬套与车身相连。

横向稳定杆常见问题是出现底盘异响。一些汽车行驶时，由于稳定杆和稳定杆之间的衬套旷量会增大，汽车在通过不平路面或直线行驶时，会导致稳定杆在衬套内做上下运动，从而产生噪声，而新车的稳定杆被衬套紧紧地包裹着，不会出现这种情况。

检查方法：在检查汽车底盘时，应用手晃动稳定杆，感觉稳定杆和衬套之间是否存在旷量，如果旷量较大，应及时更换，如图 3-6-14 所示。

图 3-6-14　横向稳定杆衬套检查

5. 电控悬架系统的维护

电控悬架系统的维护保养主要包括对空气弹簧、空气压缩机、控制阀和其他相关组件的检查和保养。

(1) 汽车高度调节功能的初步检查（功能检查）。当轮胎充气压力符合要求，汽车处于正常高度调节状态时，起动发动机。检查完成高度调节所需的时间和汽车高度的变化。从操作高度控制开关到开始排气需要 2s 左右，从开始排气到完成高度调节需要 20～40s，汽车高度变化 10～30mm。

如果不是，则应进一步检查，以确定故障的原因和位置，并采取相应的维修措施。

（2）溢流阀的检查。通过强迫压缩机工作来检查溢流阀的动作。检查步骤如下：打开点火开关，短接高度控制接头的端子，强制压缩机工作；压缩机短时间工作后，检查安全阀是否排空；关闭点火开关。

（3）漏风检查。检查主管道和软管之间的接头有无泄漏。检查步骤如下：首先将高度控制开关转到“高”的位置，升高汽车，然后关闭发动机，在管子和软管的连接处加入肥皂水，检查是否有漏气现象。

（4）清洁和润滑：每12个月，应对空气悬架系统进行清洁，去除积尘和杂物。同时，对各活动关节进行润滑，确保系统动作流畅。

（5）调整高度和刚度：根据车辆使用情况和道路条件，每3个月至半年，应对空气悬架系统的高度和刚度进行检查和调整，以保持其最佳性能。

任务练习

一、判断题

1. 减振器可以衰减由于路面冲击产生的振动，使振幅迅速减小。（　　）
2. 如果弹簧的实际长度比标准长度缩短5%以上，应该更换悬架弹簧。（　　）
3. 横向稳定杆不可以发生扭曲变形，否则无法抑制车身侧倾的角度。（　　）
4. 电控悬架系统的保养不需要定期进行，出问题再处理。（　　）
5. 若减振器漏油，则必须更换减速器。（　　）

二、简答题

1. 简述更换减振器的工作流程。
2. 为何要更换横向稳定杆的衬套？
3. 电控悬架系统的维护项目有哪些？

任务七　车轮和轮胎系统的拆装与维护

案例导入

吴先生驾驶奇瑞瑞虎8SUV车辆出行时，感觉车辆右前轮下方有周期性振动，好像沾到异物一般，加速时振动明显，靠边停车检查没有发现异常。后他将车辆送往4S店进行检查，服务顾问检查后怀疑车轮轮胎被异物扎入，但车辆举升后没有发现异物。经高级维修技术人员进一步检查发现是车轮动平衡块脱落导致车轮不平衡所致。经店里维修技术人员重新进行车轮动平衡后故障排除。

知识探究

一、车轮的功用、组成

车轮是介于轮胎和车桥之间承受负荷的旋转组件，其功用是安装轮胎，承受轮胎与车桥之间的各种载荷。车轮主要是由轮毂、轮辋和轮辐组成，如图 3-7-1、图 3-7-2 所示。

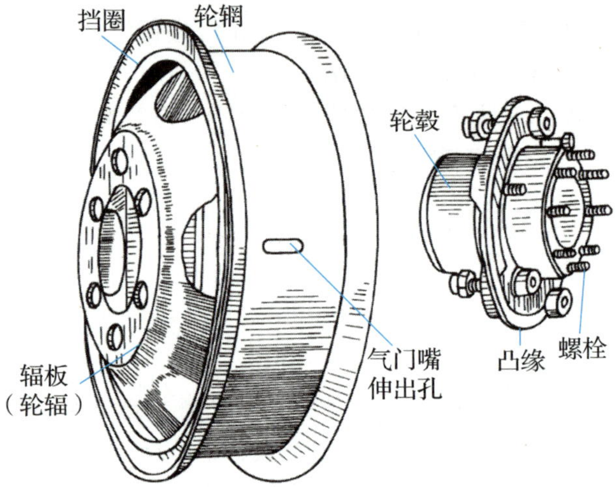

图 3-7-1　货车车轮的组成

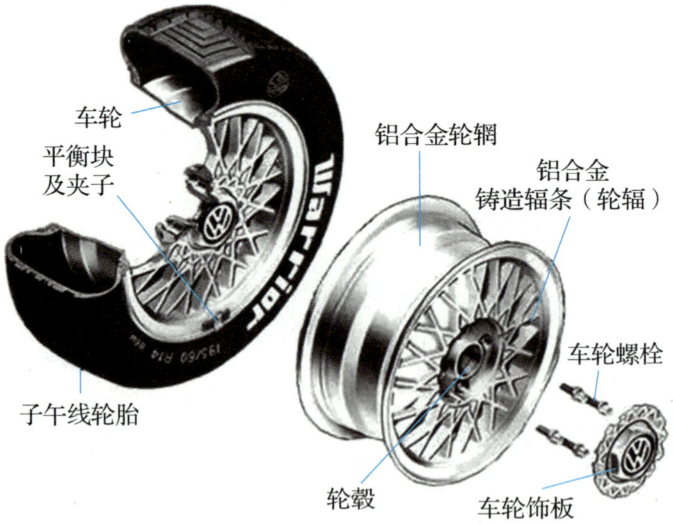

图 3-7-2　轿车车轮的组成

二、车轮的结构与类型

（一）轮辐

按轮辐结构的不同，车轮可以分为两种形式：辐板式车轮和辐条式车轮。

1. 辐板式车轮

目前，普通轿车和轻、中型货车普遍采用辐板式车轮，这种车轮由挡圈、轮辋、辐板和气门嘴伸出孔等组成。车轮中用以连接轮毂和轮辋的钢质圆盘称为辐板，大多是冲压制成的，少数和轮毂铸成一体，后者主要用于重型汽车。

2. 辐条式车轮

按辐条结构的不同，辐条式车轮又分为钢丝辐条式车轮和铸造辐条式车轮，如图 3－7－3 所示。钢丝辐条式车轮的结构与自行车车轮类似，由于其价格昂贵、维修安装不便，故仅用于赛车和某些高级轿车上。另外，钢丝辐条式车轮还不能与无内胎轮胎组合使用。铸造辐条式车轮常用于重型货车，辐条与轮毂铸成一体，轮辋是用螺栓和特殊形状的衬块固定在辐条上的，为了使轮辋和辐条很好地对中，在轮辋和辐条上都加工出配合锥面。

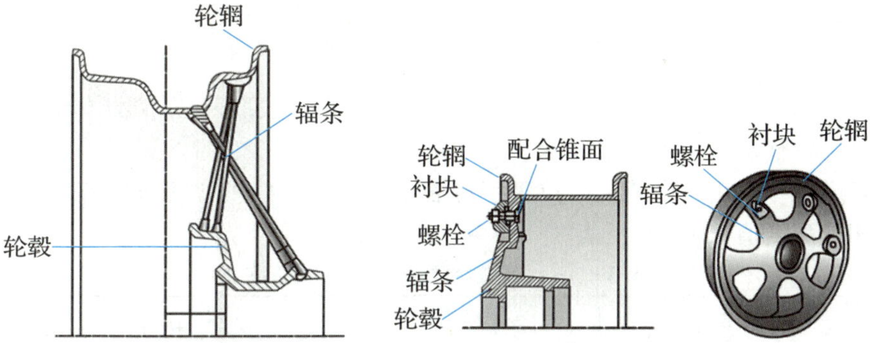

（a）钢丝辐条式车轮　　（b）铸造辐条式车轮

图 3－7－3　辐条式车轮

（二）轮辋

1. 轮辋的类型和结构

轮辋用于安装和固定轮胎。轮辋按结构形式不同，分为深槽轮辋、平底轮辋和对开式（可拆式）轮辋等，如图 3－7－4 所示。此外，还有半深槽轮辋、深槽宽轮辋、平底宽轮辋、全斜底轮辋等。

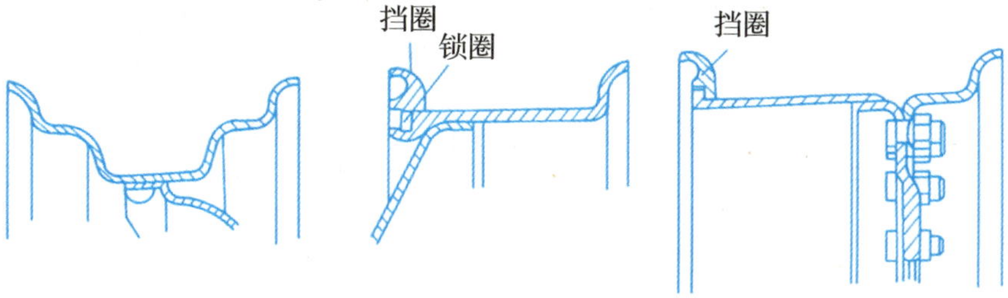

（a）深槽轮辋　　（b）平底轮辋　　（c）对开式轮辋

图 3－7－4　轮辋的常见结构形式

2. 轮辋规格的表示方法

轮辋用来安装和固定轮胎，原则上每种轮胎只配用一种标准轮辋，必要时也可用与标准轮辋相接近的容许轮辋。当轮胎装入与其规格不同的轮辋时，就会发生变形，影响性能。因此，不同规格的轮胎，应该配用相应规格的标准轮辋。

轮辋规格用轮辋宽度、轮缘高度代号、轮辋结构形式代号、轮辋直径和轮辋轮廓类型代号来表示，其表示方法如图 3－7－5 所示

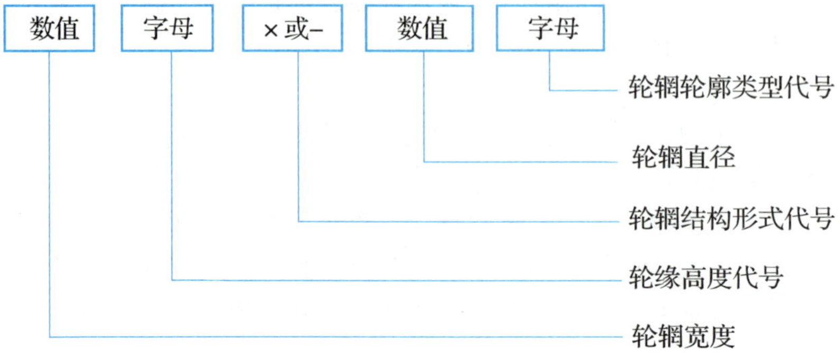

图 3－7－5　轮辋规格表示方法

轮辋宽度和轮辋直径：它们均以英寸（in）表示，一般取两位小数（当新设计轮胎以毫米表示时，轮辋也以毫米数值表示）。

轮缘高度代号：用一个或几个拉丁字母表示，如 C、D、E、F、J、K、L、V 等。常用代号及相应高度值（mm）见表 3－7－1。

表 3－7－1　轮辋轮缘高度代号及高度值　　单位：mm

代号	B	C	D	E	F	G	H	J	K	L	P	R	S	T	V	W
尺寸	13.80	15.88	17.45	19.81	22.23	27.94	33.73	17.27	19.26	21.59	25.40	28.58	33.33	38.10	44.45	50.00

轮辋结构形式代号：轮辋的结构形式，根据其主要由几个零件组成分为一件式轮辋、两件式轮辋、三件式轮辋、四件式轮辋和五件式轮辋。符号“×”表示一件式轮辋，符号“–”表示两件或两件以上的多件式轮辋。一件式轮辋是指轮辋为整体式的，只有一件；多件式轮辋由轮辋体、挡圈、锁圈等多个部件组成。

轮辋轮廓类型代号：用几个字母表示，每个代号所表示的轮辋轮廓类型如图 3－7－6 所示。

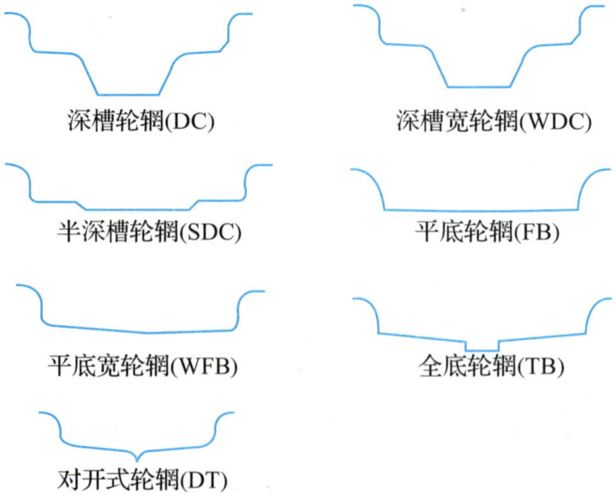

图 3－7－6　轮辋轮廓类型代号

在实际生产中，对于不同形式的轮辋，以上代号不一定同时出现。例如，某货车车轮辋的规格为6.5－20，表明该轮辋宽度为6.5in，轮辋直径为20in，属于多件式轮辋；某轿车轮辋的规格为5.5J×13，表明其轮辋宽度为5.5in，轮辋高度为17.27mm，轮辋直径为13in，属于一件式轮辋。

三、轮胎

（一）轮胎的功用

现代汽车都采用充气式轮胎，轮胎安装在轮辋上，直接与路面接触，它的功用是：

（1）支承汽车的质量，承受路面传来的各种载荷的作用。

（2）与汽车悬架共同来吸收和缓和汽车行驶中所受到的冲击，并衰减由此而产生的振动，以保证汽车有良好的乘坐舒适性和行驶平顺性。

（3）保证车轮和路面有良好的附着性而不致打滑，以提高汽车的动力性、制动性和通过性。

（二）轮胎的类型

（1）汽车轮胎按其用途可分为轿车轮胎和货车轮胎两种。

（2）汽车轮胎按胎体结构可分为充气轮胎和实心轮胎。现代汽车绝大多数采用充气轮胎；实心轮胎目前仅应用于在沥青、混凝土路面的干线道路上行驶的低速汽车或重型挂车。

（3）按轮胎有无内胎，可分为有内胎轮胎和无内胎轮胎两种。目前普遍采用无内胎轮胎。

（4）按胎内的空气压力大小，可分为高压胎（0.5～0.7MPa）、低压胎（0.15～0.45MPa）和超低压胎（0.15MPa以下）三种。

（5）按胎体中帘线排列的方向不同，可以分为斜交轮胎和子午线轮胎。目前子午线轮胎在汽车上广泛应用。

（6）按胎面花纹的不同，可以分为普通花纹胎、混合花纹胎和越野花纹胎。

（三）轮胎的结构

轮胎的结构如图3－7－7所示。

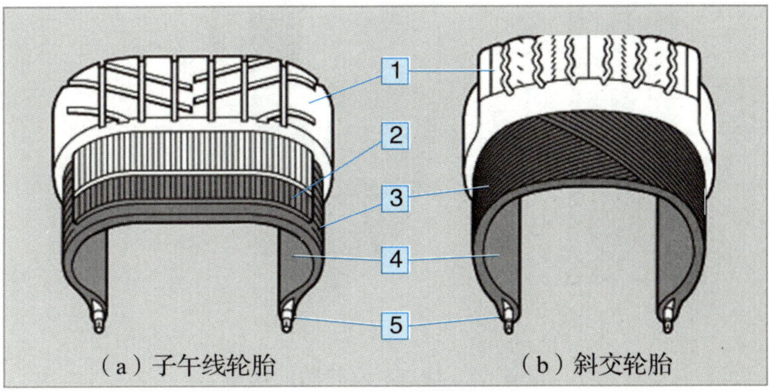

图3－7－7　轮胎的结构

1—胎面；2—缓冲层；3—胎体帘线；4—内胎；5—胎圈钢丝

1. 有内胎轮胎

有内胎轮胎（见图 3－7－8）由外胎、内胎和垫带等组成，使用时安装在汽车车轮的轮辋上。外胎按胎体中帘线排列的方向不同，又可以分为斜交轮胎和子午线轮胎。

2. 无内胎轮胎

无内胎轮胎俗称真空胎，如图 3－7－9 所示。在外观上与有内胎轮胎相似，但是没有内胎及垫带。它的气门嘴用橡胶垫圈和螺母直接固定在轮辋上，空气直接充入外胎，其密封性由外胎和轮辋来保证。

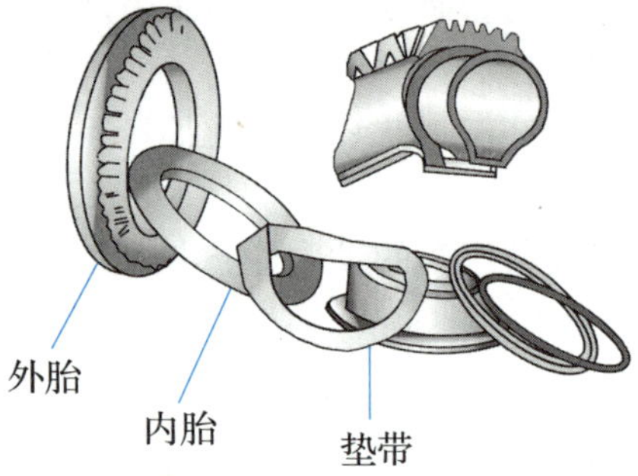

图 3－7－8　有内胎轮胎

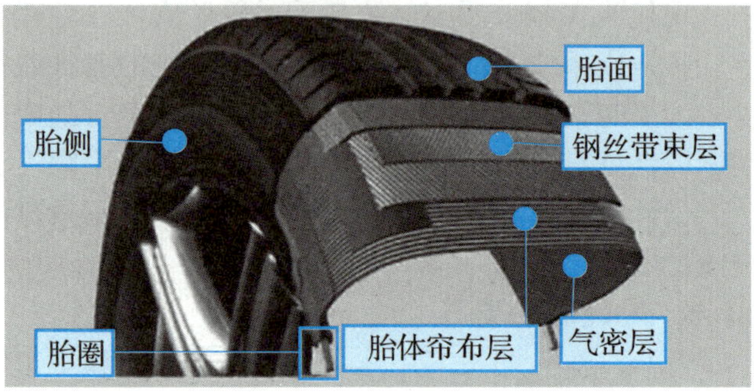

图 3－7－9　无内胎轮胎

（四）轮胎规格

1. 斜交轮胎的规格

我国和大多数国家一样，高压斜交轮胎的规格用 $D \times B$ 表示，低压斜交轮胎用 $B-d$ 表示。B 为轮胎断面宽度，D 为轮胎外径，d 为轮胎内径或轮辋直径，如图 3－7－10 所示，单位均为英寸（in）。高压胎在汽车上应用较少，汽车上广泛应用的是低压胎。例如，9.00－20 表示轮胎宽度为 9.00in、轮胎内径为 20in 的斜交轮胎。

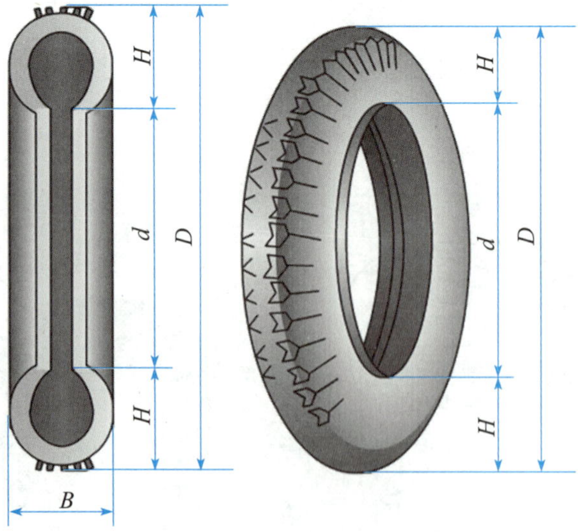

图 3－7－10　斜交轮胎的规格

2. 子午线轮胎的规格

子午线轮胎的规格用 B、R、d 表示，其中，R 代表子午线轮胎。国产轿车子午线

轮胎断面宽度 B 已全部改用公制单位毫米（mm）；货车轮胎断面宽度 B 有英制单位和公制单位两种，使用时应注意与轮辋直径一致。轮辋直径 d 的单位仍为英寸（in）。

随着轮胎的扁平化，仅用断面宽度 B 和轮辋直径 d 已不能完全表示轮胎的规格。即在断面宽度 B 相同的情况下，断面高度 H 随不同扁平率而变化，轮胎扁平率为轮胎高度 H 与宽度 B 之比。按扁平率 H/B 划分系列，目前国产轿车子午线轮胎有 80、75、70、65、60 等系列，数字分别表示断面高度 H 是断面宽度 B 的 80%、75%、70%、65%和 60%。显然，数字越小，轮胎越矮，即轮胎越扁平。

以某轿车轮胎的规格 195/60 R 14 86 H 为例进行说明，如图 3-7-11 所示：195 表示轮胎宽度为 195mm（货车子午线轮胎的宽度一般以英寸为单位）；60 表示扁平率为 60%；R 表示子午线轮胎；14 表示轮胎内径为 14in；86 表示负载能力，即最大载荷质量，荷重等级为 86 的轮胎的最大载荷质量为 530kg；H 表示最大允许速度。

示例

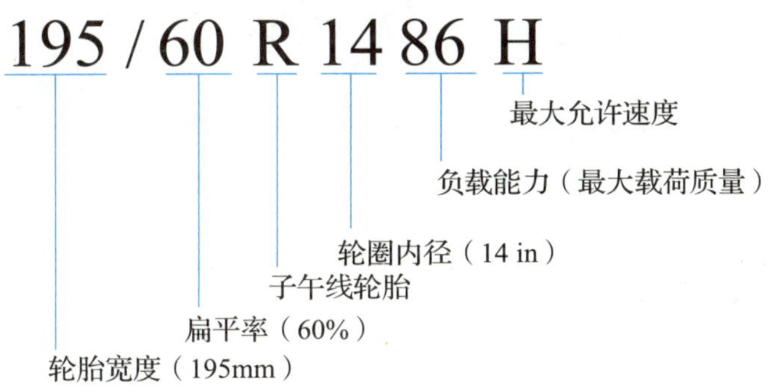

最大允许速度代码	S	T	U	H	V	W	Z
速度（km/h）	180	190	200	210	240	270	≥270

负载能力代码	78	82	86	90	94	98	102
最大载荷质量（kg）	425	475	530	600	670	750	850

图 3-7-11　子午线轮胎的规格

另外，在轮胎规格前加“P”表示轿车轮胎；在胎侧标有“REINFORCED”表示经强化处理；“RADIAL”表示子午线轮胎，“TUBELESS”（或 TL）表示无内胎（真空胎）；“M+S”（Mud and Snow）表示适用于泥地和雪地；“→”表示轮胎旋向，不可装反。

任务实施

一、汽车车轮的拆装

（一）作业准备

（1）场地设施：理实一体化教室，有消防设施的场地。

（2）设备：举升设备、实训整车、工作台、零件车及维修手册。

（3）工具：常用拆装工具、量具及专用工具等。

（4）防护用品：工作服、劳保鞋、车外三件套、车内三件套。

（5）耗材：干净抹布、泡沫清洗剂。

（二）操作步骤

1. 车轮总成的拆卸

（1）停稳车辆，用车轮挡块掩住各车轮。

（2）取下车轮上的装饰罩，弄清汽车左右侧车轮与轮毂连接螺母的螺旋方向，使用车轮螺母拆装机（风炮）或套筒扳手初步拧松各连接螺母，如图 3－7－12 所示。

图 3－7－12　拧松连接螺母

（3）用千斤顶顶在指定的位置，使被拆车轮稍离地面。也可将车辆停在举升架上，升起车辆，使车轮稍离开地面。

（4）拧下车轮与轮毂连接的全部螺母，取下垫圈，并摆放整齐。

（5）边向外拉边左右晃动车轮，从车轴上取下车轮总成。

2. 车轮总成的安装

（1）顶起车桥，套上车轮，将螺母初步拧在螺柱上。

（2）放下车轮并在车轮前后用三角木掩住，用扭力扳手或车轮螺母拆装机，按对角线顺序分 2～3 次拧紧车轮螺母，如图 3－7－13 所示，最后一次要按规定力矩拧紧。

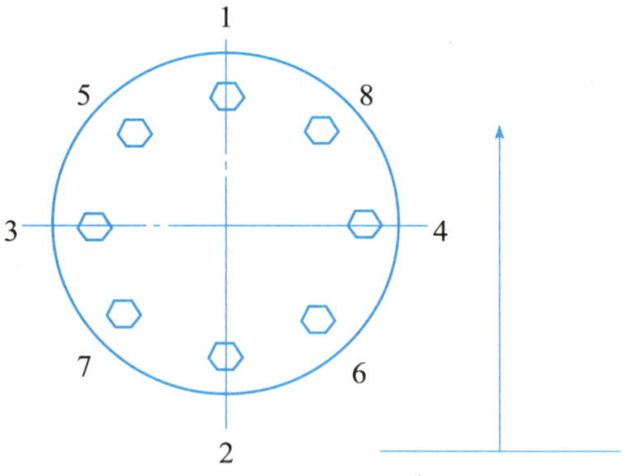

图 3－7－13　车轮螺母紧固顺序

二、汽车轮胎的拆装

（一）作业准备

（1）场地设施：理实一体化教室，有消防设施的场地。

（2）设备：举升设备、剥胎机、实训整车、工作台、零件车及维修手册。

（3）工具：常用拆装工具、量具及专用工具等。

（4）防护用品：工作服、劳保鞋、车外三件套、车内三件套。

（二）操作步骤

1. 剥胎（分解轮胎）

（1）将车辆驶入工位，挂入空挡或 P 挡，拉起驻车制动杆。

（2）用扭力扳手拧松车轮紧固螺栓。

（3）将车辆置于举升设备上并确定支承牢靠，举升车辆至适当高度并安全锁止。

（4）拧下轮胎紧固螺栓，取下轮胎。

（5）清洁剥胎机，接通剥胎机电源及气源装置。

（6）检查轮胎磨损程度，取下车轮动平衡块，如图 3－7－14 所示。

（7）用胎压表释放轮胎中的高压空气，待气压减小至无法用胎压表释放时，用气门扳手拧下轮胎气门芯，如图 3－7－15 所示。

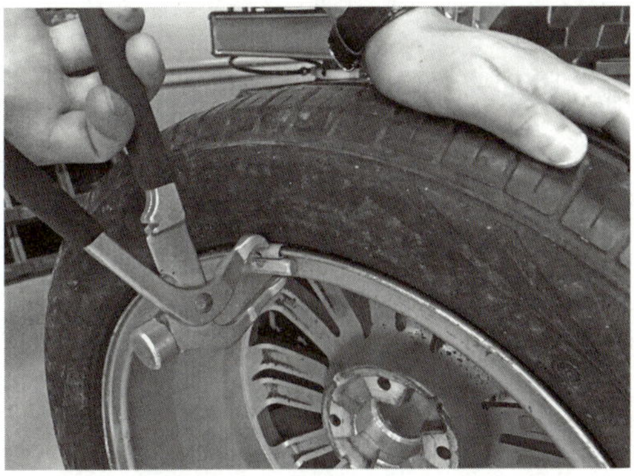

图 3－7－14　取下车轮动平衡块

图 3－7－15　拧下轮胎气门芯

（8）将车轮及轮胎的一侧贴在剥胎机的靠胎胶皮上。调整车轮与轮胎的位置，使风压铲置于胎圈和轮辋边缘之间，注意，应错开气门嘴位置，如图 3－7－16 所示。踩下风压铲控制踏板，如图 3－7－17 所示，直至轮胎与轮辋边缘彻底分离。然后调整风压铲挤压位置，再次挤压并使胎圈离开轮辋边缘。如此多次操作，使胎圈彻底脱离轮辋边缘。

图 3－7－16　错开气门嘴位置

图 3－7－17　踩下风压铲控制踏板

（9）同（8），使另一侧轮胎与轮辋分离。

（10）将轮胎放到转台上，用脚踩一下夹钳踏板将轮辋固定；在轮胎与轮辋接合处均匀涂抹润滑脂，如图 3－7－18 所示。

图 3-7-18　均匀涂抹润滑脂

(11) 用剥胎机导向杆压住轮辋的边缘，导向杆鸟嘴凹槽和轮辋边缘贴合，并锁止导向杆。

(12) 用撬棍带钩的一段将轮胎边缘撬至鸟嘴头上，用手按住撬棍，踩下旋转踏板使转台顺时针转动一周，即可卸下轮胎上边缘。

(13) 采用同样的方法卸下轮胎下边缘，如图 3-7-19 所示。

(14) 移开导向杆，取下轮胎，踩下夹钳踏板松开轮辋，并取下轮辋。

2. 装配新轮胎

(1) 将轮辋放到车轮转盘上，双手扶住轮辋，用脚踩一下夹钳踏板，将轮辋固定，将新轮胎放至轮辋上，并在轮胎边缘涂抹润滑脂。

(2) 将剥胎机导向杆压至轮辋边缘紧贴，并锁止。

(3) 将导向杆鸟嘴头部前方的轮胎下边缘压入轮辋，同时将轮辋下边缘放于鸟尾上，如图 3-7-20 所示。

图 3-7-19　卸下轮胎下边缘

图 3-7-20　轮胎安装

(4) 继续踩下旋转踏板，将轮胎下圈导入轮辋，如图 3-7-21 所示。

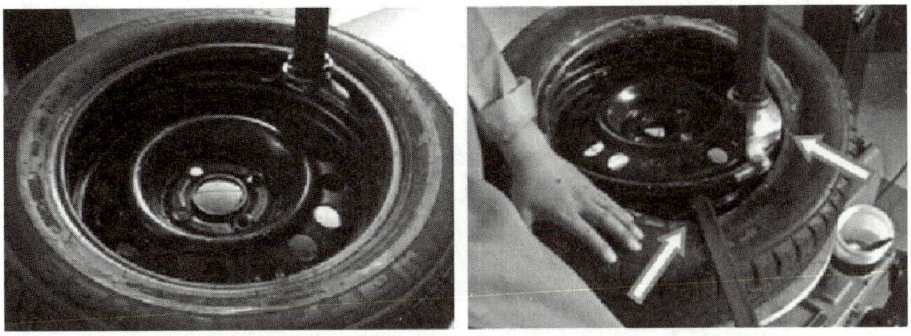

图 3-7-21　将轮胎下圈导入轮辋

（5）使用撬杆将导向杆鸟嘴头部前方的轮胎上边缘压入轮辋，同时将轮辋上边缘放于鸟尾上，用脚踩旋转踏板，使车轮顺时针旋转一圈，将轮胎上圈导入轮辋。

（6）移开导向杆，用胎压表将轮胎气压充至轮胎边缘与轮辋贴合，旋上气门芯。

（7）将轮胎胎压充至标准值，在轮胎与轮辋接合处的气门嘴上涂上肥皂水，检查是否漏气，如图 3-7-22 所示。

（8）如无漏气现象，旋上气门嘴防尘套，松开剥胎机夹钳，取下轮胎。

（9）关闭剥胎机电源、气源，将轮胎安装到车上。

（10）整理工具，清洁场地。

图 3-7-22　检查是否漏气

三、汽车轮胎的维护

（一）作业准备

（1）场地设施：理实一体化教室，有消防设施的场地。

（2）设备：举升设备、轮胎、实训整车、工作台、零件车及维修手册。

（3）工具：常用拆装工具、量具及专用工具等。

（4）防护用品：工作服、劳保鞋、车外三件套、车内三件套。

（二）操作步骤

1. 轮胎的检查

轮胎的检查主要是检查轮胎的磨损程度和轮胎气压，轮胎磨损程度的检查包括胎面花纹深度的检查和轮胎异常磨损的检查。

轮胎磨损过重、花纹过浅，是行车的不安全因素。过度磨损的轮胎，除容易爆破外，还会使汽车操纵稳定性变差。汽车在雨中高速行驶时，由于不能把水全部从胎下排出，轮胎将会出现水滑现象，致使汽车失控。花纹越浅，水滑的倾向越严重。轮胎（包括备胎）气压的检查对于行车安全也是非常重要的。轮胎气压不足，会导致轮胎过热，并因轮胎的接地面积不均匀，产生不均匀磨损或胎肩和胎侧快速磨损，缩短轮胎的使用寿命。

（1）胎面花纹深度的检查。根据《机动车运行安全技术条件》（GB 7258—2017）的规定，轿车轮胎胎冠上的花纹深度小于 1.6mm（磨损标志），货车转向轮胎胎冠上的花纹深度小于 3.2mm，其余轮胎胎冠花纹深度小于 1.6mm 时，应停止使用。轮胎花纹深度可用深度尺进行测量。轮胎花纹常见损伤和轮胎花纹深度的测量如图 3－7－23 所示。

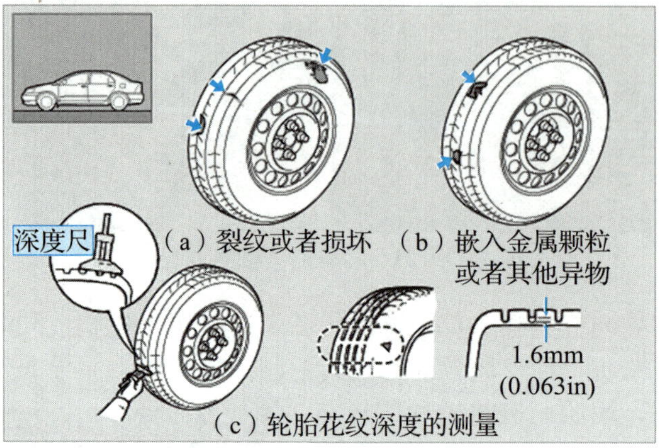

图 3－7－23　轮胎花纹常见损伤和轮胎花纹深度的测量

（2）轮胎异常磨损的检查。胎面磨耗标志位于胎面花纹沟底部，当胎面磨损到此处时，花纹沟断开，表明轮胎必须停止使用并送去翻新。为便于用户找到磨耗标志所在的位置，通常在磨耗标志对应的胎肩处标出“TWI”或者“△”等符号。轮胎异常磨损的检查，可以发现故障的早期征兆和原因，及时排除影响轮胎寿命的不良因素，防止早期磨损和损坏。

（3）轮胎气压的检查。轮胎气压可用气压表进行检查，如图 3－7－24 所示。不同的车辆，轮胎的气压值也许不同，检查时应参看相应车辆的维修手册。一般轿车前轮的胎压为 0.25MPa，后轮的胎压为 0.23MPa，即平时我们所说的前轮 2.5 个大气压，后轮 2.3 个大气压。

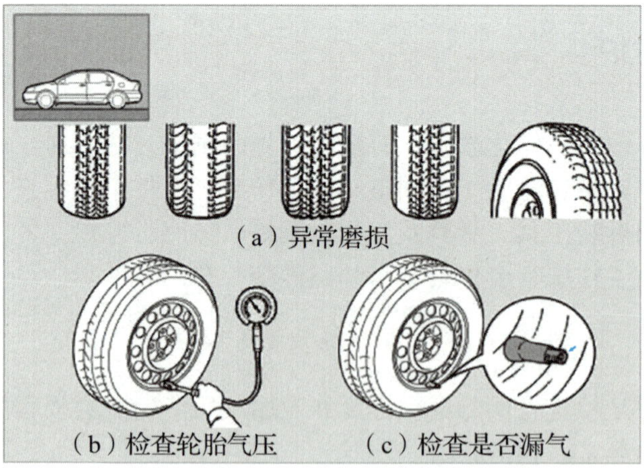

图 3－7－24　轮胎异常磨损及气压的检查

2. 轮胎换位

（1）按时换位可使轮胎磨损均匀，约可延长 20%的使用寿命，应结合车辆二级维护定期换位。在路面拱度较大的地区或夏季，轮胎磨损差别较大，可适当增加换位次数。

（2）轮胎换位方法常用的有循环换位法、交叉换位法和单边换位法。装用普通斜交轮胎的六轮二桥汽车，常用交叉换位法，如图 3－7－25 所示，并在换位的同时进行翻面。六轮二桥交叉换位的具体做法是：左右交叉，主胎（后内）换前胎，前胎换备胎（后外）、备胎换主胎。这样，通过三次换位每只轮胎就可轮到一次担负内挡（主力）胎。

四轮二桥汽车的斜交轮胎可采用交叉换位法和单边换位法，如图 3-7-26 所示。

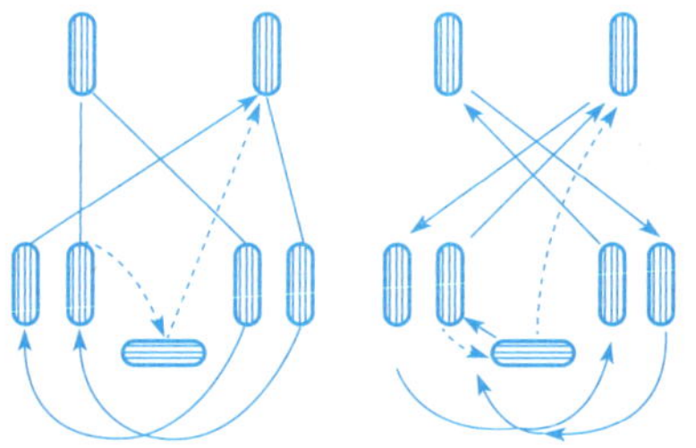

图 3-7-25 六轮二桥汽车轮胎换位

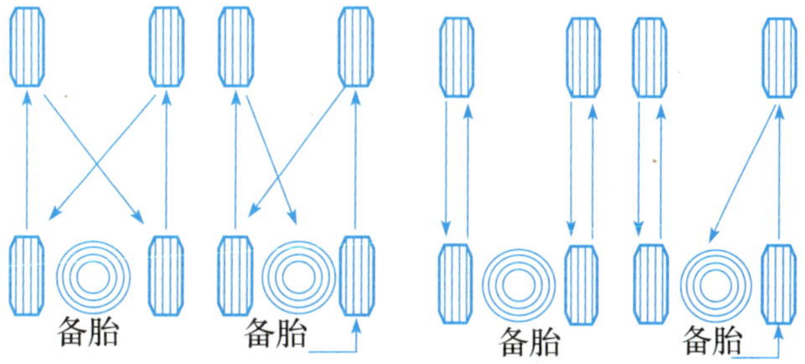

（a）交叉换位法 （b）单边换位法

图 3-7-26 四轮二桥汽车轮胎换位法

任务练习

一、判断题

1. 汽车的轮胎应选择同一品牌、同一类型、同一花纹的轮胎。（ ）
2. 轮胎气压越高越好。（ ）
3. 轮胎的检查主要是检查轮胎的磨损程度和轮胎气压。（ ）
4. 拆卸车轮时，用车轮挡块掩住各车轮。（ ）
5. 轮胎气压不足，会导致轮胎过热。（ ）
6. 车轮螺母紧固可以按照顺时针方向来进行。（ ）
7. 轮胎换位可以根据轮胎磨损情况来进行。（ ）

二、简答题

1. 简述车轮的拆装步骤。
2. 轮胎的检查项目有哪些？
3. 车轮换位的方法有哪些？

任务八 动力转向系统的拆装与维护

案例导入

刘先生驾驶大众迈腾轿车出行途中感觉转动方向盘时比平时费力，他当时也没有太在意，觉得不影响驾驶操作。后面发现情况越来越严重，转动方向盘还伴随有明显的“吡吡”声。他将车辆送往4S店进行检查，高级维修技术人员检查发现是转向助力油液过脏变质所致。经店里维修技术人员更换转向助力油液后故障排除。

知识探究

一、动力转向系统的功用和类型

（一）动力转向系统的功用

对于转向系统来说，最主要的要求是转向的灵敏性和操纵的轻便性。普通的机械转向系统很难兼顾汽车的转向灵敏性和操纵轻便性。为解决这一矛盾，越来越多的车辆采用了以发动机输出的部分动力为能源的动力转向系统。

动力转向系统是利用一定的动力助力方式，对转向器施加作用力，以减少驾驶员转动方向盘的操纵力、减轻驾驶疲劳的转向系统。

（二）动力转向系统的类型

常见动力转向系统按动力介质的不同分为液压式（见图 3－8－1）和电动式（见图 3－8－2）两类。

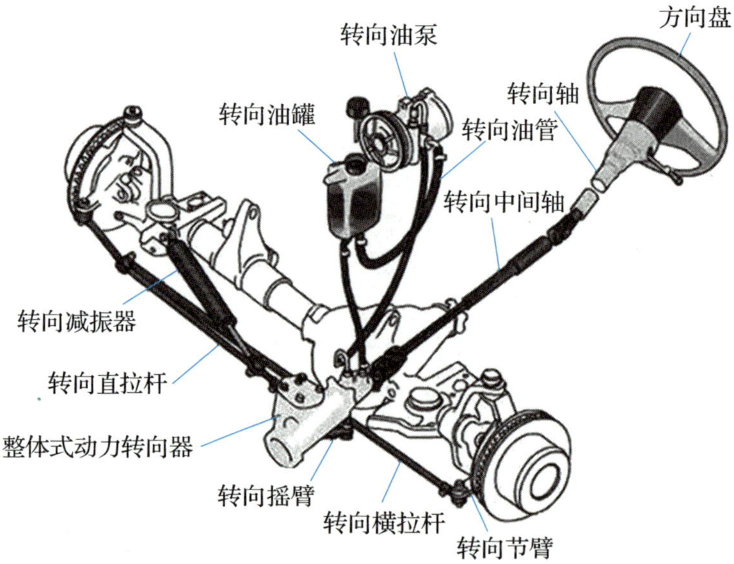

图 3－8－1　液压式动力转向系统

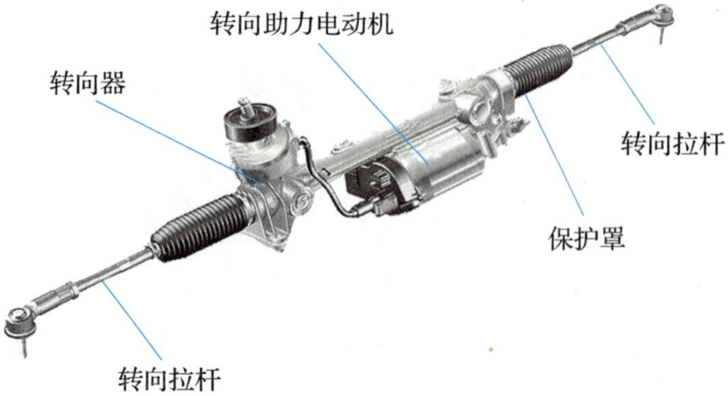

图 3－8－2　电动式动力转向系统

二、动力转向系统的结构

（一）液压式动力转向系统

液压式动力转向系统的组成和管路布置如图 3－8－3 所示。其中属于动力转向装置的部件是：转向油罐、转向油泵、集成转向控制阀和转向动力缸的整体式动力转向器。当驾驶员转动方向盘时，转向摇臂带动转向直拉杆前移。直拉杆的拉力作用于转向节臂，并依次传到梯形臂和转向横拉杆，使之转动。与此同时，转向直拉杆还带动转向控制阀中的滑阀，使转向动力缸接通。转向油泵的高压油进入转向动力缸，于是转向动力缸活塞上受到的液压作用力便经推杆施加在转向横拉杆上，使之移动。这样，驾驶员施于方向盘上很小的转向力矩，便可克服地面作用于转向轮上的转向阻力矩。

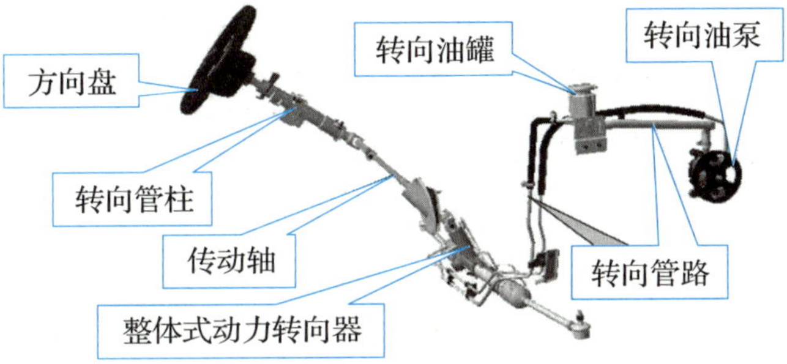

图 3－8－3　液压式动力转向系统的组成和管路布置

（二）电动式动力转向系统

如图 3－8－4 所示，该系统通常由转矩传感器、车速传感器、电动机（带电磁离合器）、减速机构、电子控制单元（ECU）等组成。

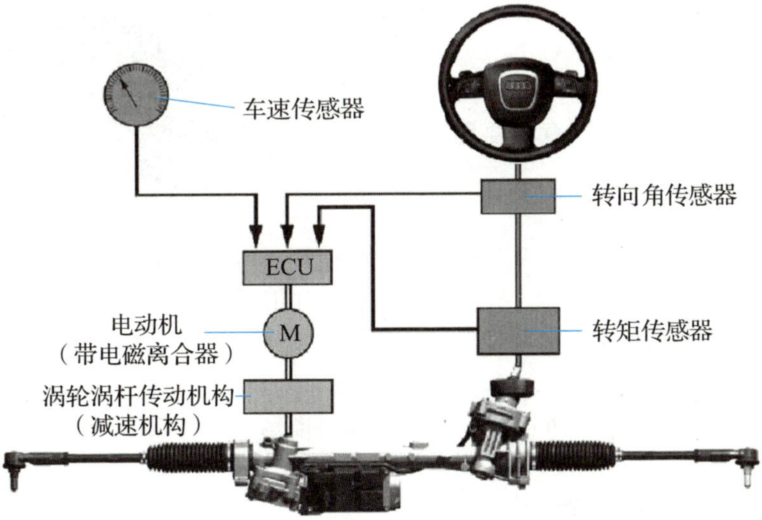

图 3－8－4　电动式动力转向系统的结构

当操纵方向盘时，装在转向轴上的转矩传感器不断测出转向轴上的转矩，并由此产生一个电压信号。该信号与车速信号同时输入电子控制单元，电子控制单元根据这些输入信号进行运算处理，确定助力转矩的大小和转向，即选定电动机的电流和转向，调整转向的助力。电动机的转矩由电磁离合器通过减速机构减速增矩后，加在汽车的转向机构上，使之得到一个与工况相适应的转向作用力。

任务实施

一、转向操纵机构的拆装

（一）作业准备

（1）场地设施：理实一体化教室，有消防设施的场地。

（2）设备：举升设备、实训整车、工作台、零件车及维修手册。

（3）工具：常用拆装工具、量具及专用工具等。

（4）防护用品：工作服、劳保鞋、车外三件套、车内三件套。

（5）耗材：干净抹布、泡沫清洗剂。

（二）操作步骤

1. 拆卸安全气囊

断开蓄电池负极，防止安全气囊突然打开造成伤亡事故。一般来说，安全气囊位于方向盘的中心位置，上面会有一个标有“AIR BAG”或者“SRS”的标识。找到后，用专用工具将其取出，如图 3-8-5 所示。

图 3-8-5　拆卸安全气囊

2. 拆卸方向盘防盗锁

有些车辆可能配备有方向盘防盗锁。如果有防盗锁，先将其拆卸。通常，防盗锁位于方向盘柱的侧面或者下方，可以用螺丝刀或者套筒扳手进行拆卸。

3. 拆卸气囊游丝线束

气囊游丝线束连接着安全气囊和方向盘，找到气囊游丝线束并小心将其拆卸。注意不要用力拉扯线束，以免损坏线束或造成接触不良。

4. 拆卸方向盘

在完成以上步骤后，可以开始拆卸方向盘。使用 10mm 套筒扳手将方向盘固定螺栓松开，然后取下方向盘，如图 3-8-6 所示。注意，在取下方向盘时可能会有一些困难，可以轻轻敲打或使用一些清洁剂进行润滑。

5. 清理和检查

将拆卸下来的零部件进行清理和检查。用抹布擦拭干净，检查是否有损坏或磨损的零件。如有需要，可以更换损坏的零部件。

6. 安装新方向盘或已维修好的方向盘

按照拆卸的相反顺序，将新方向盘或已维修好的方向盘安装到车辆上。注意，对准车辆的定位孔和螺栓，确保安装牢固。然后重新连接气囊游丝线束和安全气囊，最后用防盗锁锁住方向盘。

图 3-8-6　拆卸方向盘

二、转向传动机构的拆装

（一）作业准备

（1）场地设施：理实一体化教室，有消防设施的场地。

（2）设备：举升设备，实训整车、工作台、零件车及维修手册。

（3）工具：常用拆装工具、量具及专用工具等。

（4）防护用品：工作服、劳保鞋、车外三件套、车内三件套。

（5）耗材：干净抹布、泡沫清洗剂。

（二）操作步骤

（1）拆卸横拉杆端头。举升车辆，拆卸前轮，拆卸开口销和槽顶螺母，使用专用工具将横拉杆端头从转向节脱离，如图 3-8-7 所示；将开口扳手置于横拉杆端头开口宽度平面处，牢固地固定住横拉杆端头，然后松开锁止螺母。

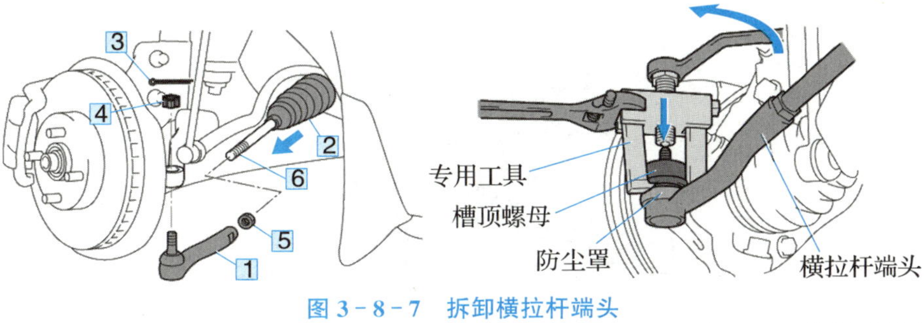

图 3-8-7　拆卸横拉杆端头

1—横拉杆端头；2—横拉杆衬套；3—开口销；4—槽顶螺母；5—横拉杆锁止螺母；6—横拉杆调整螺纹

（2）拆卸横拉杆端头和横拉杆上的锁止螺母，如图 3-8-8 所示。

（3）拆下悬架前减振器与横向稳定杆的连接螺栓。

（4）拆卸悬架横梁、中间梁与车身关联的螺栓，然后将悬架横梁、中间梁、下横臂、动力转向器和横向稳定杆作为整体拆卸，如图 3-8-9 所示。放低托架升降机构，拆下转向器总成，如图 3-8-10 所示。同时检查悬架横梁，确保其不妨碍车身。

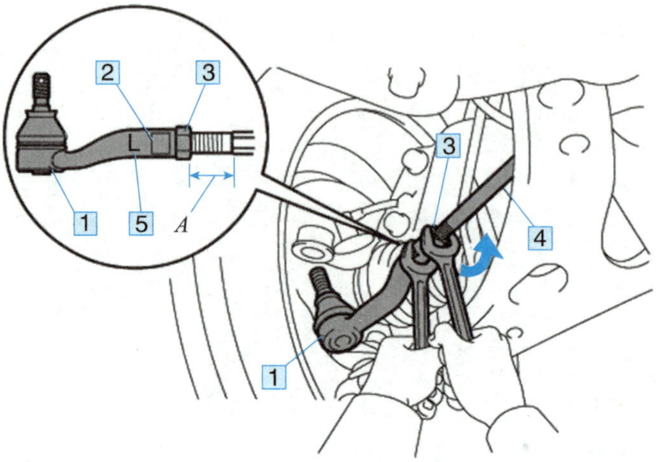

图 3-8-8　拆卸横拉杆端头和横拉杆上的锁止螺母

1—横拉杆球头；2—横拉杆端头；3—锁止螺母；4—横拉杆；5—安装位置标记；*A*—横拉杆长度调整范围（0～12mm）

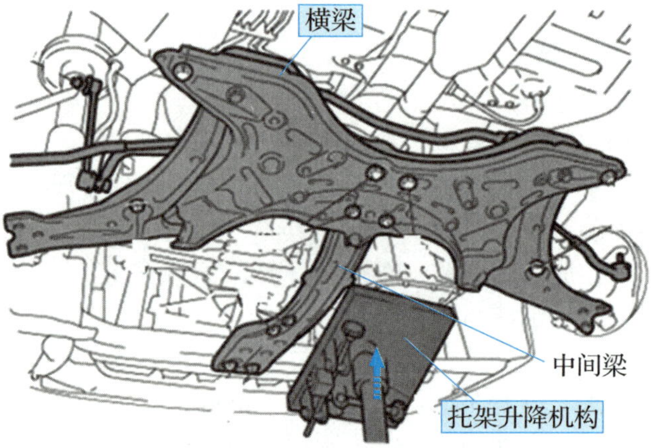

图 3-8-9　拆卸悬架横梁、中间梁与车身关联的螺栓

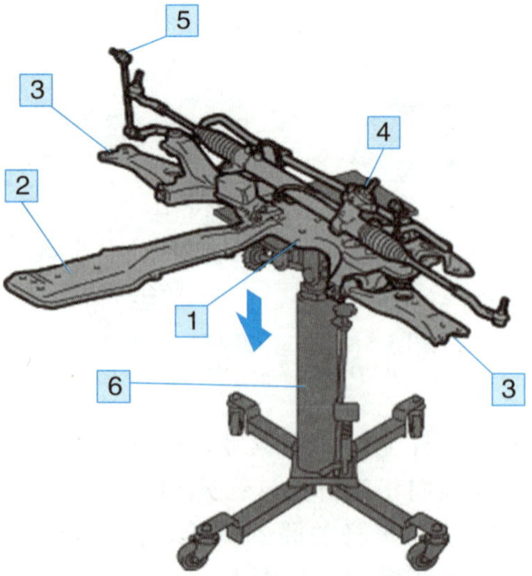

图 3-8-10　拆下转向器总成

1—横梁；2—中间梁；3—下摇臂；4—动力转向器；5—横向稳定杆；6—托架升降机构

三、转向系统的检查与维护

（一）作业准备

（1）场地设施：理实一体化教室，有消防设施的场地。

（2）设备：举升设备、实训整车、工作台、零件车及维修手册。

（3）工具：常用拆装工具、量具及专用工具等。

（4）防护用品：工作服、劳保鞋、车外三件套、车内三件套。

（5）耗材：干净抹布、泡沫清洗剂。

（二）操作步骤

1. 检查方向盘自由行程

（1）将转向轮摆正，在方向盘周边加 5N 的力。

（2）向左右方向轻轻转动方向盘，测量方向盘行程，如图 3－8－11 所示。标准自由行程为 0～30mm。

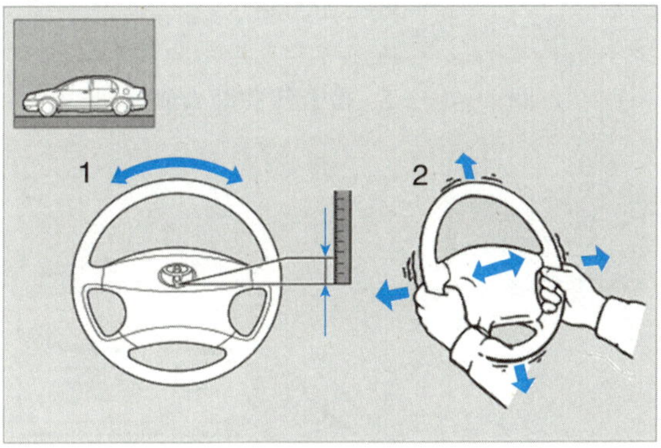

图 3－8－11　检查方向盘自由行程

（3）如果自由行程大于标准值，应检查转向轴的连接部位和横拉杆球头的间隙。

2. 检查转向助力油液

（1）将车辆停放在水平路面上。

（2）起动发动机，空挡状态下转动方向盘数次，使转向助力油液温度上升到 50～60℃。

（3）在发动机怠速状态下转动方向盘至左右极限位置数次。

（4）查看转向油罐的转向助力油液是否有泡沫或混浊。

（5）检查发动机起动后和停止后的转向油罐液面之差应在 5mm 之内，如图 3－8－12 所示。如果液面之差超过 5mm 应进行排气；熄火后如液面迅速上升说明排气不彻底；如果系统内有空气，转向油泵和控制阀会发出噪声，这将降低转向油泵性能，对于不透明转向液罐可以拔出油尺进行检查。

（6）转向助力油液应没有明显的泡沫，油液中基本不含杂质，油液颜色如果变黑应及时更换。

3. 检查转向油泵皮带

检查转向油泵皮带，应无老化、开裂等现象，并按压皮带，如图 3－8－13 所示，压下深度应不大于 1cm，或转动皮带不得大于 90°。

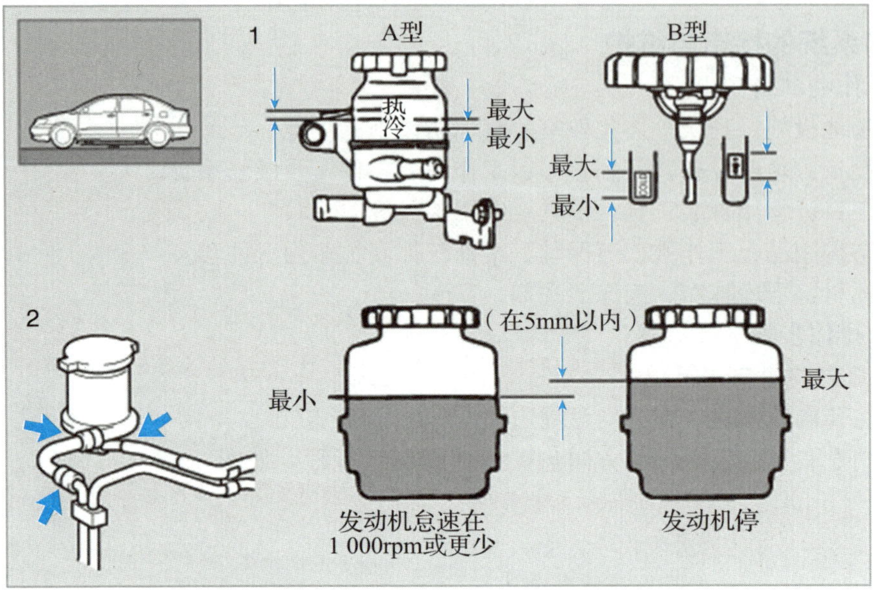

图 3-8-12 检查转向助力油液

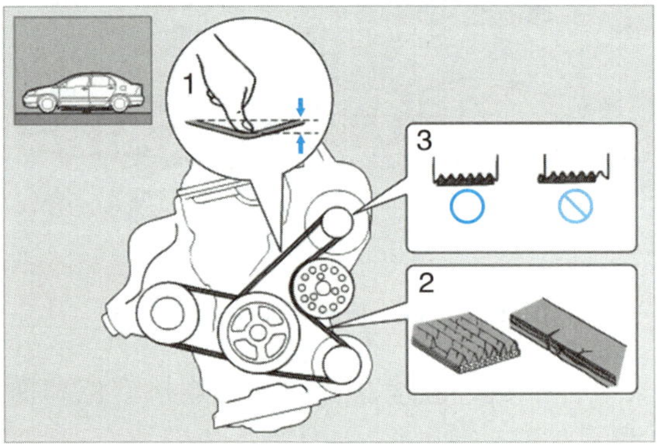

图 3-8-13 检查转向油泵皮带

4. 检查液压式动力转向系统

检查各管路连接处，转向油泵、转向液压缸、转向油罐等处有无泄漏，如图 3-8-14 所示。

5. 检查动力转向系统机械部件

(1) 紧固转向横拉杆球头。使用专用工具拆下转向横拉杆和转向节。将球头销转动几次后拧上螺母，用扭力扳手检查预紧力。如超过规定值应更换横拉杆球头。

(2) 检查螺栓及螺母是否已拧紧，必要时重新拧紧。如有损伤部件，应维修或更换。

(3) 检查转向拉杆是否松动和损坏。如有损伤部件，应维修或更换，如图 3-8-15 所示。

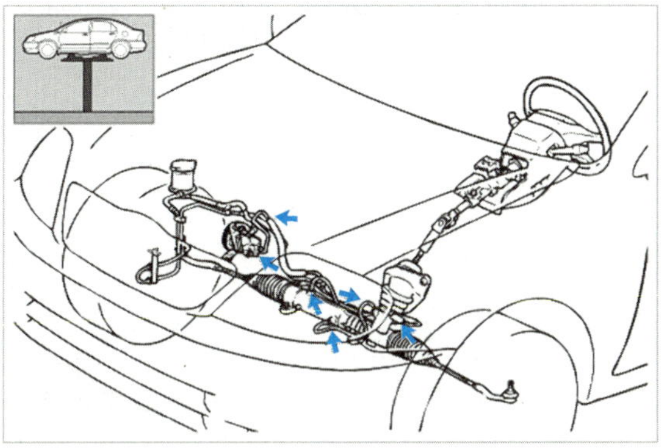

图 3-8-14　检查液压式动力转向系统

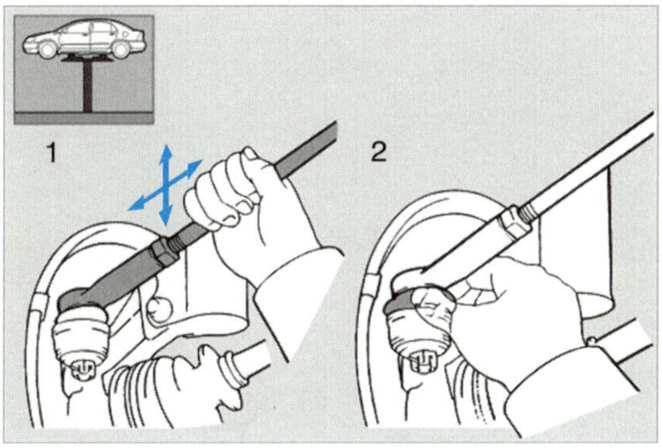

图 3-8-15　检查转向拉杆

（4）检查转向拉杆保护罩和转向齿轮箱罩是否有损坏（泄漏、脱开、撕裂等），如图 3-8-16 所示，如发现有损坏，应该更换新罩。

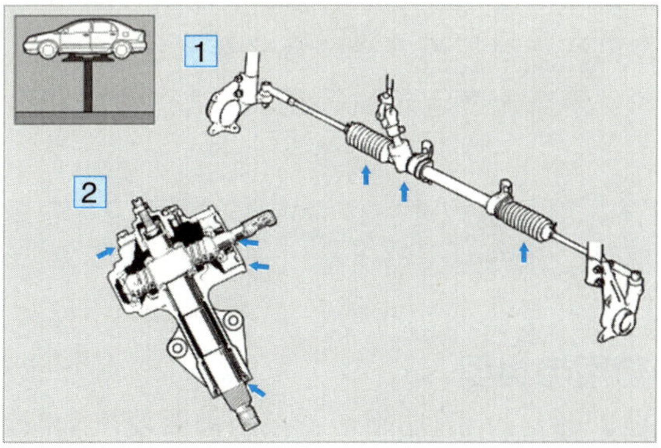

图 3-8-16　检查转向拉杆保护罩和转向齿轮箱罩

（5）检查转向轴、万向节是否有“咔嗒”声和损坏，如有，应更换新部件。

（6）检查方向盘是否能左右转向自如，能否自动回位。如转动不良，应维修或更换。

任务练习

一、判断题

1. 动力转向系统可以兼顾转向的灵敏性和操纵的轻便性。（　　）
2. 拆卸方向盘前要断开蓄电池负极，防止安全气囊突然打开造成伤亡事故。（　　）
3. 方向盘自由行程检查可以不起动发动机。（　　）
4. 动力转向油罐液面高度之差应在 5mm 以内。（　　）
5. 检查转向油泵皮带，应无老化、开裂等现象，并按压皮带，压下深度应不大于 10cm，或转动皮带不得大于 90°。（　　）
6. 转向横拉杆开口销和槽顶螺母拆卸后可以继续使用。（　　）

二、简答题

1. 电动式动力转向系统的结构有哪些？
2. 如何拆装方向盘？
3. 如何检查方向盘自由行程？
4. 转向系统机械部件的检查项目有哪些？

任务九　制动系统的拆装与维护

案例导入

李先生驾驶东风雪铁龙轿车出行途中发现车辆刹车有“啃啃”的异响声，出入地下停车场时声音非常刺耳，像尖锐物划铁的声音。后他将车辆送往 4S 店进行检查，经高级维修技术人员检查发现是制动摩擦片磨损异常所致。店里维修技术人员更换制动摩擦片后故障排除。

知识探究

一、汽车制动系统的功用与类型

汽车制动系统（见图 3－9－1）的功用是：按照需要使汽车减速或在最短距离内停车；下坡行驶时保持车速稳定；使停驶的汽车可靠驻停。

按制动系统的作用分类，制动系统可以分为行车制动系统、驻车制动系统、应急制动系统及辅助制动系统等。

按制动操纵的动力源分类，制动系统可分为人力制动系统、动力制动系统和伺服制动系统等。

按制动能量的传输方式分类，制动系统可分为机械式、液压式、气压式、电磁式等。

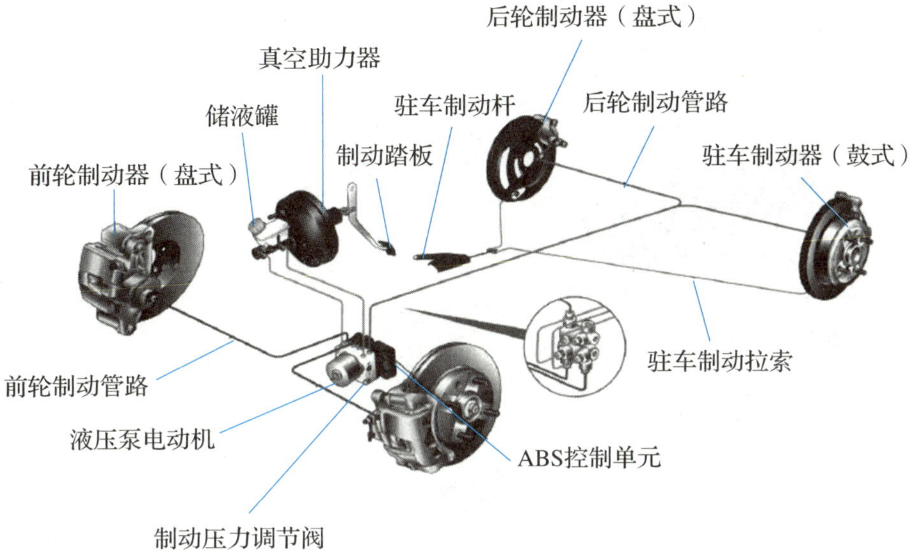

图 3-9-1　汽车制动系统

同时采用两种以上传能方式的制动系统称为组合式制动系统。

二、汽车制动系统的结构

汽车上设置有彼此独立的制动系统，它们起作用的时刻不同，但它们的组成却是相似的。它们一般有以下 4 个组成部分：

（1）供能装置：包括供给、调节制动所需能量以及改善传能介质状态的各种部件，如气压制动系统中的空气压缩机等。

（2）控制装置：包括产生制动动作和控制制动效果的各种部件，如制动踏板等。

（3）传动装置：将驾驶员或其他动力源的作用力传到制动器，同时控制制动器的工作，从而获得所需的制动力矩。包括将制动能量传输到制动器的各个部件，如制动主缸、制动轮缸等。

（4）制动器：产生阻碍车辆运动或运动趋势的力的部件。

现在轿车和轻型货车广泛采用液压制动系统。液压制动系统主要由制动踏板、真空助力器、制动主缸（也称为制动总泵）、制动液（也称为刹车油）、制动管路、ABS 泵总成、制动轮缸（也称为制动分泵）和车轮制动器等组成。

图 3-9-2　制动主缸

（一）制动主缸

制动主缸（如图 3-9-2 所示）处于制动踏板与管路之间，其功用是将制动踏板输入的机械力转换成液压力。

常见的串联式双腔制动主缸主要由储液罐、前活塞、后活塞及弹簧、推杆、皮碗等组成，如图 3-9-3 所示。

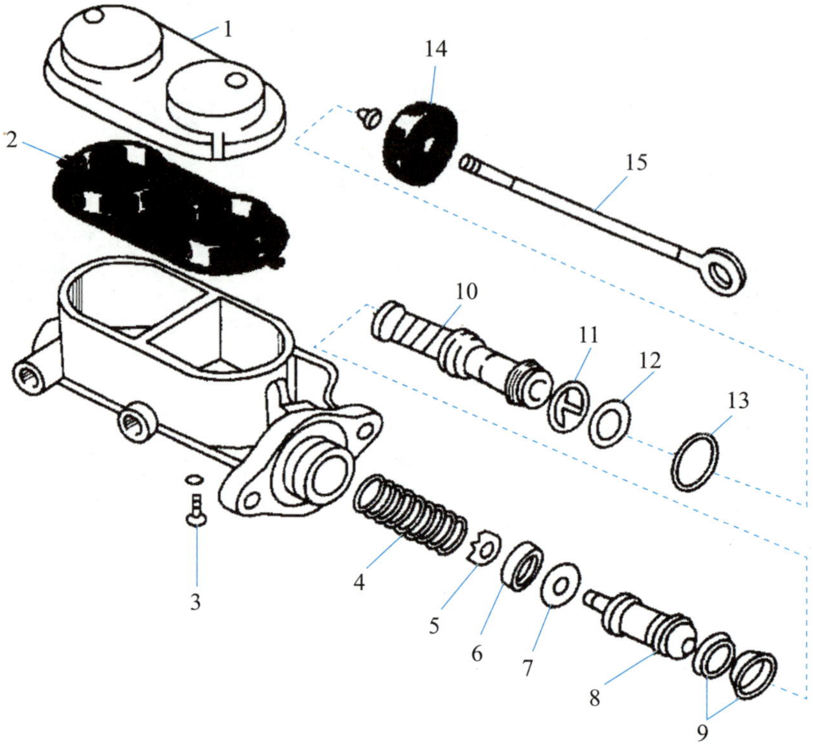

图 3 - 9 - 3　串联式双腔制动主缸

1—储液罐盖；2—膜片；3—限位螺钉；4—弹簧；5—皮碗护圈；6—前皮碗；7、12—垫圈；8—前活塞；9—后皮碗；10—后活塞；11—推杆座；13—锁圈；14—防尘套；15—推杆

（二）制动轮缸

制动轮缸的作用是把油液压力转变为轮缸活塞的推力。双活塞制动轮缸主要由缸体、活塞、皮碗、回位弹簧总成和放气螺钉等组成，如图 3 - 9 - 4 所示。

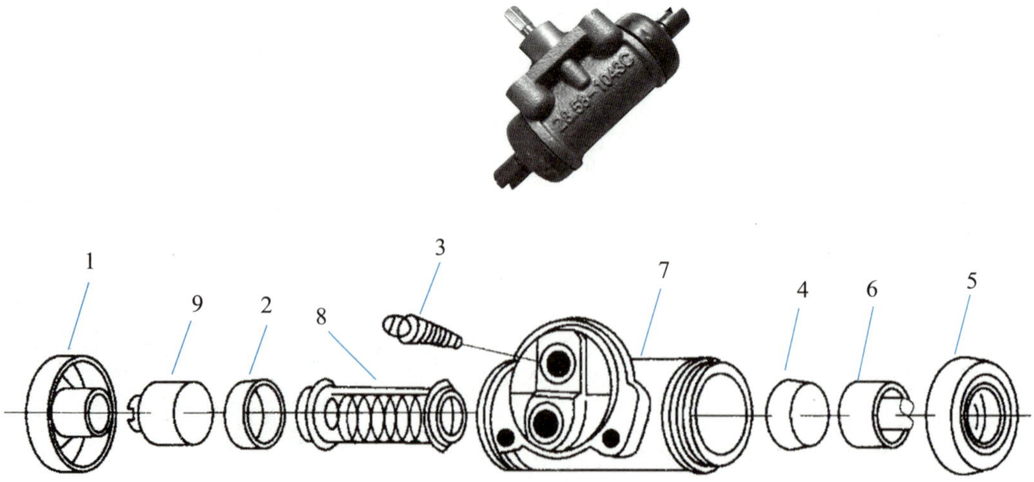

图 3 - 9 - 4　双活塞制动轮缸

1、5—防尘罩；2、4—皮碗；3—放气螺钉；6、9—活塞；7—缸体；8—回位弹簧总成

（三）真空助力器

真空助力器（见图 3－9－5）装在制动主缸前，利用发动机进气管产生真空对驾驶员施加的踏板力增压。

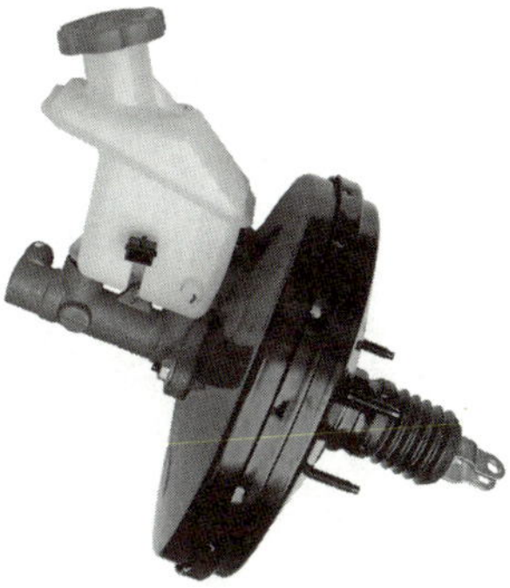

图 3－9－5　真空助力器

（四）ABS 泵总成

ABS 泵也叫制动压力调节装置，安装于制动主缸和制动轮缸之间，在电子控制单元的控制下，通过对其内部电磁阀的控制，实现各车轮制动压力的调节。ABS 泵总成如图 3－9－6 所示，一般包括 ECU、电磁阀、压力调节器和电动机等。

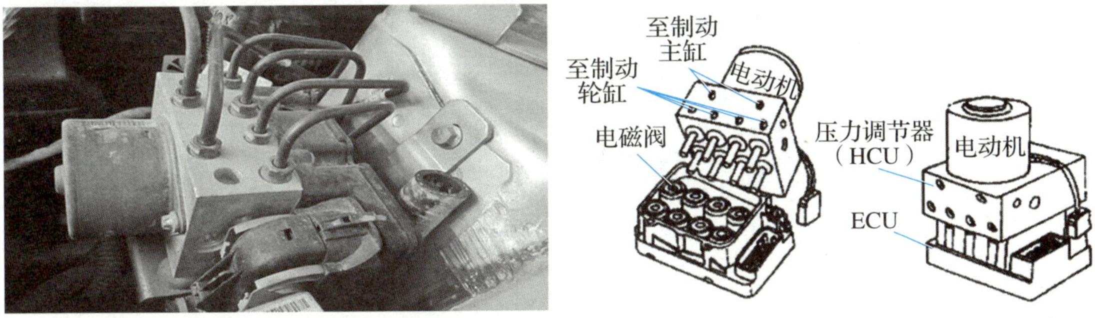

图 3－9－6　ABS 泵总成

（五）车轮制动器

目前各类汽车所用的制动器可分为盘式和鼓式两大类。

盘式制动器主要由制动盘、制动卡钳、摩擦片等部分组成，如图 3－9－7 所示。盘式制动器的制动盘分为实心制动盘和内通风式制动盘。实心制动盘用于需要较小制动力的小型汽车；内通风式制动盘用于高档汽车，在制动盘转动时，内部的气道产生一种风扇效果，相比实心制动盘散热更快一些。

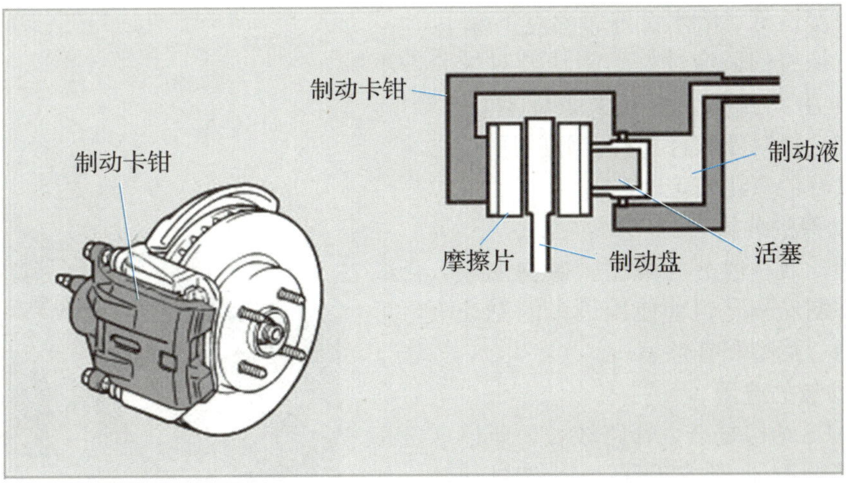

图 3－9－7　盘式制动器

典型的鼓式制动器主要由底板、制动鼓、制动蹄、制动轮缸、活塞、活塞皮碗等零部件组成，如图 3－9－8 所示。底板安装在车轴的固定位置上，它是固定不动的，上面装有制动蹄、制动轮缸、回位弹簧、定位销，承受制动时的旋转扭力。

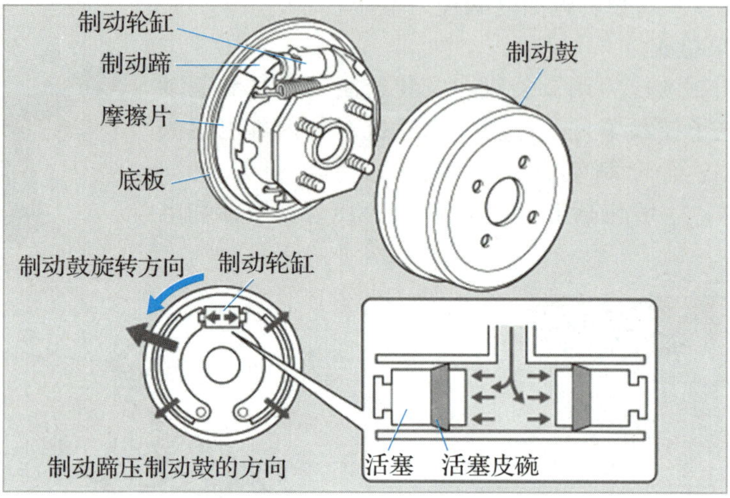

图 3－9－8　鼓式制动器

（六）制动液

1. 制动液的要求

（1）应有较高的沸点。现代汽车在行驶中的制动比较频繁，制动鼓（盘）的温度不断升高，如使用沸点较低的制动液，常会在管路中产生气阻而导致制动失灵，因此制动液的蒸发性要低，不易在高温下汽化。

（2）适宜的高温黏度和良好的低温流动性。制动液在各种条件下都能及时传递压力，并同时使传动机构中的运动件得到一定的润滑。

（3）具有抗氧化、抗腐蚀和防锈的性能。制动液长期与金属相接触应不会因氧化而产生胶状物和腐蚀性物质，或因锈蚀而变色，甚至形成坑点。

（4）吸湿性低、溶水性好、沸点下降小。

（5）对橡胶的适应性好。制动液对橡胶件不应有溶胀作用，否则会使其失去应有的密封作用，因此制动液对橡胶件要有良好的适应性。

（6）良好的氧化安定性。

2. 制动液的分类

汽车制动液一般分为醇型、矿物油型、合成型。合成型制动液是目前使用最多的制动液，可分为醇醚型、酯型和硅油型。

3. 制动液的选用

因为 ABS 结构复杂，管路较长，所以应选用 DOT3 醇醚型制动液或 DOT4 酯型制动液，如图 3－9－9 所示。注意，不要使用 DOT5 硅油型制动液。

图 3－9－9　制动液

(1) 选用制动液时，首先看说明书或标签上的说明，确认是什么类型、有无质量标准和质量指标。若没有标注这些内容则不能使用，只标有类型的应慎用。

(2) 醇型制动液的工作温度范围相对较窄，对温度变化适应性差，换油周期短，高速、大功率、重负荷和制动频繁的汽车不能用，其他汽车选用时应注意地区和季节。有的合成型制动液温度范围在−60～60℃，低温下黏度比较小，非常适合严寒地区冬季使用。

(3) 如果汽车制动系统的橡胶零件是耐油的，应优先选用矿物油型，它不受地区、季节和车型的限制，润滑性好，无腐蚀作用，换油周期长；但制动系统橡胶零件若是不耐油的，则不能使用。

(4) 合成型制动液型号很多，颜色各异，选用时必须注意其质量指标中的温度范围，常温和低温下的黏度、透明度，有无沉淀和异味。

(5) 不同类型的制动液由于成分不同，混合后可能发生反应，分层或沉淀，堵塞制动系统，以致失去作用，因此通常不允许混用。

(6) 制动液都是由有机溶剂制成的，它易挥发、易燃，灌装和保存时应远离火源，防止日晒雨淋，用后把盛装容器盖紧，防止吸水变质。

任务实施

一、制动主缸的拆装

(一) 作业准备

(1) 场地设施：理实一体化教室，有消防设施的场地。

(2) 设备：举升设备、实训整车、制动主缸、工作台、零件车及维修手册。

(3) 工具：常用拆装工具、量具及专用工具等。

(4) 防护用品：工作服、劳保鞋、车外三件套、车内三件套。

(5) 耗材：干净抹布、泡沫清洗剂。

(二) 操作步骤

1. 排干制动液

在制动轮缸下铺开一块布以防止制动液溢出。用注油器从制动主缸储液罐内排干制动液，如图 3－9－10 所示。

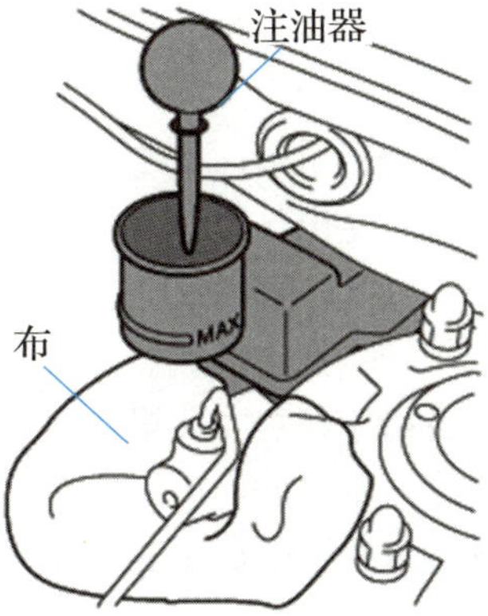

图 3－9－10　排干制动液

2. 将制动主缸从汽车上拆卸

用管接头螺母扳手将制动管路松开，拆卸制动主缸和垫圈，如图 3－9－11 所示。

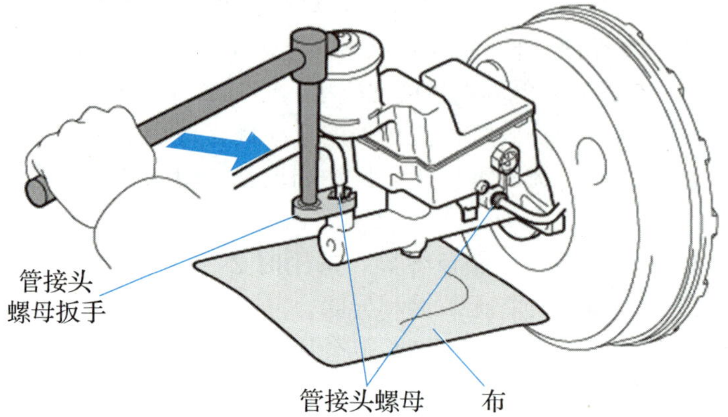

图 3－9－11　拆卸制动主缸

3. 分解制动主缸

用台虎钳夹住铝板之间真空助力器的安装位置，推进活塞并拆下止动螺栓和卡环，如图 3－9－12 所示。

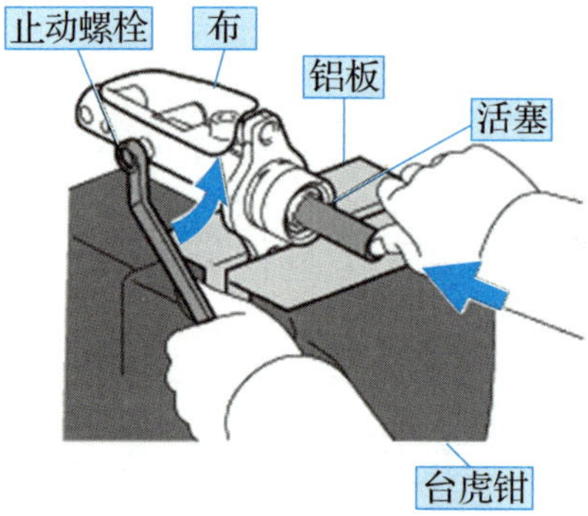

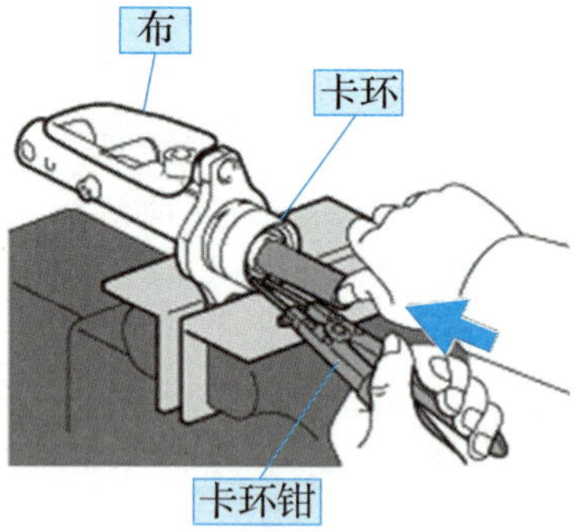

图 3－9－12　分解制动主缸

先直接将活塞 1 从制动主缸中拉出，用手掌或包裹着数层布的木块抵着制动主缸，然后小心敲击制动主缸直至活塞 2 端头突出。当活塞端头突出时，将活塞 2 直接拉出，如图 3－9－13 所示。

4. 装配制动主缸

（1）将两个塞尺（0.7mm）倚在制动主缸凸缘上，将真空助力器推杆量具倚在制动主缸上。

（2）推进真空助力器推杆量具的中心杆直至其轻轻触碰活塞，然后将中心杆固定住，不使其移动。

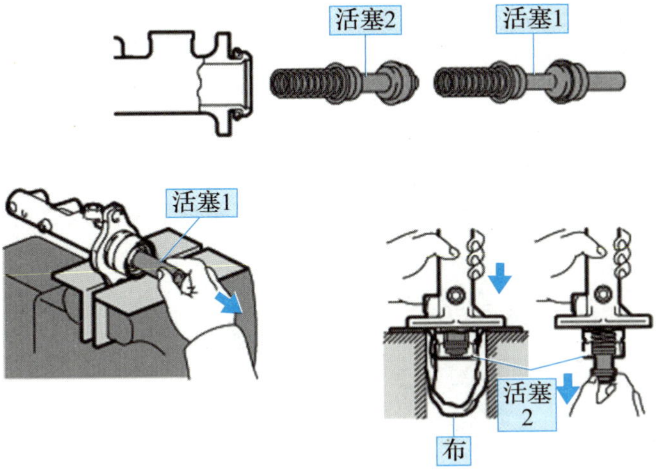

图 3-9-13　拉出活塞

（3）将真空助力器推杆量具用粉笔涂白。

（4）当把中心杆固定在位置上后，翻转真空助力器推杆量具并抵在真空助力器。

（5）检查并确认粉笔附着在真空助力器推杆末端，且在真空助力器和真空助力器推杆量具之间没有间距，如图 3-9-14 所示。

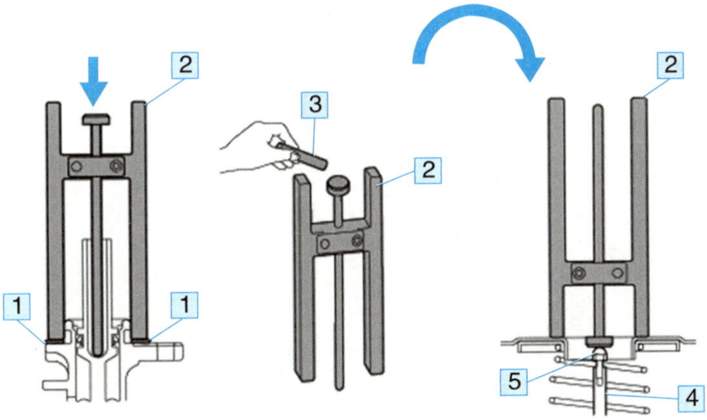

图 3-9-14　检查推杆和制动主缸活塞之间的距离

1—塞尺；2—真空助力器推杆量具；3—粉笔；4—真空助力器推杆；5—调节螺母

（6）间距的调节必须使用调节螺母。

二、车轮制动器的拆装

（一）作业准备

（1）场地设施：理实一体化教室，有消防设施的场地。

（2）设备：举升设备、实训整车、工作台、零件车及维修手册。

（3）工具：常用拆装工具、量具及专用工具等。

（4）防护用品：工作服、劳保鞋、车外三件套、车内三件套。

（5）耗材：干净抹布、泡沫清洗剂。

（二）操作步骤

1. 拆装盘式制动器

（1）举升车辆。

（2）拆下轮胎。

（3）拆下制动卡钳（见图 3－9－15）。用一个开口扳钳，夹住制动缸滑动衬套，拆下螺栓；拆下盘式制动卡钳，用一根金属线将其吊在弹簧或者悬架臂上。

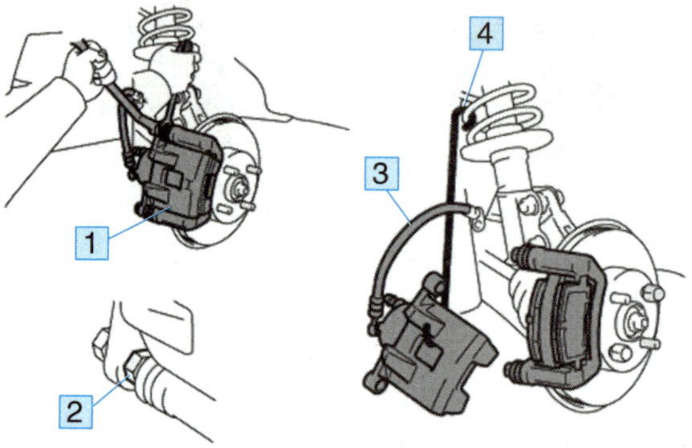

图 3－9－15　拆卸制动卡钳

1—制动卡钳；2—制动缸滑动衬套；3—柔性软管；4—金属线

注意事项

不要拉伸或弯曲柔性软管。

（4）拆下制动器摩擦片。从制动卡钳支架中拆下制动器摩擦片、消音垫片、衬块支承片，如图 3－9－16 所示。

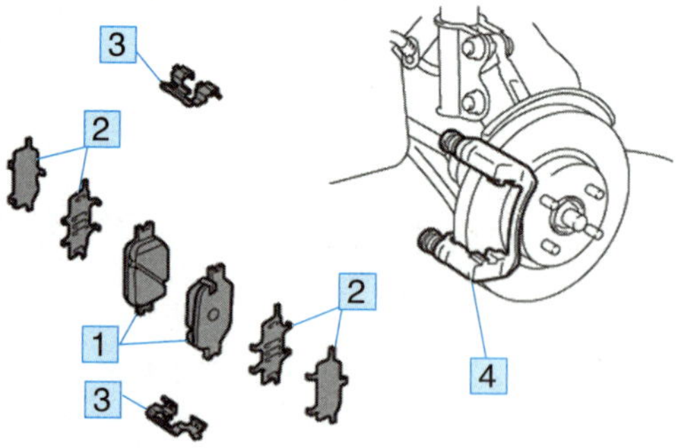

图 3－9－16　分解制动器摩擦片

1—制动器摩擦片；2—消音垫片；3—衬块支承片；4—制动卡钳支架

（5）安装盘式制动器。装配和拆卸顺序相反。

2. 拆装鼓式制动器

（1）松开驻车制动器。

（2）举升车辆。

（3）拆下轮胎。

（4）在制动鼓和后轮毂轴的凸缘上做上装合标记，然后拆下制动鼓；用制动清洁剂清洁整个制动鼓，如图 3－9－17 所示。

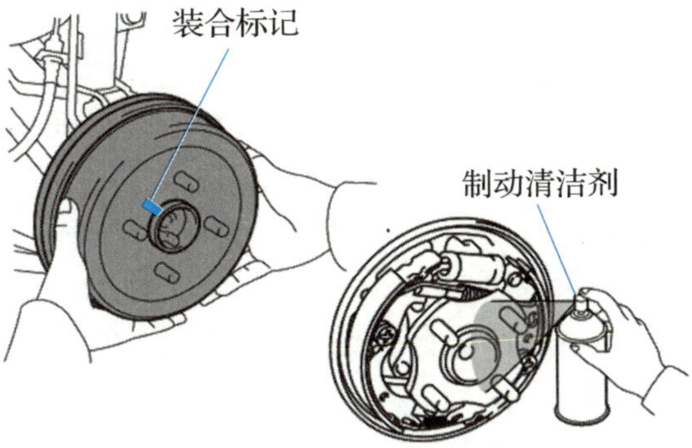

图 3-9-17　拆卸制动鼓

(5) 分解制动蹄，如图 3-9-18 所示。

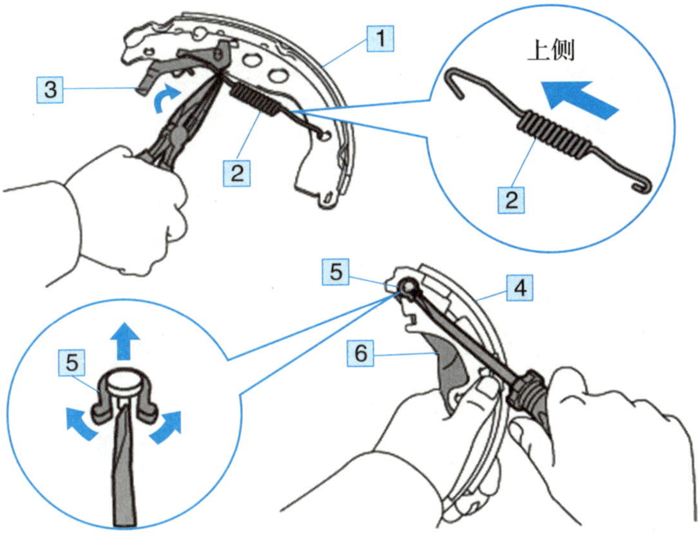

图 3-9-18　分解制动蹄

1—前制动蹄；2—调节杆扭矩弹簧；3—自动调节杆；4—后制动蹄；5—C 形垫片；6—驻车制动杆

(6) 安装制动蹄。

(7) 按照装合标记安装制动鼓。

三、制动系统的检查与维护

(一) 作业准备

(1) 场地设施：理实一体化教室，有消防设施的场地。

(2) 设备：举升设备、实训整车、工作台、零件车及维修手册。

(3) 工具：常用拆装工具、量具及其他专用工具等。

(4) 防护用品：工作服、劳保鞋、车外三件套、车内三件套。

(5) 耗材：干净抹布、泡沫清洗剂。

(二) 操作步骤

1. 检查制动踏板工作状况

检查制动踏板有无下述故障：反应灵敏度下降；制动踏板不能完全踩下；有异常噪

声；过度松动。

2. 检查制动踏板高度

使用直尺测量制动踏板高度，如图 3－9－19 所示。如果超出规定范围，调整制动踏板高度。

3. 测量制动踏板自由行程

发动机停止后，踩压制动踏板至少 40 次，以解除制动助力。然后使用手指轻轻按压制动踏板，并且使用直尺测量制动踏板自由行程，如图 3－9－20 所示。

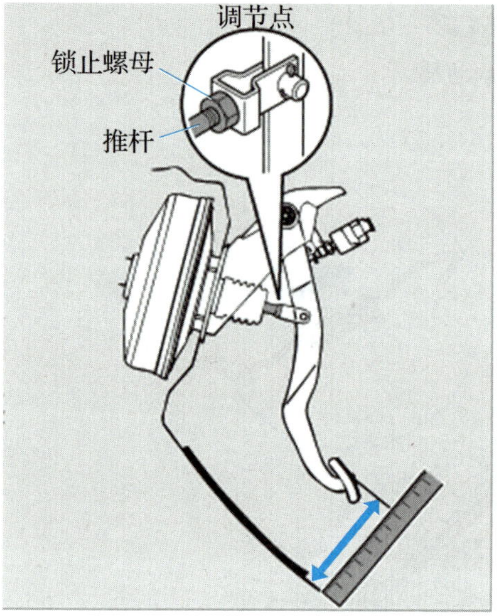

图 3－9－19　测量制动踏板高度

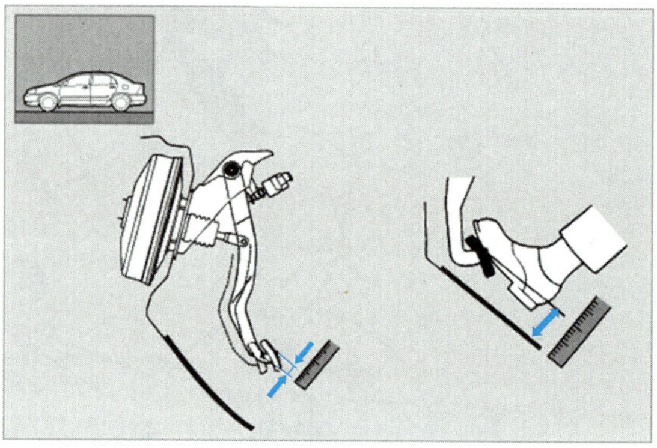

图 3－9－20　测量制动踏板自由行程

4. 检查真空助力器

起动发动机，踩下制动踏板并检查真空助力器是否正常工作，如图 3－9－21 所示。

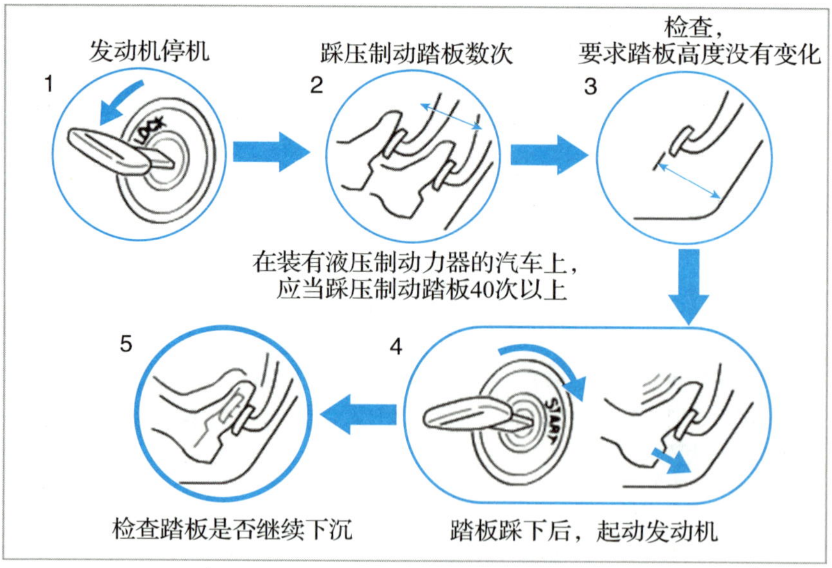

图 3－9－21　检查真空助力器

5. 检查制动管路

（1）举升车辆，检查制动液是否有渗漏情况，如图 3-9-22 所示。

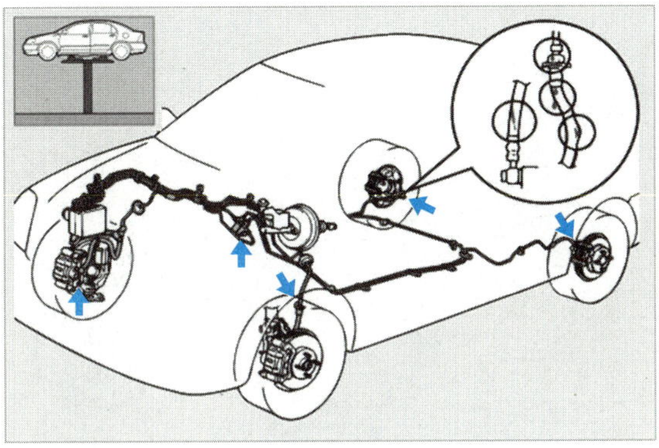

图 3-9-22 检查制动液是否有渗漏情况

（2）检查制动管路连接部分是否有液体渗漏。

（3）检查制动管路是否有凹痕或者其他损坏。

（4）检查制动管路软管是否扭曲、磨损、开裂、隆起等。

（5）检查制动卡钳中是否有液体渗漏。

6. 更换盘式制动器摩擦片

更换磨损的制动器摩擦片，如图 3-9-23 所示，消音垫片和磨损指示板必须连同制动器摩擦片一起更换。

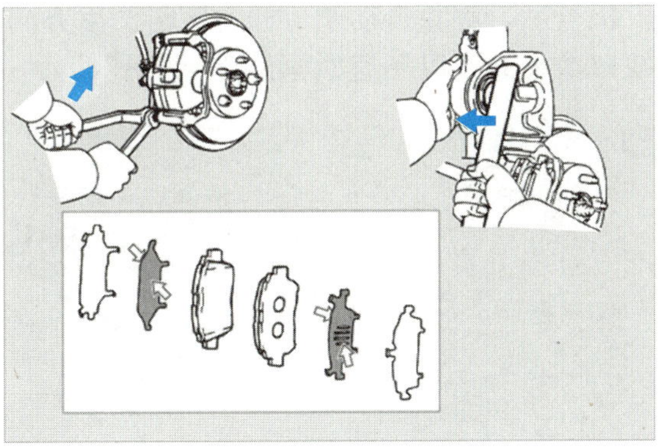

图 3-9-23 更换盘式制动器摩擦片

（1）在消音垫片上涂润滑脂并在制动器摩擦片上安装消音垫片。

（2）安装两个带消音垫片的制动器摩擦片。

注意事项

确保制动器摩擦片和制动盘的摩擦表面没有机油或者润滑脂。

（3）为了防止制动液从储液罐中溢出，加注少量的制动液。

（4）使用锤柄或者类似的工具，将活塞推入。

（5）安装制动卡钳。

（6）踩下制动踏板数次，并且检查制动液液位是否处于“MAX”刻度。

7. 检查鼓式制动器

（1）检查制动蹄在其上面滑动的背板区域的磨损情况，如图 3－9－24 所示。

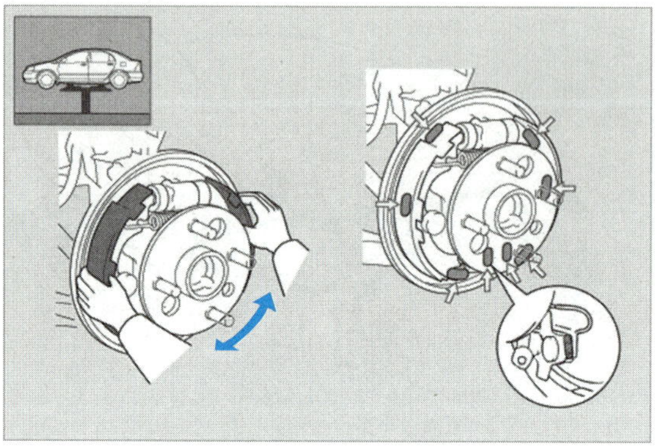

图 3－9－24　检查制动蹄

⚠ 注意事项

检查期间，在背板和制动蹄之间的接触面上涂高温润滑脂。

（2）拆卸回位弹簧、制动蹄压紧弹簧，然后拆卸制动蹄，如图 3－9－25 所示。

（3）从制动蹄上分离调节杆扭矩弹簧、自动调节杆和驻车制动杆。

（4）检查制动垫片是否有裂纹、蜕皮和损坏。

（5）检查车轮制动轮缸中是否有液体渗漏。

（6）检查自动调节杆操作。通过用手向前移动驻车制动杆将驻车制动杆分开，检查自动调节杆的转动和回弹。检查后，解除自动调节杆的锁定。反方向转动自动调节杆，调整的缺口数与向前移动的缺口数相同，以便返回原位置，如图 3－9－26 所示。

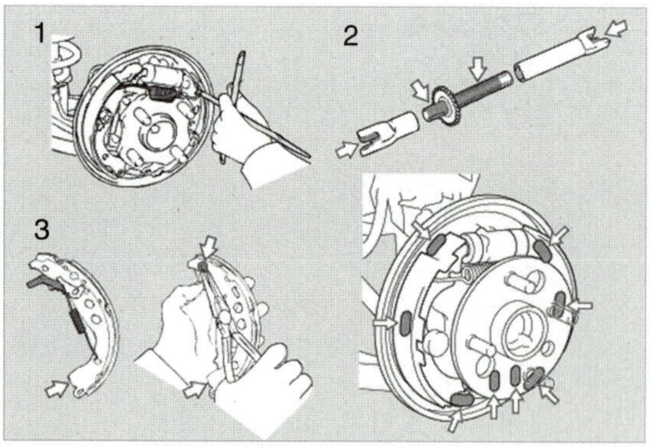

图 3－9－25　拆卸制动蹄

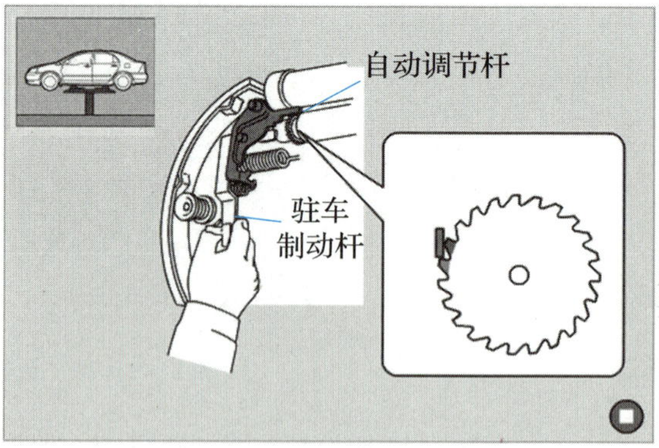

图 3－9－26　检查自动调节杆操作

8. 更换制动液

（1）从制动主缸的储液罐中排放制动液。

（2）安装制动液更换工具，如图 3－9－27 所示。

（3）使用制动液更换工具，按照左前→左后→右后→右前的顺序更换制动液，如图 3－9－28 所示。

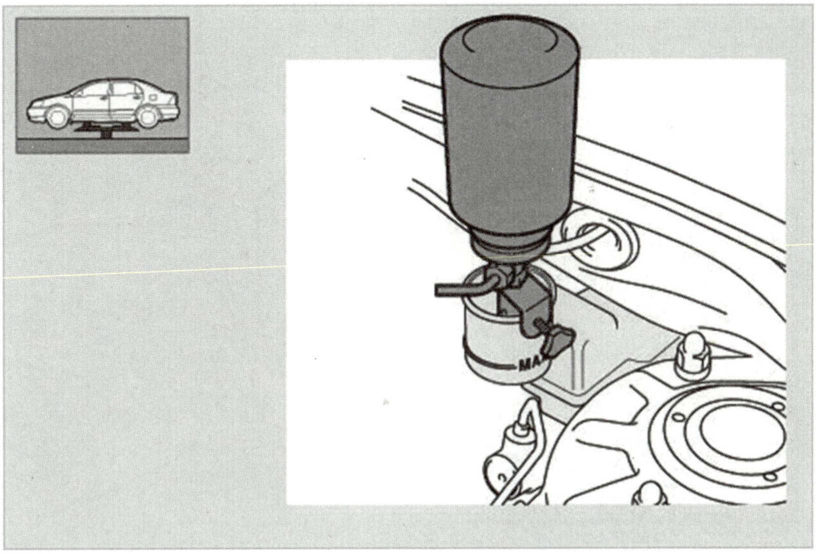

图 3-9-27　安装制动液更换工具

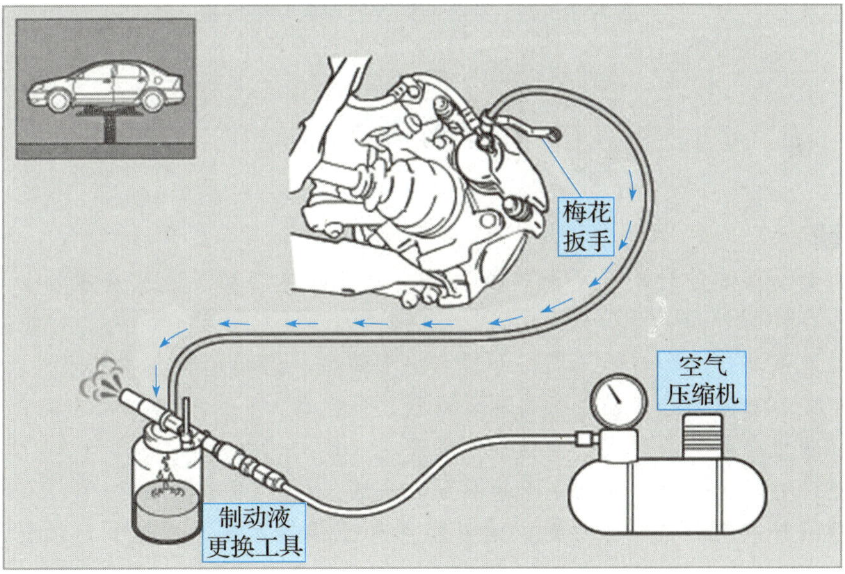

图 3-9-28　更换制动液

注意事项

详情请参考维修手册，因为某些类型的制动器，比如带有真空助力器或者 ABS 的类型，可能要求特殊的操作。

9. 检查与调整驻车制动杆行程

检查并确保驻车制动杆拉动时，驻车制动杆行程在预定的槽数内（拉动时可以听到“咔嗒”声）。如果不符合标准，调整驻车制动杆的行程，如图 3-9-29 所示。

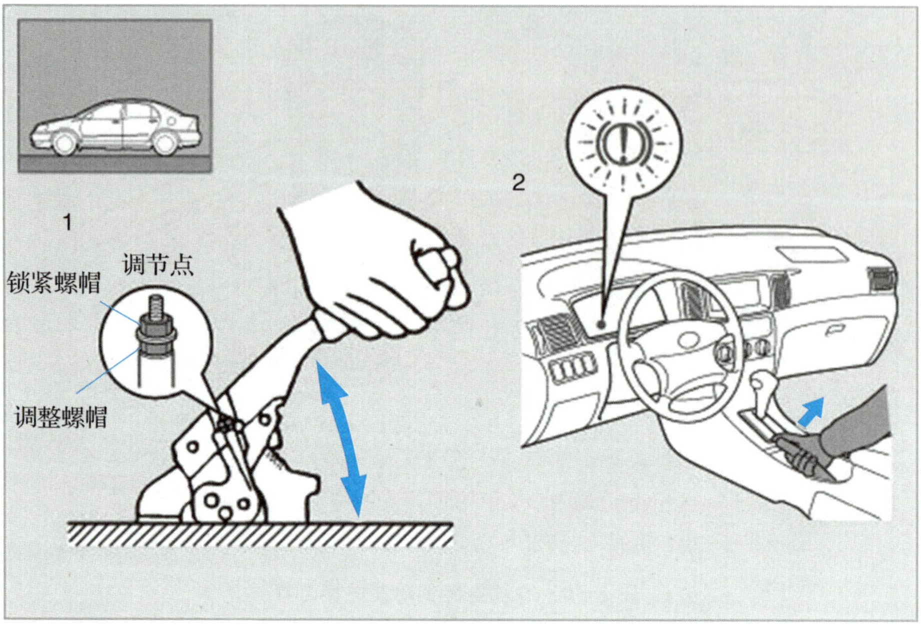

图 3-9-29 检查与调整驻车制动杆行程

任务练习

一、判断题

1. 检查制动液液位时，若发现液位下降，则可判定制动液是从液压制动系统中泄漏的。（ ）

2. 制动液按其组成和特性不同，一般可分为醇型、酒精型和合成型三类。（ ）

3. 真空助力器安装在制动主缸与制动踏板之间。（ ）

4. 制动踏板自由行程过大，会造成制动不灵。（ ）

5. 真空助力器失效时，制动主缸也将随之失效。（ ）

6. 更换磨损的制动器摩擦片时，消音垫片和磨损指示板必须连同制动器摩擦片一起更换。（ ）

二、选择题

1. 制动系统按制动操纵的动力源可分为（ ）。

A. 人力制动系统　　B. 伺服制动系统

C. 独立制动系统　　D. 以上各项

2. 汽车制动系统按功能不同可分为（ ）。

A. 驻车制动系统　　B. 行车制动系统

C. 应急制动系统　　D. 以上各项

3. （ ）系统在目前的轿车、轻型货车上得到了广泛的应用。

A. 气压制动　　B. 液压制动
C. 机械制动　　D. 人力传动

4. 汽车驻车制动器又称为（　　）。

A. 行车制动器　　B. 手制动器　　C. 脚制动器　　D. 以上答案都不对

三、简答题

1. 拆装制动主缸的注意事项有哪些？
2. 如何拆装鼓式制动器？
3. 如何更换制动器摩擦片？
4. 如何更换制动液？

项目小结

1. 可使用手指按压离合器踏板并使用测量标尺测量踏板的自由行程量，如果超出标准范围，应调整踏板高度。

2. 手动变速器装配可按下列顺序进行：输入轴齿轮的装合→输出轴与齿轮的装合→变速器轴承支座的装合→变速器后盖的装合→变速器整体的装合→变速器上车的装合→变速器操纵机构的装合。

3. 自动变速器油液液位的检查：发动机怠速时，按照从 P 到 L 的顺序转换换挡杆，再从 L 到 P 拉回。然后检查液位尺（油尺）度数是否在“热”范围内。

4. 汽车变速器润滑油应具有适宜的运动黏度，以保证形成较好的润滑状态。汽车齿轮多处于混合润滑和边界润滑状态，主要是油性剂的油膜和极压抗磨剂的反应膜起作用，从而减小磨损量，防止高负荷条件下的齿面擦伤和烧结。

5. 安装驱动轴时在内侧球节面的花键上涂抹润滑油，然后将驱动轴与传动桥花键接合，用铜棒接触驱动轴凹槽，最后，用锤子敲击铜棒，将驱动轴插入传动桥。

6. 车架弯曲的检查可以通过拉线、直尺等进行。一般要检查车架上平面和侧平面的直线度误差。

7. 当减振器出现漏油、外壳破裂、断裂等现象时，应更换减振器，弹簧和减振器应该成对更换。

8. 安装车轮总成时，用扭力扳手或车轮螺母拆装机紧固轮胎，按对角线顺序分 2～3 次拧紧车轮螺母，最后一次要按规定力矩拧紧。

9. 检查转向拉杆保护罩和转向齿轮箱罩是否有损坏（泄漏、脱开、撕裂等），如发现有损坏，应该更换新罩。

10. 制动液对橡胶件不应有溶胀作用，否则会使其失去应有的密封作用，因此制动液对橡胶件要有良好的适应性。

11. 发动机停止后，踩压制动踏板至少 40 次，以解除制动助力。然后使用手指轻轻按压制动踏板并使用直尺测量制动踏板自由行程。

12. 使用制动液更换工具，按照下述顺序更换制动液：左前→左后→右后→右前。

项目四

汽车电气系统的拆装与维护

项目描述

汽车电气系统是车辆的重要组成部分，负责为车辆的各部分提供电力。它通过电池储存电能，在车辆起动时通过起动系统驱动发动机运转。当发动机运转时，发电机开始工作，为电气系统提供持续的电力，并为电池充电。电气系统通过导线、开关、保险丝等部件将电能分配到车辆的各个用电设备，如照明系统、信号系统、点火系统中的装置等，确保车辆的正常运行。现代汽车采用了大量的网络技术，比如车联网，可以实现车载信息系统、导航系统、电话系统、多媒体系统等之间的信息共享，使得整车系统更加智能化。

汽车电气系统的智能化是汽车电气系统的重要特点之一。它能够通过自我诊断和自我修复，自动调节电压和电流，实现整车的高效运行，能够更好地满足用户的需求，提高驾驶的便利性和安全性。

学习目标

知识目标	1. 了解汽车电气系统总成、各零部件及相互间的连接关系
	2. 掌握汽车电气系统总成的拆装步骤
	3. 了解新能源汽车电源系统的拆装流程
能力目标	1. 会正确使用工具及其他设备拆装汽车电气系统各零部件
	2. 会正确使用检测设备、工具、量具维护汽车电气系统
素质目标	1. 培养团队合作的意识及能力
	2. 培养正确放置、分类和清洗零部件的习惯
	3. 树立正确的劳动观和价值观
	4. 培养扎实的职业能力，培养爱岗敬业、一丝不苟的精神

任务一 蓄电池和动力电池的拆装与维护

汽车电源系统向全车所有的用电设备供电。如果缺少了电源系统，汽车将无法起动，用电设备也都无法工作，比如夜间行驶没有照明，夏季车内无法使用空调制冷等。无论是从安全性还是从舒适度方面来考虑，电源系统都是至关重要、必不可少的。

案例导入

李女士买了一辆电动汽车作为代步工具，平时使用都很顺利，一天早晨准备驾驶该车上班时，发现车辆调不了 OK 挡，仪表盘指示灯闪烁，提示动力电池温度过高。由于车辆挂不了挡不能行驶，只能联系 4S 店进行救急维修，车辆被运进 4S 店后经高级维修技术人员诊断是动力电池故障，维修人员进行维护保养后故障排除。

知识探究

一、蓄电池和动力电池的功能

（一）蓄电池的功能

（1）蓄电池在发电机不发电时为发动机、点火系统和其他用电设备供电或在供电需求超过发电机供电能力时协助发电机供电。

（2）蓄电池起到整车电气系统的电压稳定器作用，能缓和电气系统的冲击电压，保护汽车上的用电设备。发电机正常工作时，蓄电池将发电机发出的多余电能储存起来。

（二）动力电池的功能

动力电池作为电动汽车的动力源，主要为整车提供持续、稳定的能量，其综合性能直接影响整车的续驶里程。动力电池除了为整车提供持续、稳定的能量，还承担以下任务：

（1）计算整车的剩余电量（SOC）和进行充电提醒。

（2）对电池进行温度、电压、电流的检测。

（3）漏电检测和异常情况报警。

（4）充放电控制和预充电控制。

（5）电池一致性检测。

（6）系统自检。

二、蓄电池和动力电池的基本结构

（一）蓄电池的基本结构

蓄电池是一种将电能以化学能的形式储存并可将化学能转化为电能的装置。汽车上常用的蓄电池主要有普通蓄电池、干荷蓄电池和免维护蓄电池。蓄电池的基本结构如图 4－1－1 所示。

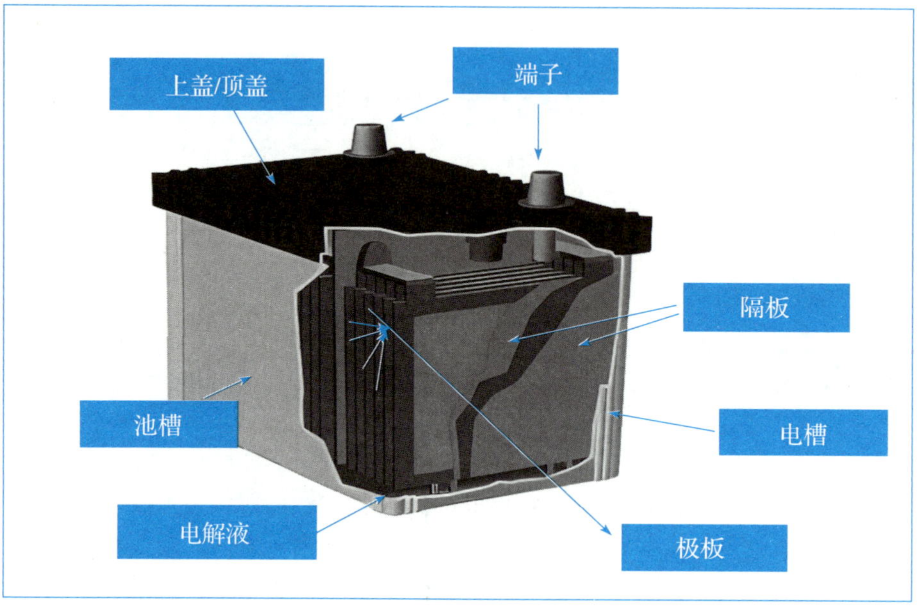

图 4-1-1　蓄电池的基本结构

（二）动力电池的基本结构

动力电池系统一般由动力电池模组、动力电池管理系统、动力电池箱体及辅助元器件（如直流母线、低压线束、电流传感器、维修开关）等组成，如图 4-1-2 所示。

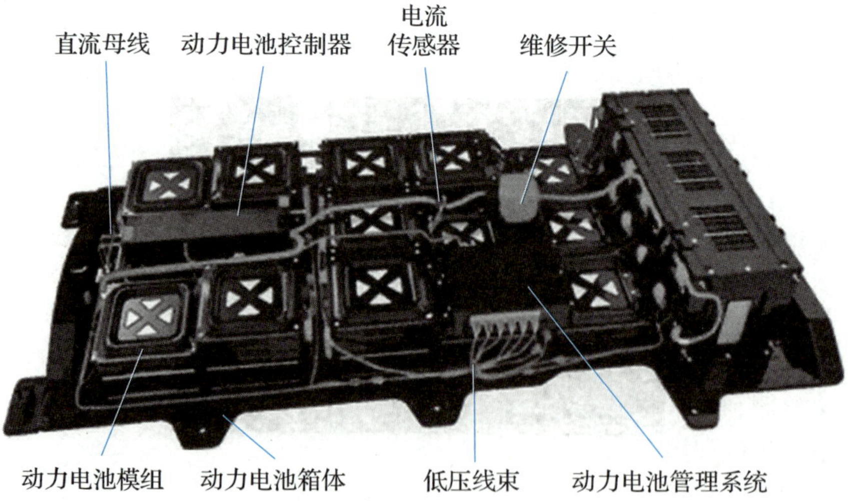

图 4-1-2　动力电池的基本结构

1. 动力电池模组

动力电池模组是由多个动力电池模块或者单体电池串联组成的一个组合体，如图 4-1-3 所示。动力电池模块是由一组并联的单体电池组合而成的，是单体电池在物理结构和电路上连接起来的最小分组，可以作为一个单元替换。单体电池是构成动力电池模组的最小单元，一般由正极、负极、电解质及外壳等构成，可实现电能与化学能之间的直接转换。吉利帝豪EV450动力电池输出额定电压为346V左右，容量为153A·h，额定能量为52.9kW·h。该动力电池由多个动力电池模组串联而成，每个模组由多个动力电池模块或单体电池组成。吉利帝豪EV450采用的单体电池类型是三元锂电池，其电压为3.6V。北汽EV160的动力电池模组连接方式为1P100S，即由100块单体电池串联，共分为9个动力电池模块。

2. 动力电池管理系统

动力电池管理系统（BMS）是集监测、控制与管理为一体的控制系统，与动力电池相互配合工作，是保护和管理动力电池的重要部件。BMS按性质可分为硬件和软件，按功能分为数据采集单元和控制单元。BMS的硬件有从控制器（CSC）、电池控制单元（BMU）及高压分配单元，还包括采集电压、电流、温度等数据的电子器件；软件部分用来监测动力电池的电压、电流、SOC值、绝缘电阻值、温度值，通过与整车控制器（VCU）、充电机的通信，来控制动力电池的充放电。动力电池内部信息采集器如图4-1-4所示。

图4-1-3　动力电池模组

图4-1-4　动力电池内部信息采集器

3. 动力电池箱体

动力电池箱体具有承载和保护动力电池模组及电气元件的作用，主要包含保险丝盒、上盖和下托盘等。保险丝盒用于切断动力电池内部的高压电路，防止发生触电事故，一般位于汽车扶手箱位置，仅供专业维修人员在检修时使用。由于动力电池箱体主要起到保护动力电池的作用，因此要求箱体坚固、防水。箱体可以分为上箱体和下箱体。上箱体一般不会受到冲击，并且为了减轻重量而采用玻璃钢材质。下箱体在整车的下部，为防止遇到路面磕碰等情况而损坏动力电池，因此采用铸铁或铸铝材料。为了实现上、下箱体之间的密封，设有定位装置进行定位，并通过硅酮胶进行密封。锂离子电池一般由正极、负极、电解液（电解质）、隔膜、壳体和安全阀等组成。

在动力电池箱体的外部还包含有产品铭牌、动力电池序号、出货检验标签、物料追溯编码以及高压警示标志。因为汽车运行环境多变，所以对动力电池箱体的散热、防水、绝缘和安全等的设计要求很高。

4. 辅助元器件

辅助元器件主要由动力电池组件内部的主继电器、预充继电器与预充电阻、加热继电器与加热熔断器、电流传感器、熔断器、高低压线束、高低压插接器等组成。

汽车故事

宁德时代与动力电池

宁德时代新能源科技股份有限公司成立于2011年，是国内率先具备国际竞争力的动力电池制造商之一，专注于新能源汽车动力电池系统、储能系统的研发、生产和销售，致力于为全球新能源应用提供一流解决方案，核心技术包括在动力和储能电池领域，材料、电芯、动力电池系统、电池回收二次利用等全产业链研发及制造能力。

2017年该公司锂离子动力电池出货量全球遥遥领先，达到11.84GW·h。与国内多家主流车企建立合作关系，并成功在全球市场上占据一席之地，也成为国内率先进入国际顶尖车企供应链的锂离子动力电池制造厂商。

2018年6月11日，深交所公告，宁德时代新能源科技股份有限公司人民币普通股股票在创业板上市。

2019年，宁德时代上榜《财富》中国500强，位列第290名。2019年6月11日，宁德时代入选“2019福布斯中国最具创新力企业榜”。2019年10月23日，《财富》未来50强榜单公布，宁德时代新能源科技股份有限公司排名第4。2019年12月，宁德时代新能源科技股份有限公司入选2019中国品牌强国盛典榜样100品牌。

2020年9月10日，2020中国民营企业500强榜单发布，宁德时代新能源科技股份有限公司位列第181名。

2021年7月，宁德时代正式推出钠离子电池。

2025年2月，全球动力电池企业最新排名出炉，宁德时代连续8年蝉联全球第一。

任务实施

一、蓄电池的拆装与维护

（一）作业准备

（1）场地设施：理实一体化教室、废气排放装置、消防设施等。

（2）设备：大众高尔夫轿车、工具车、零件车、垃圾桶等。

（3）工具：常用维修工具、密度计、万用表、充电机。

（4）防护用品：工作服、劳保鞋。

（5）耗材：干净抹布。

（二）操作步骤

1. 蓄电池的拆卸

（1）拧松蓄电池上方压板的固定螺母及螺栓，然后旋出压板外侧的固定螺栓，拧松压板内侧的固定螺母，将压板和钩形螺杆一同取下。

（2）选用梅花扳手拧松蓄电池负极接线柱固定螺母，取下负极电缆（见图4-1-5），并放置于合适位置。按照同样的方法取下正极电缆。

（3）取出蓄电池，放置于工作台上。

2. 蓄电池的安装

（1）检查蓄电池底座有无裂纹和破损，如有，应更换。

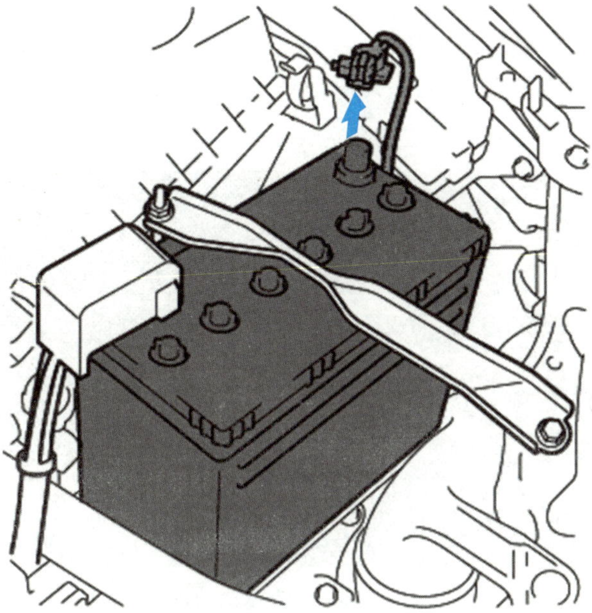

图 4-1-5　取下负极电缆

（2）检查蓄电池支承座有无腐蚀或变形，如有，应清洁或修复。

（3）检查蓄电池型号是否正确。

（4）将蓄电池对正平放在底座的凹槽中。

（5）将钩形螺杆与支承座相连，将压板对正安装位置，旋入固定螺栓并拧紧固定螺母及螺栓。

（6）安装蓄电池正极电缆，拧紧固定螺母并确保安装牢固；装上蓄电池正极保护盖。安装蓄电池负极电缆，并确保安装牢固。

（7）检查起动时蓄电池电压。

注意事项

测量电压时，表笔要接触蓄电池的接线柱上方，不能与正负极电缆接头相连。确保关闭所有的用电设备。

3. 工具、设备的清洁及复位

（1）清洁作业所用工具以及设备，并将其归位。

（2）拆除车辆防护三件套。

（3）将收音机、时钟等设备复位。

4. 蓄电池的维护

（1）前期准备。关闭点火开关以及灯光、空调等所有的用电设备。拉紧驻车制动手柄，换挡杆置于 P 挡。

（2）检查蓄电池外观。1）检查蓄电池外壳是否破裂或发生电解液渗漏现象。如有，则更换蓄电池。2）检查蓄电池是否有腐蚀物。如有，则用铜丝刷子清洁，直至裸露出金属。3）检查蓄电池电缆接头与接线柱和连接导线有无松动。如有，应紧固或更换电缆接头。4）清洁时用蘸有清污剂的清洁布，并且戴橡胶手套。

（3）检查蓄电池电压（见图 4-1-6）。1）打开万用表，选择直流电压 20V 挡。2）清洁正、负极接线柱顶端及正、负极电缆接头。3）将红、黑表笔分别与蓄电池正、负极接线柱顶端连接，观察并记录电压读数（蓄电池正常电压值范围是 12～12.6V）。4）将万用表开关置于 OFF 挡，并放回工具车上。

图 4-1-6　检查蓄电池电压

（4）检查蓄电池起动时电压。1）打开中央继电器盒盖，找到喷油器电源保险丝，使用保险丝拔取夹，拔下喷油器电源保险丝。2）选用万用表，将其调至直流电压 20V 挡，将万用表红、黑表笔分别与蓄电池正、负极接线柱顶端连接，将点火开关转至“START”位置，并保持 3～5s。3）读取万用表最低电压显示值。正常时，蓄电池电压应大于或等于 9.6V，否则，应用高率放电计或蓄电池性能检测仪进一步检查，以确定是否需要充电或更换蓄电池。

（5）检查蓄电池性能，如图 4-1-7 所示。1）将高率放电计的红色线夹夹持于蓄电池正极接线柱上，将高率放电计的黑色线夹夹持于蓄电池负极接线柱上。2）将按钮按下（时间不得超过 10s，否则会烧坏高率放电计）；待电压稳定，观察并记录读数。正常值在 10V 以上，否则蓄电池亏电或蓄电池已损坏。3）测试完毕后，将高率放电计线夹与蓄电池接线柱分离。

图 4-1-7　检查蓄电池性能

（6）蓄电池充电。蓄电池充电方法有定流充电、定压充电和快速脉冲充电等。最常见的充电方法是定压充电。1）将充电机的输出电缆线正、负极分别与蓄电池正、负极接线柱相连。2）将充电机接在220V的交流电源上，并选择合适的电压，确认充电电流调到最小值。3）打开充电机的电源开关，并选择合适的电流挡位和合适的充电时间。4）充电完毕，关闭充电机电源开关，分离充电机负极电缆与蓄电池负极接线柱。

（7）最后检查。工作结束时，进行维修质量的验证，起动车辆，检查车辆运行是否正常。

二、动力电池的拆装与维护

（一）作业准备

（1）场地设施：理实一体化教室、废气排放装置、消防设施等。

（2）设备：2022年款凯美瑞2.4L混动轿车、工具车、零件车、垃圾桶等。

（3）工具：常用维修工具、万用表、充电机。

（4）防护用品：高压安全防护装备、车外三件套、车内三件套。

（5）耗材：干净抹布。

（二）操作步骤

安全是拆装动力电池时最重要的考虑因素。因为动力电池是高压电源，所以在拆装过程中一定要注意安全，防止电击事故的发生。在拆卸前，一定要关闭动力电池的主电源开关，断开动力电池的正负极连接，确保动力电池不会产生电流。如果需要对动力电池进行加工、拆卸或安装，必须保证操作人员穿戴好防静电服，戴好防静电手套等高压安全防护装备，如图4-1-8所示，以免发生意外。

图4-1-8　高压安全防护装备

1. 动力电池的拆装

（1）拆卸动力电池总成。1）打开前机舱盖。2）断开蓄电池负极电缆。3）断开高压线束，如图4-1-9所示。4）将车辆用举升设备升起。注意举升时确保举升设备的支承点不在动力电池上。5）置入平台车，使用平台车支承动力电池总成。

图 4-1-9 断开高压线束

(2) 取出动力电池总成(见图 4-1-10)。1) 拆卸动力电池防撞梁 4 个固定螺栓；2) 拆卸动力电池总成后部 3 个固定螺栓；3) 拆卸动力电池总成前部 2 个固定螺栓；4) 拆卸动力电池总成左、右各 7 个固定螺栓；5) 缓慢降下平台车，取出动力电池总成。

图 4-1-10 取出动力电池总成

(3) 安装动力电池总成。1) 缓慢举升平台车，调整平台车位置，使动力电池总成上的安装孔与车身对齐。注意，在动力电池总成上升过程中平台车缓慢向后移动，可以避免动力电池总成与车身的干涉。2）安装并紧固动力电池总成后部3个固定螺栓，力矩为78N·m。3）安装并紧固动力电池总成前部2个固定螺栓，力矩为78N·m。4）安装并紧固动力电池总成左右各7个固定螺栓，力矩为78N·m。5）连接动力电池与前机舱线束的2个低压线束插接器。6）连接动力电池的2个高压线束插接器，插接时注意“一插、二响、三确认”。7）安装动力电池搭铁线固定螺栓，力矩为9N·m。8）连接动力电池出水管与水泵（电池）。9）连接动力电池进水管与电池膨胀壶，插接时注意“一插、二响、三确认”。

（4）连接直流母线与充电机端插接器。

（5）连接蓄电池负极电缆。

（6）关闭前机舱盖。

2. 动力电池的维护

（1）温度控制：动力电池对温度非常敏感，过高或过低的温度都会影响动力电池的性能和寿命。因此，需要确保动力电池的工作温度在适宜范围内，避免长时间暴露在极端温度环境下。

（2）充电管理：合理的充电管理可以延长动力电池的寿命。避免频繁充放电，尽量保持动力电池的电量在20%至80%之间，避免过度充电或过度放电。

（3）周期性校准：定期进行动力电池的校准可以使动力电池的容量显示更加准确。一般建议每3个月或每5 000km进行一次校准。

（4）温度监测：动力电池应配备温度传感器，及时监测动力电池的温度变化。如果温度异常升高，需要及时查找原因并采取措施。

（5）防止过度充放电：过度充放电是动力电池寿命缩短的主要原因之一。因此，需要避免在动力电池电量过低或过高的情况下使用动力电池。

（6）定期检查：定期检查动力电池的外观和连接线路，确保没有损坏或松动的地方。同时，检查动力电池的绝缘状态和电解液情况，及时发现并处理问题。

（7）保持干燥和清洁：保持动力电池周围环境的干燥和清洁，避免因动力电池受潮或进水而影响动力电池的正常工作。

任务练习

一、判断题

1. 汽车蓄电池能够缓和电气系统的冲击电压，保护电子元件。（　　）

2. 合理的充电管理可以延长动力电池的寿命。避免频繁充放电，尽量保持动力电池的电量在20%至80%之间，避免过度充电或过度放电。（　　）

3. 用高率放电计检测整体蓄电池，测量时用力将高率放电计触针刺入蓄电池正负极接线柱，保持15s，若蓄电池电压能保持在9.6V以上，说明蓄电池存电充足。（　　）

4. 安装动力电池搭铁线固定螺栓，力矩为15N·m。（　　）

5. 在拆卸动力电池前，一定要关闭动力电池的主电源开关，断开动力电池的正负极连接，确保动力电池不会产生电流。（　　）

二、选择题

1. 为了保护蓄电池，每次运转起动机的时间都不能超过（　　）。

A. 3s　　B. 5s　　C. 8s　　D. 10s

2. 导致蓄电池极板硫化的原因不可能是（　　）。

A. 蓄电池长期亏电　　B. 电解液液面过低

C. 小电流下长时间过放电　　D. 蓄电池长时间过充电

3. 下列能够说明蓄电池性能不良的是（　　）。

A. 通过观察蓄电池电解液液面高度发现，其液面高度介于两线之间

B. 对蓄电池进行起动测试，读取电压表数值为 9.8V

C. 用高率放电计检测蓄电池整体电压时，电压稳定在 10.7～11.1V

D. 蓄电池充电后，测试电解液密度为 1.20g/cm^3

三、简答题

1. 简述蓄电池的更换步骤。

2. 简述动力电池的更换步骤。

任务二　发电机的拆装与维护

案例导入

赵先生在驾驶别克凯越轿车上班时，发现仪表盘上充电指示灯点亮，按喇叭感觉声音比以前小，灯也没以前亮。随后联系 4S 店进行维修，服务顾问判断是蓄电池损坏，更换了新蓄电池后问题解决。但没过几天，同样的问题再次出现，赵先生只能再次到 4S 店检修，经高级维修技术人员诊断是发电机故障，由于电刷接触不良导致。维修人员进行维护保养后故障排除。

知识探究

一、发电机的功能

汽车上蓄电池的电能有限，在它放电以后必须及时进行补充充电，因此汽车上还必须装备充电系统。充电系统由发电机、调节器和充电状态指示装置组成。发电机作为汽车运行中的主要电源，担负着向除起动系统之外的所有用电设备供电的任务，并为蓄电池充电。目前，汽车用发电机为交流发电机。

二、发电机的基本结构

汽车发电机主要由转子、定子、电刷组件、整流器、前后端盖、带轮与风扇等组成，

如图 4-2-1 所示。

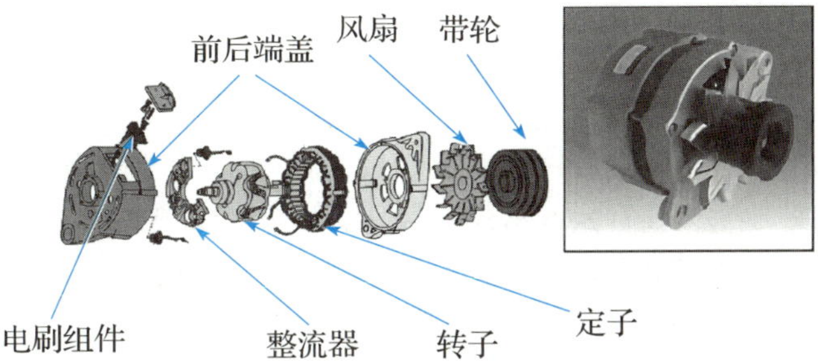

图 4-2-1 发电机的基本结构

转子是发电机的磁场部分，主要由转子轴、两块爪极、励磁绕组和集电环等组成。在转子轴的中段轧有纵向滚花，其上压有两块爪极，两块爪极的内腔装有铁心，称为磁轭，其上绕有励磁绕组，励磁绕组的两引出线分别焊在与轴绝缘的两个铜制集电环上。直流电通过电刷、集电环流到励磁绕组，便产生了磁场。

定子由铁心和三相绕组组成。定子铁心由环状硅钢片叠成，硅钢片相互绝缘，其内圆有槽，槽内嵌有三相绕组。对于六对磁极的转子，每相绕组中都有六个相互串联着的线圈，称为三相绕组，其功用是产生感应电动势。

整流器的功用是将发电机定子的三相绕组产生的交流电变换为直流电。它一般由 6～8 只硅整流二极管和两片散热板组成。二极管的引线与三相绕组相连接，二极管的外壳分别压装或粘在两片散热板上。

电刷组件由两只电刷、电刷弹簧和电刷架组成。电刷装在电刷架的孔内，由电刷弹簧的压力使电刷与转子总成上的集电环保持紧密接触，用于给转子励磁绕组提供磁场电流。两个电刷的引线分别与后端盖上的磁场接线柱“F”和搭铁接线柱“E”或“－”相连接。

前后端盖为铝合金压铸件，可减少漏磁，并具有轻便、散热性能良好的优点。为了提高轴承孔的机械强度，增加其耐磨性，在端盖的轴承座孔内镶有钢套。在后端盖内固定有一块或两块元件板，发电机的正极输出线由正元件板上的螺杆从绝缘套通过后端盖上的孔输出。后端盖上还装有电刷架。

带轮与风扇借助半圆键和螺母固定在转子轴的前端。当带轮由发动机曲轴驱动时，风扇能使空气从后向前高速流过发电机内部进行冷却。

任务实施

一、发电机的拆装

（一）作业准备

（1）场地设施：理实一体化教室、有消防设施的场地。

（2）设备：实训整车、汽车发电机、工作台、零件车。

（3）工具：万用表、常用维修工具。

（4）防护用品：工作服、劳保鞋、车外三件套、车内三件套。

（5）耗材：干净抹布、泡沫清洗剂。

（二）操作步骤

1. 检查发电机外围

（1）确认发电机离合器皮带轮安装是否牢靠，锁止功能是否良好。检查驱动皮带外观、挠度和张力。

（2）检查并确认发电机配线，目视并徒手检查插接器是否松动，保证插接牢靠。若插接不良，则重新插接。若线束断裂或裸露，则维修或更换发电机线束。

（3）检查发电机是否有异响。

（4）检查充电指示灯电路。

2. 拆卸发电机（见图 4－2－2）

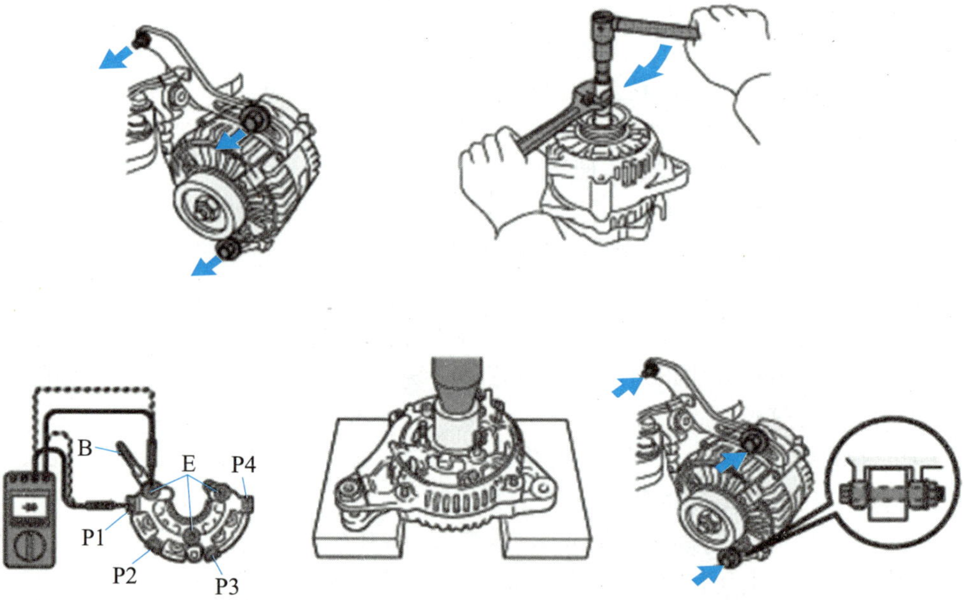

图 4－2－2　拆卸发电机

（1）拆卸发电机皮带轮。

（2）拆卸发电机端盖。

（3）拆卸发电机电刷组件。

（4）拆卸发电机线圈总成。

（5）拆卸发电机转子总成。

（6）拆卸轴承挡片。

3. 安装发电机

（1）安装驱动端轴承挡片。

（2）安装发电机转子总成。

（3）安装发电机线圈总成。

（4）安装发电机电刷组件。

（5）安装发电机端盖。

（6）安装发电机皮带轮。

4. 项目检查

工作结束时，进行维修质量的验证，起动车辆，检查发电机运行是否正常。

二、发电机的维护

（一）作业准备

（1）场地设施：理实一体化教室、有消防设施的场地。

（2）设备：实训整车、工作台、零件车。

（3）工具：万用表、常用维修工具。

（4）防护用品：工作服、劳保鞋。

（5）耗材：干净抹布、泡沫清洗剂。

（二）操作步骤

1. 检查传动带松紧度（见图 4-2-3）

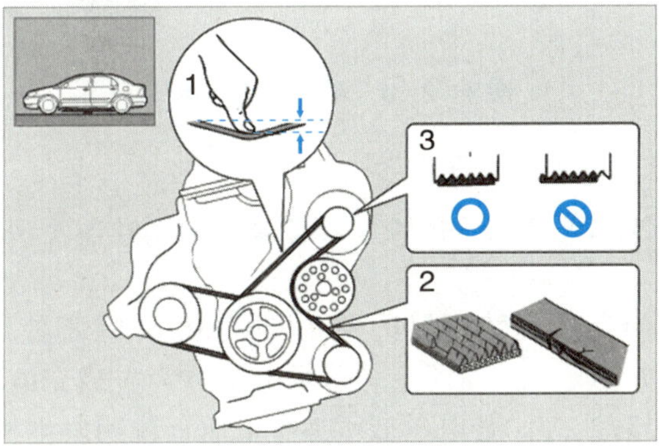

图 4-2-3　检查传动带松紧度

（1）目视检查传动带有无裂纹或是否超出磨损极限，如不符合要求，应及时更换。

（2）检查传动带的挠度。当用 100N 的力作用于两带轮之间的传动带中央部位时，新传动带的挠度应为 5～10mm，旧传动带（即装到车上随发动机转动 5 个月以上时间）一般为 7～14mm，具体指标应以车型手册规定为准。若传动带的挠度不符合要求，应及时调整。

（3）检查传动带的张力。传动带挠度和张力都能反映发电机的驱动情况，因此，有的汽车只规定检查其中的一项。检查传动带的张力需用专用工具，条件允许可做此项检查。

2. 检查导线连接情况

（1）检查各导线端的连接部位是否正确、可靠。

（2）发电机输出端子 B 必须加弹簧垫圈紧固接线。

（3）采用插接器插接的发电机，其插座与线束插接器的插接必须锁紧，不得有松动现象。

3. 检查有无噪声

当发电机出现故障（特别是机械故障），如轴承破损、轴弯曲等，在发电机运转时，都会发出异常噪声。检查时，逐渐加大发动机节气门开度，使发动机转速逐渐升高。同时监听发电机有无异常噪声，如有异常噪声，则应拆下发电机，并分解检修。

4. 测试发电机电压

(1) 在发动机停转且不使用车上用电设备的情况下，测量蓄电池电压，如图 4-2-4 所示，这个电压称为参考电压或基准电压。

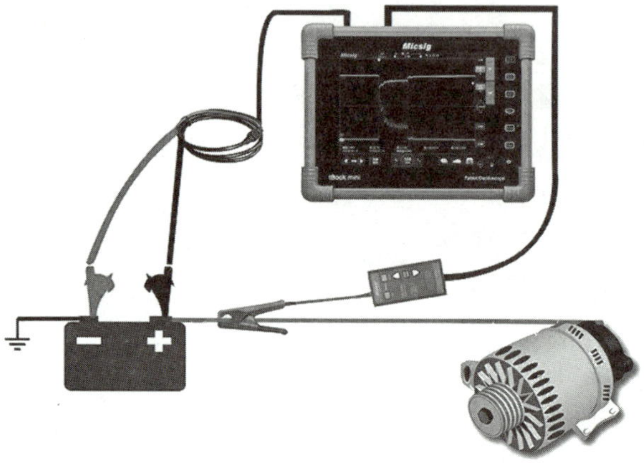

图 4-2-4 测试发电机电压

注意事项

如果汽车装有催化式排气净化装置，在做此试验时，发动机的运转时间不得超过 5min。

(2) 起动发动机，使发动机转速保持在 2 000r/min，在不使用车上用电设备的情况下，测量蓄电池电压，如图 4-2-5 所示，这个电压称为空载充电电压。空载充电电压应比参考电压高些，但不超过 2V。若电压低于参考电压，说明发电机不发电，应对发电机、调节器和充电系统线路进行全面检查。

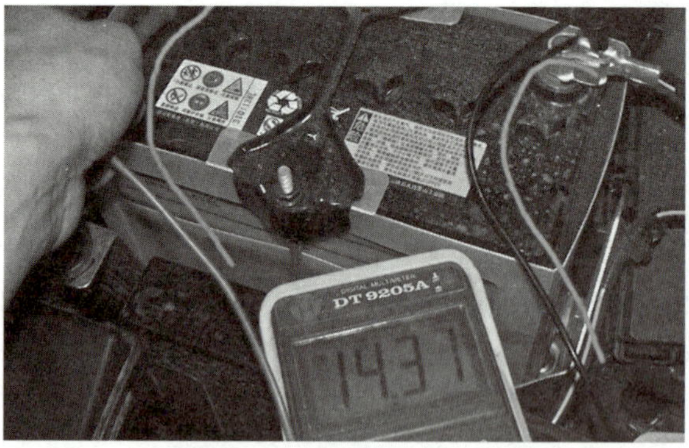

图 4-2-5 测量蓄电池电压

(3) 在发动机转速仍为 2 000r/min 时，接通用电设备附件，如暖风机、空调和前照灯等，当电压稳定时测量蓄电池电压，这个电压称为负载电压。负载电压应至少高出参考电压 0.5V。

(4) 若有问题，可在充电电流为 20A 时检查充电线路压降，将电压表正极接发电机电枢 (B+) 接线柱，电压表负极接蓄电池正极接线柱，电压表读数不得超过 0.7V；将电压表正极接调节器壳体，另一端接发电机机壳，电压表读数不得超过 0.05V；当电压表一端接发电机机壳，另一端接蓄电池负极时，电压表示数不得超过 0.05V。若示值不符，应清洁、紧固相应的接线柱及安装架。

（5）B+接线柱电流测试。1）熄火，关闭发动机，拆掉蓄电池电缆搭铁端子，从硅整流发电机电枢（B+）接线柱上拆下原有引线，将 0～40A 电流表串接在拆下的引线插头与电枢接线柱之间，并将电压表正极接电枢接线柱，负极与发动机机壳相接。2）切断汽车所有用电设备开关。3）装复蓄电池电缆搭铁端子，起动发动机，使发电机在略高于额定负荷转速下工作，这时电流表读数应小于 10A，电压表示数应在调节器规定的调压值范围内。4）接通汽车主要用电设备（如前照灯、暖风机、空调、刮水器等），使电流表示数大于 30A，此时电压表示数应大于蓄电池电压。5）熄火，先拆去蓄电池电缆搭铁端子，拆除电压表、电流表，重新装复发电机电枢线和蓄电池搭铁端子。若电压值超过规定电压上限，一般为调压器故障；若电压值远低于规定电压下限，电流过小，应检查发电机个别二极管或个别电枢绕组是否有故障。

任务练习

一、判断题

1. 检测发电机时，可以用碰铁刮火法检查发电机是否发电。（　　）

2. 在发动机运行过程中，由发电机向用电设备供电，这时切断发电机与蓄电池间的导线，用电设备仍然可以正常工作。（　　）

3. 起动发动机，使发动机转速保持在 2 000r/min，在不使用车上用电设备的情况下，测量蓄电池电压，这个电压称为空载充电电压，它比在发动机停转且不使用车上用电设备情况下的蓄电池电压要高 2V 以上。（　　）

二、选择题

1. 交流发电机的励磁绕组安装在（　　）上。

A. 定子　　B. 转子　　C. 电枢　　D. 整流器

2. 交流发电机自身具有限制（　　）以防过载的能力。

A. 阻值变化　　B. 输出电压　　C. 输出电流

3. 下列说法正确的是（　　）。

A. 为了使发电机输出的功率更大，励磁绕组的匝数比较多，电阻都比较大，一般为几百欧姆

B. 定子绕组有时候会出现短路故障，可以用万用表测电阻的方法检测

C. 检测发电机整流器某二极管的电阻为 90Ω，说明该二极管正常

D. 用外径百分表检测转子轴，轴外圆与滑环的径向跳动误差应不大于 0.1mm

三、简答题

1. 发电机的基本组成有哪些？

2. 发电机的维护作业有哪些？

任务三 汽车照明和信号系统的拆装与维护

案例导入

王女士的一辆2019款卡罗拉1.6L自动GL轿车，在夜间行驶过程中突然出现前照灯灯光暗淡的故障。开始王女士认为是汽车蓄电池没有电了，到附近的快捷维修店更换了蓄电池，但发现前照灯问题依然存在。王女士联系了4S店进店检查，经高级维修技术人员检查、测试，查出汽车照明系统存在故障，由于前照灯使用时间较长，灯丝老化后发光减弱所致。更换灯泡后故障解决。

知识探究

一、汽车照明和信号系统的功能

（一）汽车照明系统的功能

汽车照明灯按照其安装位置及功用可分为前照灯、雾灯、牌照灯、顶灯、仪表灯、阅读灯等。

前照灯装于汽车头部两侧，每辆车安装2只或4只，装于外侧的一对应为近、远光双光束灯，装于内侧的一对应为远光单光束灯。前照灯灯光颜色为白色，远光灯灯泡功率为45～60W，近光灯灯泡功率为25～55W。要求前照灯能保证提供车前100m以上路面明亮、均匀的照明，并且不对迎面来车的驾驶员造成眩目。随着车速的不断提高，汽车上前照灯的照明距离可达到200～300m。

雾灯安装于汽车的前部和后部，用于在雨雾天气行车时照明道路和为迎面来车及后面来车提供信号。前雾灯安装在前照灯附近，一般比前照灯的位置稍低，这是因为雾天能见度低，驾驶员视线受到限制。前雾灯灯光颜色为黄色，这是因为黄色光光波较长，具有良好的透雾性能，灯泡功率一般为35W。后雾灯采用单只时，应安装在车辆纵向平面的左侧，与制动灯间的距离应大于100mm。后雾灯灯光颜色为红色，以警示尾随车辆保持安全距离，灯泡功率一般为21W。

倒车灯装于汽车尾部，用于倒车时照亮汽车后方道路，并警告其他车辆和行人该车正在倒车，兼有灯光信号装置的功能。倒车灯灯光颜色为白色，功率一般为28W。

牌照灯用于照亮车辆牌照，要求夜间在车后20m处能看清牌照号码。牌照灯装在汽车尾部牌照的上方或左右两侧，灯光颜色为白色，灯泡功率为8～10W。它没有单独的开关控制，受示宽灯或前照灯开关控制。

汽车内部照明系统由顶灯、仪表灯、踏步灯、工作灯、行李舱灯等组成，主要为驾驶员、乘客提供方便。灯光颜色为白色，灯泡功率为2～20W。

顶灯安装在驾驶室或车厢内顶部，为驾驶室或车厢内的照明灯具，灯光颜色一般为白色。

仪表灯安装于仪表盘内，它用来照明汽车仪表，灯光颜色一般为白色，如图 4-3-1 所示。

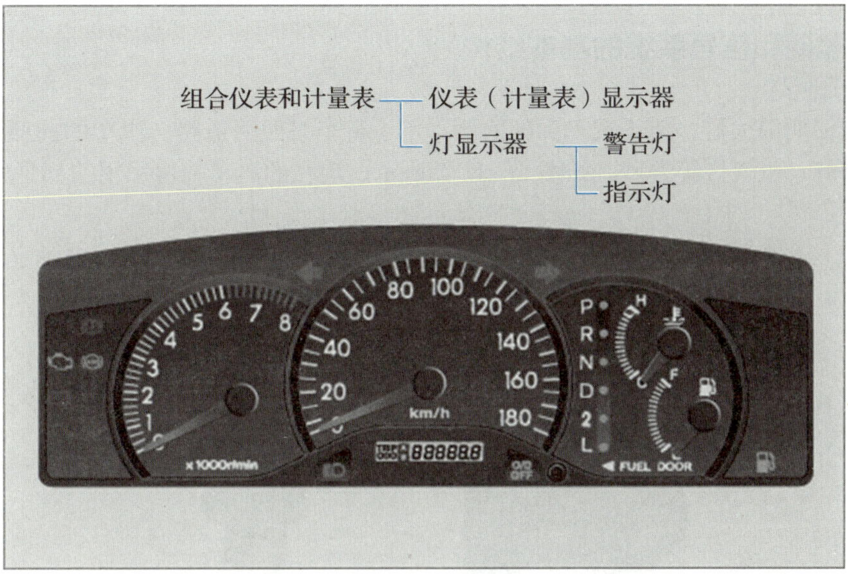

图 4-3-1　仪表灯

踏步灯一般安装在汽车上下车台阶的左右两侧，用来照亮车门的踏步处，方便乘客上下车，灯光颜色一般为白色。

工作灯是车辆维修时可以移动使用的一种随车低压照明工具，其电源来自发电机或蓄电池。它常常带有挂钩或夹钳，插接器有点烟器式或两柱式两种。

行李舱灯为轿车行李舱内的灯具，灯光为白色。

阅读灯装于乘客席前部或顶部，聚光时乘客看书不会让驾驶员眩目，照明范围较小，有的还有光轴方向调节机构。

（二）汽车信号系统的功能

汽车信号系统向他人或其他车辆发出警告和示意的信号，主要包括位灯、挂车标志灯、转向信号灯、危险警告灯、制动灯、示廓灯、倒车信号灯、驻车灯及喇叭等。

位灯也叫小灯，装于汽车前、后部两侧，用于示意车辆的宽度和存在，可分为前位灯（一般为白色或黄色）和后位灯（为红色）。

转向信号灯装于汽车前、后、左、右角，用于汽车转弯时发出明暗交替的闪光信号，使前后车辆、行人等知其行驶方向。转向信号灯的灯光颜色为琥珀色，灯泡功率一般为20W。汽车转向信号灯的指示距离，要求前、后转向信号灯白天 100m 以外可见，侧转向信号灯白天 30m 以外可见。转向信号灯的闪光频率应控制在 1～2Hz。

危险警告灯在车辆遇到紧急危险情况时，与前、后、左、右转向信号灯同时点亮以发出警告信号，与转向信号灯有相同的要求。

制动灯用于指示车辆的制动或减速信号。制动灯安装在车尾两侧，两制动灯应与汽车的纵轴线对称并在同一高度上，制动灯灯光颜色为红光，应保证白天 100m 以外可见。

示廓灯安装在汽车前、后、左、右侧的边缘，用于夜间行驶时指示汽车宽度和高度，因此也相应地被称为“示宽灯”和“示高灯”。示廓灯灯光要保证在夜间 300m 以外可见。前示廓灯的灯光颜色为白色，后示廓灯的灯光颜色多为红色，灯泡功率为 8～10W。

二、汽车照明和信号系统的基本结构

（一）前照灯

前照灯又叫前大灯，装于汽车头部两侧，用于行车时照明道路。汽车的前照灯一般有白炽灯、卤素灯、氙气灯等类型，如图 4－3－2 所示。现在的汽车普遍采用的都是卤素灯。

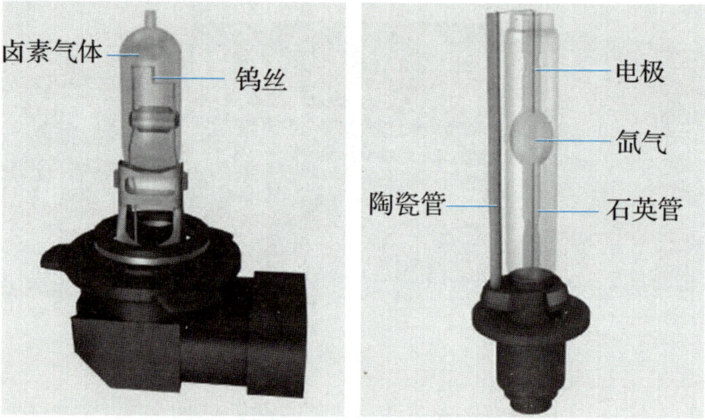

（a）卤素灯　（b）氙气灯

图 4－3－2　前照灯灯泡

卤素灯有其独特的配光结构，灯泡内有两组灯丝，一组是主光束灯丝，发出的灯光经灯罩反射镜反射后径直向前射去，这种光源就是我们平时所说的“远光”；另一组是偏光束灯丝，发出的光被遮光板挡到灯罩反射镜子的上半部分，其反射出去的光线都朝下漫射向地面，不会给对面来车的驾驶者造成眩目，这种光源就是我们平常所说的“近光”。

（二）转向信号灯系统

在汽车起步、转弯、变更车道或路边停车时，需要打开转向信号灯以表示汽车的趋向，提醒周围车辆和行人注意。转向信号灯系统由闪光继电器、转向信号灯开关、转向信号灯和危险警告灯等组成，如图 4－3－3 所示。

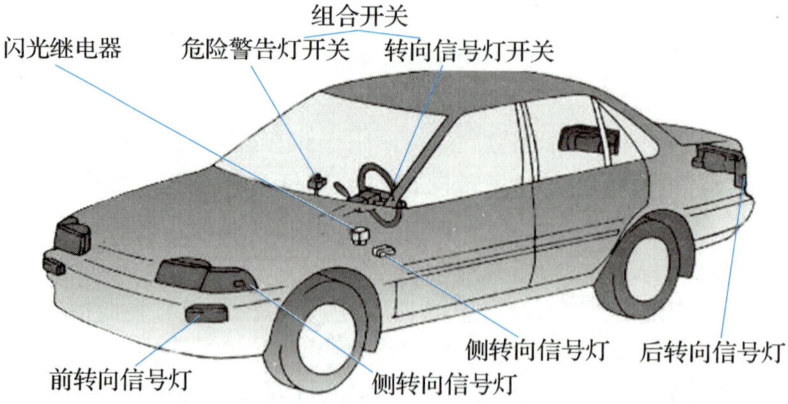

图 4－3－3　转向信号灯系统的基本组成

任务实施

一、汽车前照灯的拆装

（一）作业准备

（1）场地设施：理实一体化教室、有消防设施的场地。

（2）设备：实训整车、工作台、零件车。

（3）工具：常用维修工具、万用表、充电机。

（4）防护用品：工作服、劳保鞋、车外三件套、车内三件套。

（5）耗材：干净抹布、泡沫清洗剂。

（二）操作步骤

1. 拆卸前照灯

（1）打开引擎盖和定位前照灯。打开引擎盖，找到需要更换的前照灯。前照灯通常位于前部引擎盖内部，可以通过引擎盖后部的固定夹子或螺钉来拆卸。

（2）拆卸固定夹子或螺钉。使用适当的工具（可能是扳手或螺丝刀）将固定夹子或螺钉松开。这些固定夹子或螺钉通常用于固定前照灯的支架和底座。注意在拆卸过程中保持固定夹子或螺钉的安全，以免遗失或损坏，如图 4－3－4 所示。

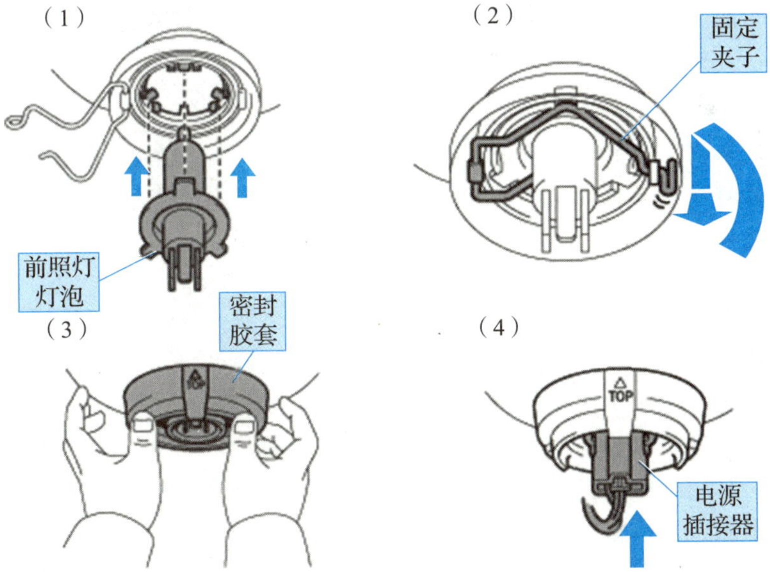

图 4－3－4 拆卸前照灯

（3）取下旧前照灯。轻轻地取下旧的前照灯组件。有时可能需要稍微用力才能将其从支架上拆除。确保小心处理旧前照灯，避免损坏或破碎。

2. 安装新前照灯

（1）将新的前照灯组件插入支架中，如图 4－3－5 所示，并确保完全对齐。根据需要，轻轻按下或旋转新前照灯将其固定在正确位置。确保前照灯底部密封良好，以防止湿气和尘埃进入。

图 4-3-5　安装新前照灯

（2）固定前照灯。使用适当的工具（例如扳手或螺丝刀）重新安装固定夹子或螺钉，以确保前照灯稳固地固定在支架上。确保夹子或螺钉牢固而不过紧，以免损坏前照灯组件或支架。

（3）连接电源线。检查前照灯的电源连接，并确保插接器正确插入。确保连接牢固并固定。

（4）测试新前照灯。在完成安装后，关闭引擎盖并打开车辆的电源。测试新前照灯是否能正常工作，并检查照明效果是否符合预期。

注意事项

更换汽车前照灯的方法可能因不同车型和品牌而有所差异。因此，在进行更换之前，最好参考车辆的用户手册或者咨询专业技术人员或经销商，以获取详细的指导和建议。

二、汽车照明和信号装置的维护

（一）作业准备

（1）场地设施：理实一体化教室，有消防设施的场地。

（2）设备：实训整车、工作台、零件车。

（3）工具：常用维修工具、万用表、充电机、维修手册、电路图。

（4）防护用品：工作服、劳保鞋、车外三件套、车内三件套。

（5）耗材：干净抹布、泡沫清洗剂。

（二）操作步骤

1. 检查前照灯灯泡

（1）拆卸远光灯灯泡。

（2）检查远光灯灯泡。检查右远光灯灯泡，检查灯丝是否破损，若灯丝烧断和灯泡损坏，则更换新灯泡。若无法目测，比如卤素灯，则可采用试灯法检查是否良好。若不正常，则需更换新灯泡。

2. 检查前照灯变光继电器

（1）进入驾驶室，打开发动机舱盖。

（2）从继电器盒中拆下变光继电器。

（3）测量变光继电器电阻。

3. 检查保险丝

（1）进入驾驶室，用缠有保护胶带的一字螺丝刀撬开保险丝盒。

（2）在保险丝盒中找到远光灯保险丝，使用保险丝夹将该保险丝取下，如图 4-3-6 所示。

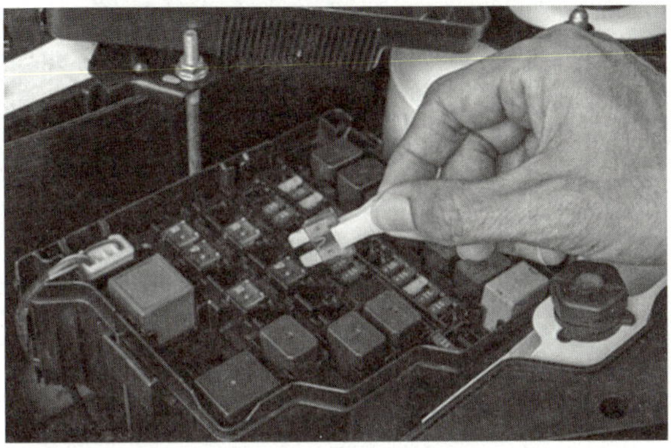

图 4-3-6　取下保险丝

（3）目测保险丝是否烧断。

（4）测量各保险丝加载槽与车身搭铁之间的电压。

（5）如目测无法判断保险丝是否烧坏，则可使用万用表测量保险丝电阻，若阻值为∞，说明保险丝已坏，需更换保险丝。

4. 更换新保险丝

（1）确认保险丝载流量，按照对应颜色和规格选用保险丝。

（2）观察保险丝外部和端子处是否有烧灼现象。

（3）用万用表欧姆挡检测保险丝两端子之间的电阻，正常情况下电阻值应小于 1Ω。

5. 检查前照灯组合开关

（1）关闭点火开关。

（2）正确使用工具断开蓄电池负极电缆。

（3）用万用表检查组合开关孔端搭铁回路的电阻值是否符合规定值，标准值应小于 1Ω；用万用表红表笔搭接组合开关插接器 11 号端子，黑表笔搭接驾驶舱的搭铁点，测两者之间的电阻值，标准值应小于 1Ω。

（4）检测驾驶舱的搭铁电阻：拆除塑料护板，在不带电的情况下测量搭铁电阻，若存在电阻或电阻偏大，则说明搭铁不良，需修复搭铁，再试车检查故障是否排除。

（5）检测继电器插接器 2 号端子到组合开关插接器孔端的 13 端子之间的电阻值，标准值应小于 1Ω，若检测不正常，则需更换组合开关总成。

6. 检查线束和插接器

检查线路连接情况：用手振动或晃动连接远光灯到灯光开关的线路，检查线路连接处是否松动，导线是否从端子中脱开，若是，则需紧固；必要时更换新的配线。

（1）检查线束和插接器（前照灯继电器—前照灯变光继电器）。用万用表测前照灯继电器至前照灯变光继电器间线路的电压，如有异常需更换线束或插接器；如正常则进行下一步检查。

（2）检查线束和插接器（前照灯变光继电器—保险丝）。测量前照灯变光继电器至保险丝之间线束的电阻值，若有异常则需维修或更换线束和插接器；如果阻值正常，则继续下一步检测。

（3）检查线束和插接器（前照灯变光继电器—主车身 ECU）。断开主车身 ECU 插接器 E51，测量电阻，如异常，则需要维修或更换线束或插接器。

任务练习

一、判断题

1. 保险丝又称为熔断器，当其电流超过额定电流时会自行熔断。（　　）
2. 前照灯的照明距离能达到 1 000 米以上。（　　）
3. 前照灯按灯泡数量分可以分为两灯制、四灯制。（　　）
4. 继电器是一种电磁开关元件，能以小电流控制大电流。（　　）
5. 当灯光开关打到“HEAD”挡时，近光灯继电器闭合。（　　）
6. 信号系统包括示宽灯、转向信号灯、危险警告灯、倒车灯等。（　　）
7. 闪光继电器是转向和危险警告灯的重要组成部分。（　　）
8. 更换保险丝时，要注意跟原先的保险丝型号规格保持一致。（　　）

二、选择题

1. 下面不属于外部照明灯的是（　　）。

A. 前照灯　　B. 转向灯　　C. 牌照灯

2. 汽车前照灯继电器的形式是（　　）。

A. 常开式继电器　　B. 常闭式继电器　　C. 混合式继电器

3. 汽车电流从蓄电池正极经过继电器或开关、保险丝，最后到（　　）。

A. 搭铁　　B. 蓄电池负极　　C. 用电器

4. 关于卡罗拉轿车的前照灯控制方式，甲说近光和远光大灯都由同一个继电器控制，乙说近光和远光由不同的继电器控制，对于他们的说法，你认为（　　）。

A. 甲对　　B. 乙对　　C. 甲、乙都不对

5. 在供电正常的情况下，下列不属于前照灯不亮故障的原因是（　　）。

A. 保险丝熔断　　B. 继电器损坏　　C. 起动机损坏　　D. 线束短路或断路

6. 给前照灯继电器 1 号和 2 号端子施加蓄电池电压，那么 3 号和 5 号端子间电阻值应（　　）。

A. 小于 10kΩ　　B. 大于 10kΩ　　C. 等于 10kΩ

三、简答题

1. 汽车信号系统的功能有哪些？
2. 前照灯的检查项目有哪些？

任务四 仪表和报警系统的拆装与维护

案例导入

吕先生驾驶奔驰 E350 车辆去上班，行驶过程中突然出现仪表灯熄灭的故障。靠边停车检查，熄火断电重新起动也没有排除故障。吕先生打 4S 店电话询问故障原因，服务顾问判断是仪表保险丝熔断，有可能是内部电路短路导致。后吕先生将车送往 4S 店检查，经维修人员检查、测试，查出汽车中控仪表照明系统出现搭铁故障，经维修后故障排除。

知识探究

一、汽车仪表系统的功能

通常来说，汽车仪表盘会显示水温表、油量表、车速表、发动机转速表、里程表、信号指示灯等。带液晶显示屏的仪表盘可显示多种车况信息（车门状态、挡位状态等），如图 4-4-1 所示。

（一）水温表

水温表用来指示发动机内部冷却液温度，如图 4-4-2 所示，一般有两种显示：一种直接显示温度；另一种标注 C-H，C 表示 60℃，H 红格表示的温度是 110℃。汽车行驶中的正常水温应该是 90℃左右。超过这个水温或者水温过低都是不正常的，尤其是水温高于 95℃时，对发动机损害极大。

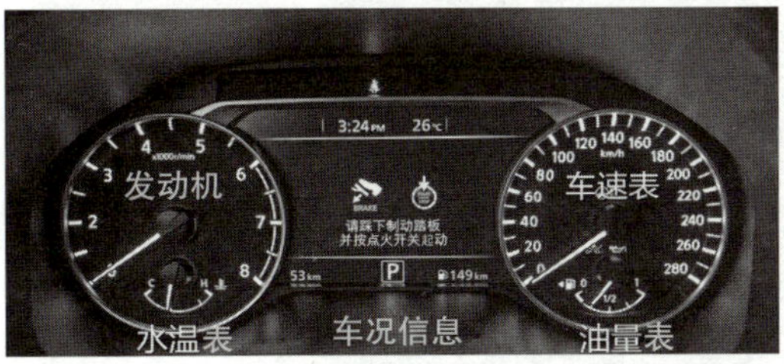

图 4-4-1 汽车仪表盘

图 4-4-2 水温表

（二）油量表

油量表（见图 4-4-3）显示车辆当前燃油量信息，燃油量过低时，仪表会显示报警，提示加油。

（三）发动机转速表

发动机转速表（见图 4-4-4）显示的是发动机每分钟转多少千转（有的车型显示单位是百转），能够直观地反映发动机在各个工况下的转速，驾驶员可以随时知道发动机的运转情况，配合变速器挡位和节气门位置，使之保持最佳的工作状态。发动机转速表是按照磁性原理工作的，它接收点火线圈中初级电流中断时产生的脉冲信号，并将此信号转换为可显示的转速值。发动机转速越快，点火线圈产生的脉冲次数越多，表上显示的转速值就越大。

图 4－4－3　油量表

图 4－4－4　发动机转速表

（四）车速表

车速表通过车速传感器感应在不同发动机转速下得到的不同脉冲信号，然后转换为指令输出，指示当前车速。车速传感器装在变速器输出轴旁边，根据其自身齿轮的齿数、变速器速度比、主传动比、车轮半径以及发动机转速，换算车速。

（五）里程表

里程表（见图 4－4－5）一般有两个读数：一个是总里程，也就是这台车从生产落地到目前总共行驶的里程数；另一个是小计里程，有的车型是手动清零后小计里程，有的车型可以设置为每次加油后自动清零或者每次起动后自动清零。

图 4－4－5　汽车里程表

（六）信号指示灯

汽车仪表盘上的信号指示灯（见图 4－4－6）一般分为黄色、红色、绿色和蓝色四种颜色，以不同的文字或图形来显示。

图 4－4－6　信号指示灯

当黄色信号指示灯点亮时，说明车辆发生了功能性故障，可以继续行驶，但应尽快开到汽修店进行检修。

当红色信号指示灯点亮时，说明车辆发生的故障会影响到驾驶安全或可能造成机械损伤，一般要立即熄火停车进行检修，不能继续行驶（点火警告灯除外，如果行驶过程中，点火警告灯突然点亮，一定不能熄火，继续行驶到修理站立即更换蓄电池。如果熄火，发动机将无法再次被点火起动，只能原地等待救援）。

当绿色信号指示灯点亮闪烁时，说明一些辅助系统正在运行，例如转向信号灯、近光灯、前雾灯、示宽灯等。

当蓝色信号指示灯点亮时，说明车辆的远光灯已打开。蓝色信号指示灯一般起到车辆各功能工作状态的提示作用。

其他信息还包括车门开启情况、瞬时油耗、剩余里程、自动挡挡位信息、胎压状况等。

二、汽车仪表系统的基本结构

传统仪表按照从前到后的顺序，分为仪表面罩、前框架、刻度盘及指针、灯箱架、PCBA线路板、组合仪表底座，如图 4－4－7 所示。同时根据造型的要求，可能出现镀铬装饰圈、氛围灯、悬浮指针等。汽车仪表系统的结构，大部分是塑料件，最主要的就是PCBA线路板。

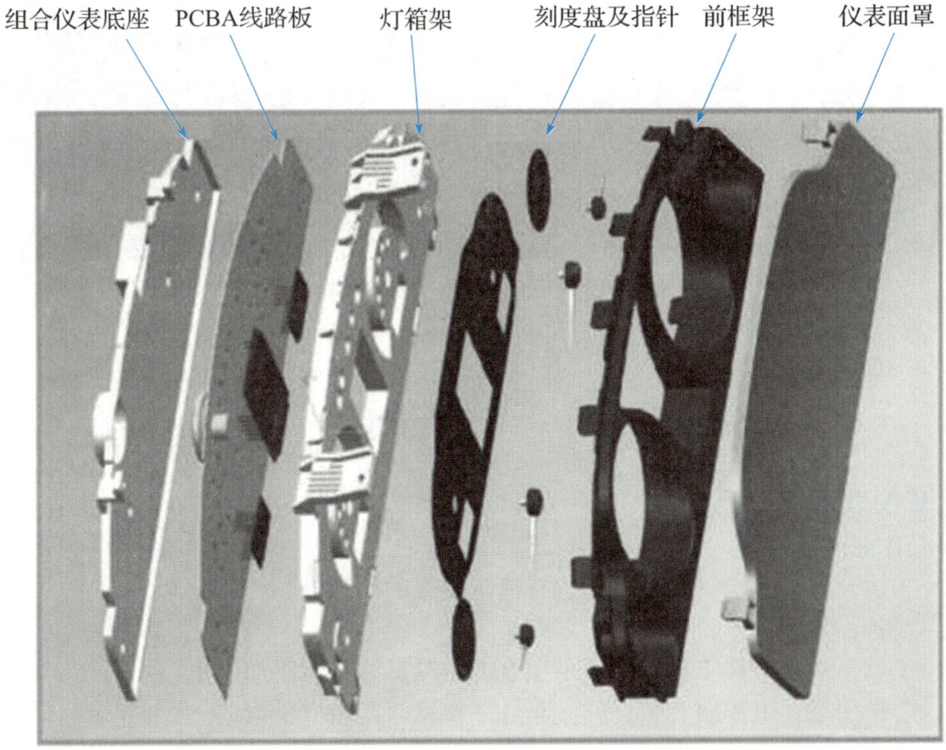

图 4－4－7　汽车仪表系统的基本结构

刻度盘并非通过注塑成型，而是在PC透明胶片上透过丝网印刷，印制不同图案和颜色，然后根据仪表形状裁切而成。图 4－4－8 所示为制作刻度盘所用的胶片。胶片是透明的，因此需要印刷多次，最后再进行 UV 油墨印刷和 UV 固化。也就是说，胶片是通过多次的丝网印刷之后，再加上一道 UV 油墨的油印和固化才变成我们看到的刻度盘的样子。

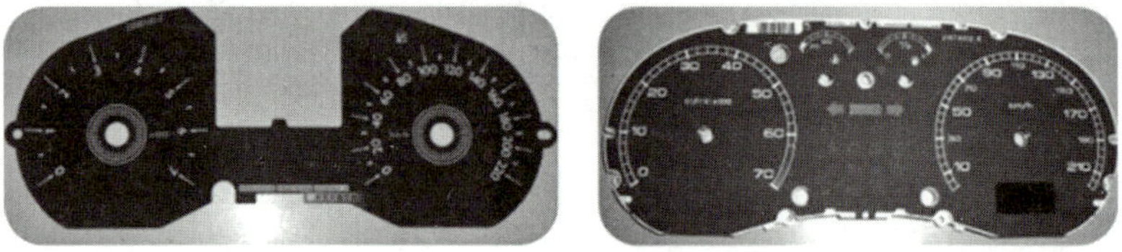

图 4－4－8　刻度盘刻度胶片

PCBA 线路板是汽车仪表的核心部件，如图 4－4－9 所示。在汽车行进过程中，汽车状况通过相应的传感器检测，转换为电压、脉冲信号，再进行滤波放大，通过行车电脑处理后，获得所需要的数字量信号，并送到 CAN 总线。仪表接收到 CAN 总线信号，通过主控芯片进行数据处理，从而驱动步进电动机、LCD、LED 等。

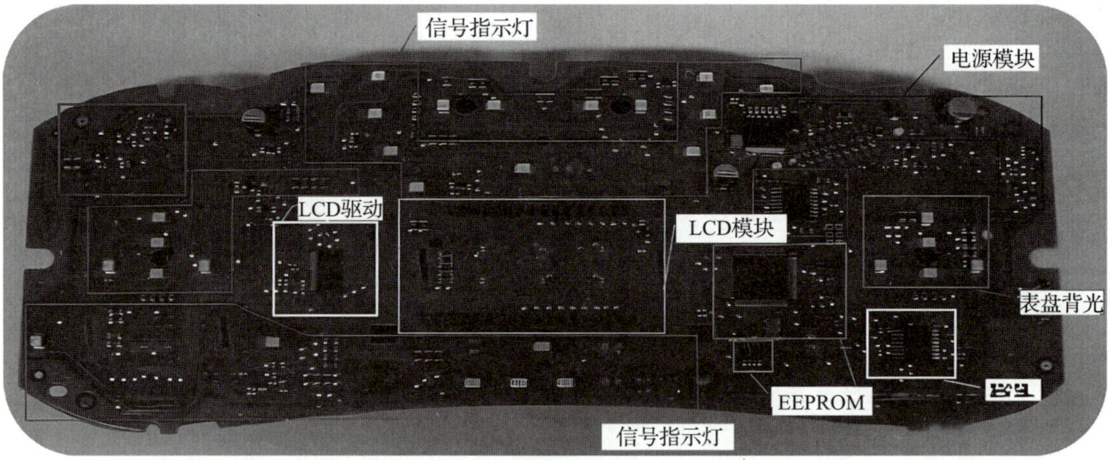

图 4－4－9　汽车仪表 PCBA 线路板

任务实施

一、汽车仪表系统的拆装

（一）作业准备

（1）场地设施：理实一体化教室、有消防设施的场地。

（2）设备：实训整车、工作台、零件车。

（3）工具：常用维修工具、专用中控台拆装工具、维修手册、电路图。

（4）防护用品：工作服、劳保鞋、车外三件套、车内三件套。

（5）耗材：干净抹布、泡沫清洗剂。

（二）操作步骤

汽车仪表盘的拆卸如图 4－4－10 所示。

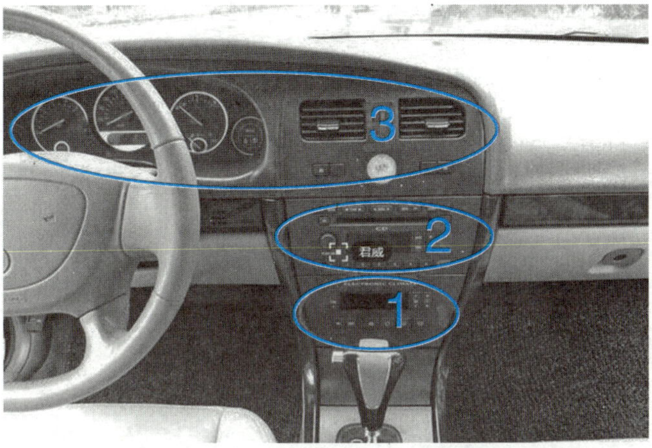

图 4-4-10　汽车仪表盘的拆卸

（1）拆卸中央扶手盒。

注意事项

挡位饰板与挡位旁的杂物盒是一体的，一起拆下，揭起中间饰板尾部可将其整块拆除。注意饰板下有线束插接。

（2）拆除中央出风口。

（3）拆除仪表盘的三个开关，其后面有螺栓。

注意事项

拆松后拔掉线束取出主机时注意易刮花换挡杆，应用毛巾保护；将新主机与空调模块组装时要注意间隙与边沿的整齐。

（4）拆除仪表盘。

（5）按拆卸相反的步骤操作，安装仪表盘。

注意事项

摄像头视频线与倒车检测线经过方向盘下面时要注意固定，不要让线妨碍方向盘的活动；摄像头装在尾箱盖上的，打孔尽量避免刮花原车油漆；将摄像头视频线引到尾箱时要注意给线留出活动空间，避免开启尾箱时将线拉断。

二、汽车仪表系统的维护

（一）作业准备

（1）场地设施：理实一体化教室、有消防设施的场地。

（2）设备：举升设备、实训整车、工作台、零件车及维修手册。

（3）工具：常用维修工具、专用中控台拆装工具、维修手册、电路图。

（4）防护用品：工作服、劳保鞋、车外三件套、车内三件套。

（5）耗材：润滑材料、干净抹布、泡沫清洗剂。

（二）操作步骤

1. 仪表盘的清洁

（1）普通仪表盘。清洁普通仪表盘较直接的方法是用一块干净的软抹布仔细擦拭，如

图 4－4－11 所示。如果想要清洁后的效果更好，建议使用细纤维布，用力擦拭可去除顽固性污渍。注意擦拭的时候尽量不要忽视角落等细微的地方，否则会发现清理后的仪表盘没有擦到区域的灰尘和污垢变得异常明显，影响汽车内部环境的美观。

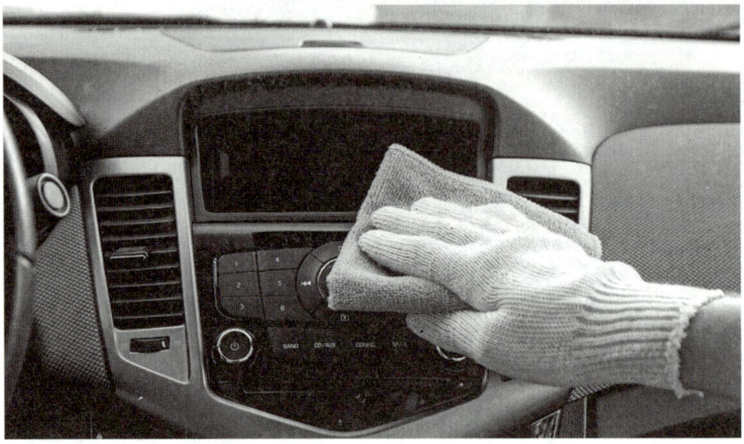

图 4－4－11　清洁仪表盘

（2）布制仪表盘。一些仪表盘上会覆盖一个布制的软垫，时间一久，软垫便会附着较多灰尘。一般可以将其拆卸后放入洗衣机内进行清洗。需要注意的是一些洗衣清洁剂含有的化学物质，可能会促使软垫变质，这时就需要及时更换新的软垫。

（3）乙烯基树脂仪表盘。对于乙烯基树脂材质的仪表盘，清洁时需使用柔和型的清洁剂。因为一些如含有氨等成分的多功能清洁剂，易引起仪表盘面板褪色或产生裂缝。使用天然环保的清洁剂能有效避免这样的情况。

（4）真皮仪表盘。部分中高端轿车的仪表盘，通常是采用皮革材料制成的。清理这种材质的仪表盘，需要远离含有酒精等元素的清洁剂。因为这种清洁剂不仅会使皮革变得干燥、黯淡无光，还会使其表面产生裂缝。一般建议使用纯天然橄榄香皂做清洁剂，它对皮革材质的伤害度相对较低。

如果想要提高仪表盘的光亮度，对仪表盘做好清洁后，可以滴几滴核桃油或橄榄油于抹布上，均匀地擦拭仪表盘部件。

2. 仪表盘的保养

（1）汽车仪表盘应尽量避免受紫外线直射，因为过强的光照会使仪表盘出现褪色、老化、龟裂、起皱等问题。

（2）汽车仪表盘可以使用表板蜡进行养护，如图 4－4－12 所示。涂抹在仪表盘表面会形成一层光洁亮丽的保护膜，这能够美化仪表盘，使其恢复原本的色彩。表板蜡具有防静电、抗紫外线、防水、防霉等功能，涂抹后可以减少灰尘积聚，从而有效延长仪表盘的使用寿命。

图 4－4－12　汽车仪表盘打蜡

任务练习

一、判断题

1. 水温表用来指示发动机内部冷却液温度，一般有两种显示：一种是直接显示温度；另一种标注 C－H，C 表示 60℃，H 红格表示的温度是 110℃。（ ）

2. 汽车行驶中的正常水温应该是 90℃左右。（ ）

3. 汽车仪表盘上的信号指示灯一般分为黄色、红色、绿色和蓝色四种颜色。（ ）

二、选择题

1. 车速表通过车速传感器感应在不同发动机转速下得到不同的脉冲信号，然后转换为指令输出，指示当前（ ）。

A. 车速　　B. 发动机转速　　C. 压缩机转速　　D. 电动机转速

2. 油量表显示车辆当前燃油量信息，燃油量过（ ）时，仪表会显示报警，提示加油。

A. 高　　B. 低　　C. 大　　D. 多

3. 汽车仪表盘上信号指示灯的颜色一般不包括（ ）。

A. 黄色　　B. 蓝色　　C. 紫色　　D. 青色

三、简答题

1. 简述仪表盘的拆装顺序。

2. 简述仪表盘维护注意事项。

任务五 空调系统的拆装与维护

案例导入

李先生驾驶奥迪 A3 轿车去上班，途中感觉空调制冷效果不好，因天气炎热，空调使用频繁，随后他将车辆送往 4S 店进行维修。高级维修技术人员判断是空调制冷系统工作不良，长久使用但未对空调制冷系统进行维护保养造成的故障。经店里维修人员进行详细检查，发现该车的空调高压管有微小的裂纹，导致制冷剂泄漏，制冷能力下降。后维修人员更换空调高压管、添加制冷剂后故障排除。

知识探究

一、空调系统的功能

汽车空调系统是实现对车厢内空气进行制冷、加热、换气和净化的装置。它可以为乘车人员提供舒适的乘车环境，提高行车安全。空调系统已成为衡量汽车功能是否齐全的标志之一。现代汽车空调有四种功能：调节温度、调节湿度、通风、过滤空气。

（1）空调能控制车厢内的气温，既能加热空气，也能冷却空气，把车厢内温度控制到舒适的水平。

（2）空调能够排出空气中的湿气，干燥空气，营造更舒适的环境。

（3）空调可吸入新风，具有通风功能。

（4）空调可过滤空气，排除车内空气中的灰尘。

二、空调系统的组成

汽车空调系统主要由制冷系统、暖风系统、空气净化系统和控制系统四个子系统组成。

（一）制冷系统

制冷系统的作用是在炎热天气为车内提供冷气。制冷系统主要由压缩机、冷凝器、储液干燥器、膨胀阀、蒸发器、散热风扇、制冷管道等组成，如图 4－5－1 所示。因为作为冷源的蒸发器的温度低于空气的露点温度，所以制冷系统还具有除湿的作用。

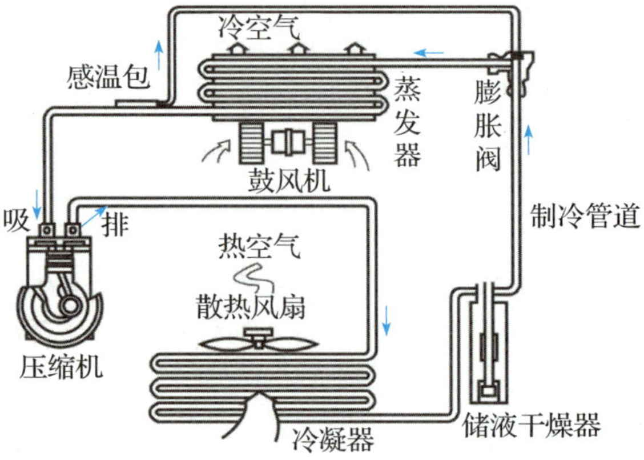

图 4－5－1　空调制冷系统

（二）暖风系统

汽车的暖风系统可以将车内的空气或从车外吸入车内的空气加热，提高车内的温度。暖风系统主要由加热器、冷却液控制阀、膨胀水管等组成，如图 4－5－2 所示。

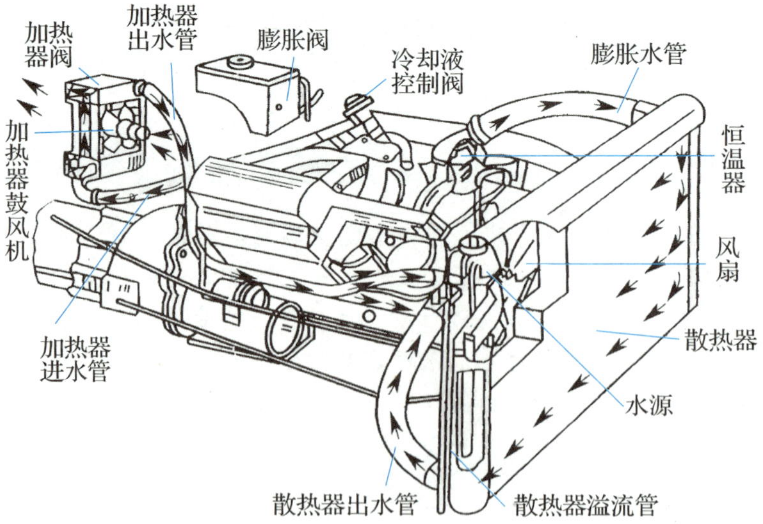

图 4－5－2　空调暖风系统

（三）空气净化系统

空气净化系统可以除去车内的灰尘，保持车内空气清洁，部分车辆的空气净化系统还具备去除异味、杀灭细菌的作用。空调空气净化系统主要由过滤器、鼓风机和风门等组成，如图 4-5-3 所示。

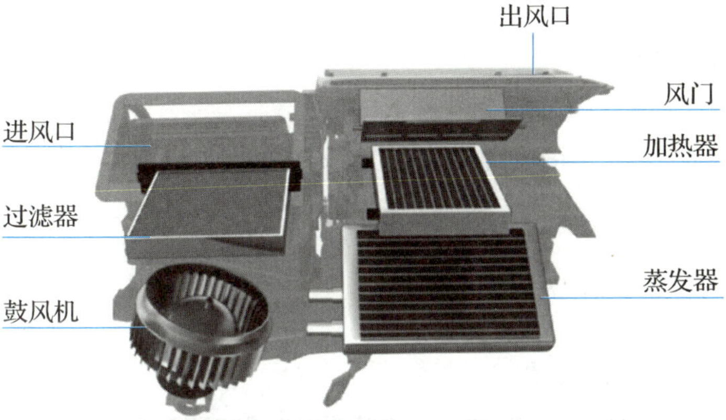

图 4-5-3　空调空气净化系统

（四）控制系统

空调控制系统的功能是保证空调系统正常运转，同时保证空调系统工作时发动机的正常运转，主要由各种温度传感器、空调控制器、执行器（电机、继电器、阀门）、通信总线（CAN 总线和 LIN 总线）和空调控制面板等组成，如图 4-5-4 所示。根据温度传感器检测到的信号，控制系统能够精确调节空气压缩机、鼓风机、PTC 加热器及各功能电机、阀门的工作状态，从而确保车内温度的恒定与舒适。

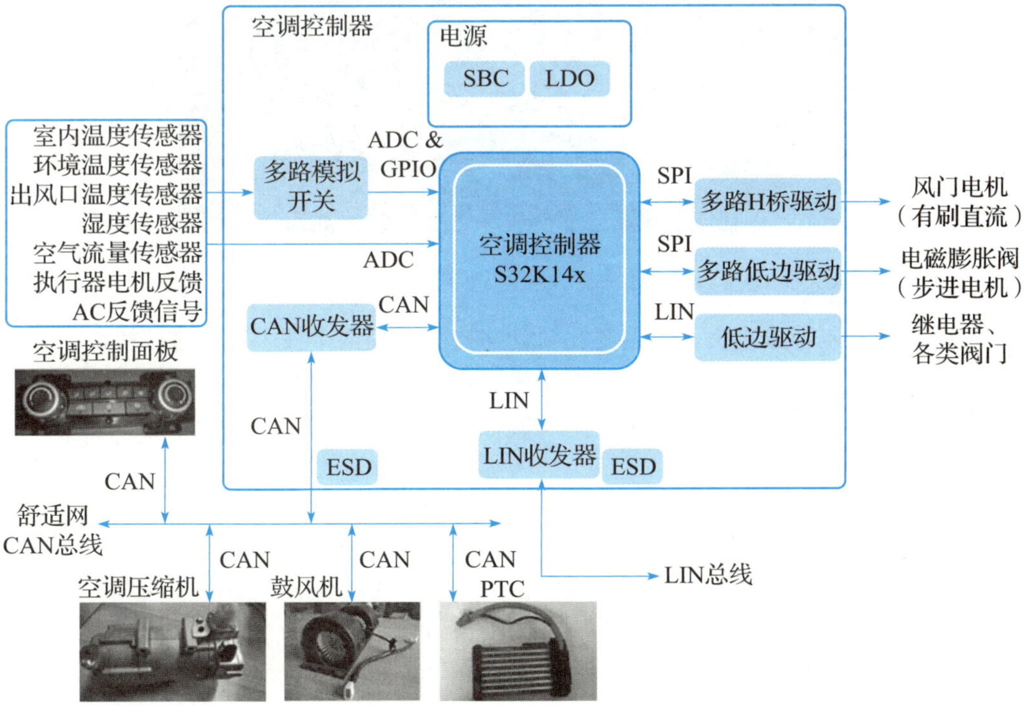

图 4-5-4　空调控制系统

任务实施

一、汽车空调制冷系统的拆装

（一）作业准备

（1）场地设施：理实一体化教室、有消防设施的场地。

（2）设备：实训整车、制冷剂加注机、工作台、零件车。

（3）工具：常用维修工具、量具、维修手册及专用工具等。

（4）防护用品：工作服、劳保鞋、车外三件套、车内三件套。

（5）耗材：干净抹布、泡沫清洗剂。

（二）操作步骤

1. 空调制冷系统管路的拆卸

（1）拆下蓄电池的搭铁线，或关闭车辆电源的开关。

（2）用专用的仪器回收制冷剂，如图 4-5-5 所示。

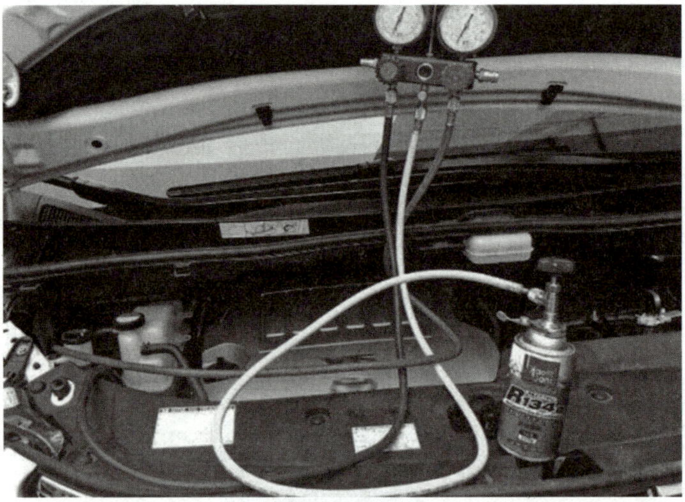

图 4-5-5　回收制冷剂

（3）拆卸高低压管路接头，一定要在两管路接头上用两个扳手同时进行操作。

（4）管路拆下后，应立即在各关口上堵上堵塞，以保证管路的清洁。

（5）清洁管路时，不能用水或压缩空气清洗内部，而要用氮气或制冷剂进行清洗。

2. 空调压缩机的拆卸

（1）拆下空调压缩机电磁离合器的导线接头。

（2）从系统中抽出制冷剂。

（3）拆下空调压缩机的排气管和吸气管接头。

（4）松开中间支承轮的固定螺母，拆下驱动皮带。

（5）把空调压缩机的固定螺栓松开，拆下空调压缩机总成；放出空调压缩机内的润滑油，并检查油质情况。

注意事项

如果压缩机有故障，需要熟悉压缩机结构的维修技术人员对其进行维修，必须注意以下几点：

（1）压缩机中的冷却润滑油要倒在一个有刻度的容器内，待压缩机修好后再倒回压缩机内，若冷却润滑油已变质，则要用相同牌号、相同质量的润滑油更换。

（2）拆卸压缩机时应有计划地按步骤进行，先拆部件再拆零件，在拆卸中必须在专用记录本上记下零件有关标记，以及与其他零件的关系、位置和朝向等，拆下的零件应按部件分别保管，以免搞乱。

（3）拆卸的零件清洗后应浸放在冷却润滑油内，以防腐蚀、受潮，拆下的管路、管件经清洗后其内孔应用木塞或专用堵塞堵好，以防止脏物侵入。

（4）装配完成后，必须经由1.6MPa的氮气测漏，具体方法是：堵住压缩机的排气口，从吸气口打入氮气后，把整台压缩机浸入水中，不得有气泡从压缩机中冒出。

（5）修理后的压缩机应进行性能试验，合格后装车使用。

制冷系统及空调压缩机的安装与拆卸顺序相反。每个管接头清洗干净后，有O形密封圈的，要换上新的O形密封圈。安装时应在每个密封表面涂上一点规定的冷却润滑油，以提高其密封性能。安装储液干燥器时，其进口管道应与冷凝器出口管道相接。安装离合器定子时，一定要使它与压缩机壳上的螺钉对齐；当电磁离合器装好后，应测量转子和中央片的间隙值，正常情况下应为0.4～0.7mm，否则要调整垫片厚度（垫片位于中央片中部下面）。

注意事项

（1）按要求安装各管路的接头和各固定螺栓，并按规定的扭矩拧紧。

（2）检查所有零部件，保证无损坏，且各相邻的零部件之间互不干涉。

（3）压缩机的吸气管与排气管接头要可靠，并进行泄漏检查。

（4）进行泄漏检查，确保各连接部位没有泄漏现象。

（5）对压缩机驱动皮带的松紧度要按规定进行调整。

二、汽车空调制冷系统的维护

（一）作业准备

（1）场地设施：理实一体化教室、有消防设施的场地。

（2）设备：实训整车、工作台、零件车、制冷剂加注机。

（3）工具：常用维修工具、世达150件工具套装、扭力扳手、测量工具、检漏仪。

（4）防护用品：工作服、劳保鞋。

（5）耗材：车内三件套、翼子板布、空调滤芯、空调清洗剂、制冷剂、冷冻机油。

（二）操作步骤

1. 检查和更换空调滤芯

（1）打开扶手箱盖，如图4－5－6所示。

（2）找到扶手箱右侧的固定卡扣，并用力向外侧拔出，如图4－5－7所示。

图 4-5-6　打开扶手箱盖

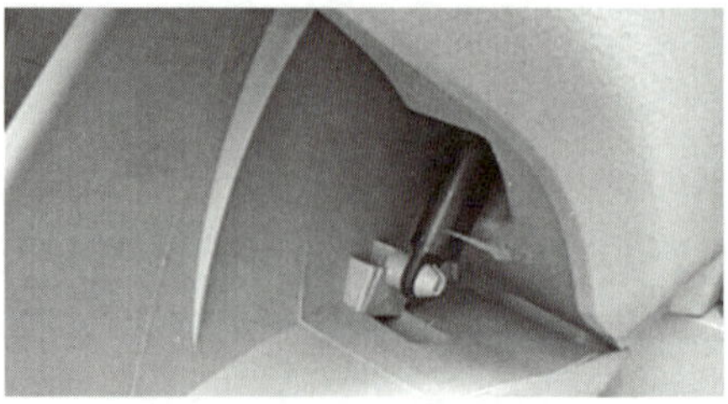

图 4-5-7　拔出固定卡扣

（3）将扶手箱盖的固定卡扣取下，使之脱离，如图 4-5-8 所示。

（4）用双手将扶手箱从两边向中间挤压，拿下扶手箱，如图 4-5-9 所示。

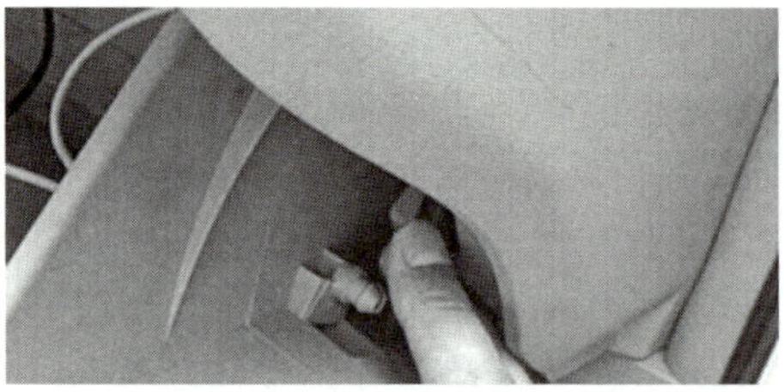

图 4-5-8　取下固定卡扣

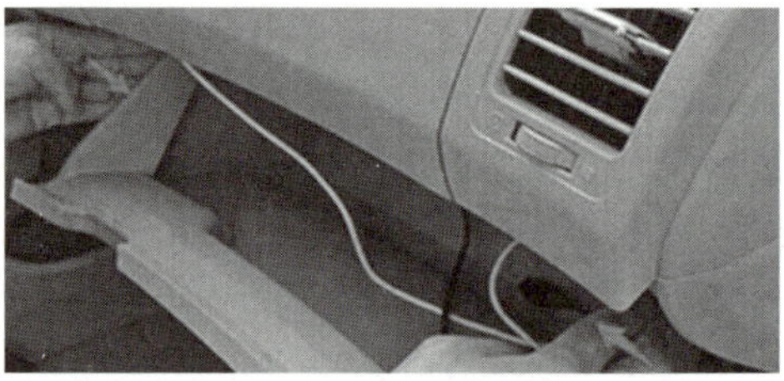

图 4-5-9　拿下扶手箱

（5）拿下扶手箱就可以看到空调滤芯盖板，用力按压盖板两侧的固定卡扣，就可以取下盖板，如图 4-5-10 所示。向外侧抽出旧的空调滤芯，如图 4-5-11 所示。

图 4-5-10　取下盖板

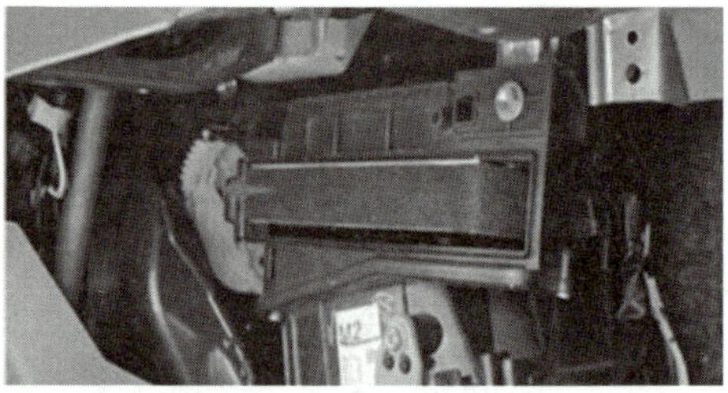

图 4-5-11　抽出旧的空调滤芯

（6）检查空调滤芯，如果脏污不严重，可以用吹尘枪按照从内到外的方向吹干净，如果脏污严重，则需要更换新的空调滤芯。

（7）将吹干净的或新的空调滤芯装入，按与拆卸相反的顺序恢复原位（注意空调滤芯的安装方向），如图 4-5-12 所示。

图 4-5-12　空调滤芯的安装

2. 清洗空调

（1）找出空调外部空气入口位置，如图 4－5－13 所示，如有必要打开发动机舱盖。

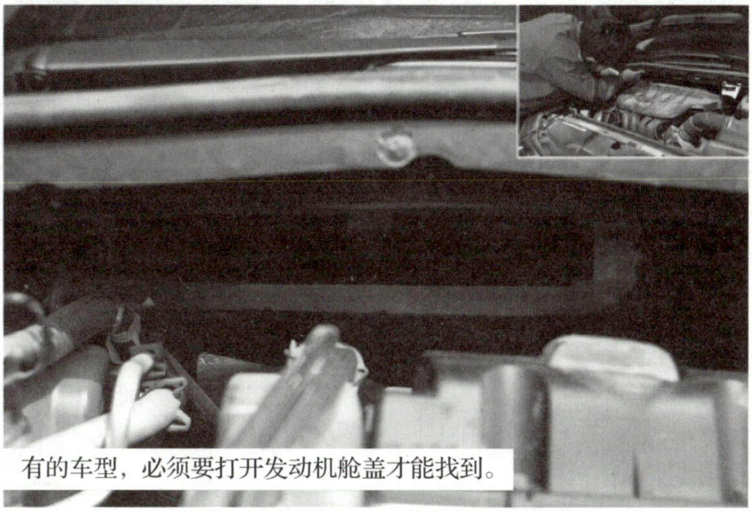

图 4－5－13　找出空调外部气入口位置

（2）起动发动机，打开车窗。

（3）将空调开关置于“OFF”位置，开启空调外循环模式，导入外部空气，并将风扇挡位调至最大。

（4）找出空调进气口吸力最大的部位。

（5）将软管接到空调清洗剂喷嘴处，如图 4－5－14 所示。

（6）从吸力最大的位置喷入空调清洗剂，如图 4－5－15 所示。

图 4－5－14　将软管接到空调清洗剂喷嘴处

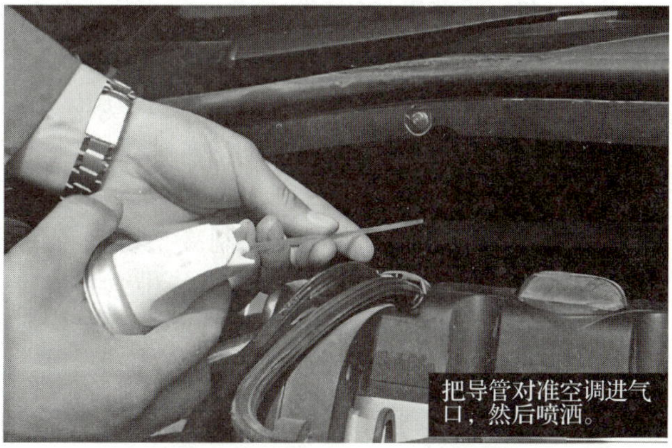

图 4－5－15　喷入汽车空调清洗剂

（7）充分注入空调清洗剂后，再让风扇运行 10～15min。

（8）关闭空调风扇，关闭发动机，约 10min 后即可。

3. 空调检漏

（1）外观检漏。通过目视或用手直接触摸来检查空调制冷系统各接头是否有油泄漏出来，对于不严重的泄漏，可通过检漏仪或肥皂液来检查，如图 4－5－16 所示。

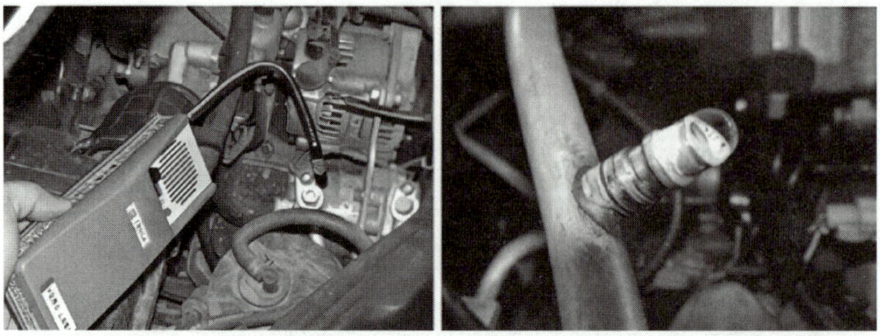

（a）检漏仪检漏　　（b）肥皂液检漏

图 4-5-16　外观检漏

（2）压力检漏。压力检漏包括充氮气压力检漏和充制冷剂压力检漏，如图 4-5-17 所示。

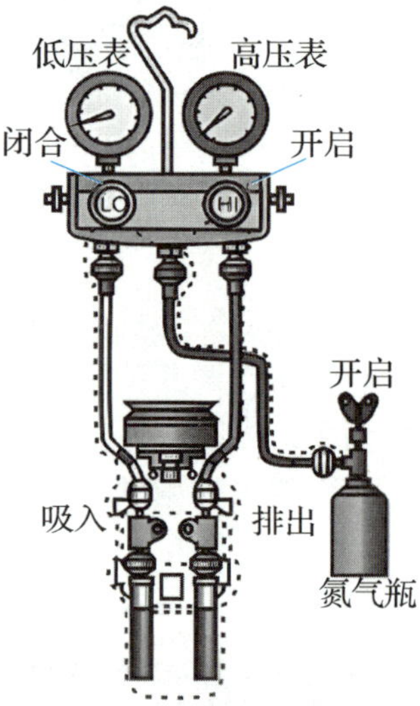

图 4-5-17　压力检漏

检漏步骤：1）正确连接歧管压力表，在空调制冷系统没有制冷剂的情况下，先把歧管压力表的高压软管接到空调制冷系统高压维修阀上，把压力表的低压软管接到低压维修阀上，然后把中间管接到氮气瓶上。2）将氮气瓶打开，然后打开歧管压力表高、低压维修阀，向系统内充注干燥氮气，当其压力达到 1.2～1.5MPa 时，关闭歧管压力表高、低压维修阀。3）用肥皂液涂抹在容易漏气的管路接头处或焊接处，仔细观察有无气泡，如有泄漏，则漏气处有气泡涌出，漏气大的地方有微小声音，并出现大量气泡，漏气量小的地方间断出现小泡。

⚠ 注意事项

严禁用压缩空气进行检漏，因压缩空气中含有水分，水分随空气进入系统会对系统造成冰堵。氮气无腐蚀性，无水分，且价格便宜，但瓶装氮气一定要用减压表充注。

（3）真空检漏。抽真空是为了排除空调制冷系统内的空气和水分，它是空调维修中一项极为重要的程序。因为对空调制冷系统进行维修或更换元件时，空气会进入系统，且空气中含一定水蒸气，所以需要对空调制冷系统抽真空，如图 4-5-18 所示。

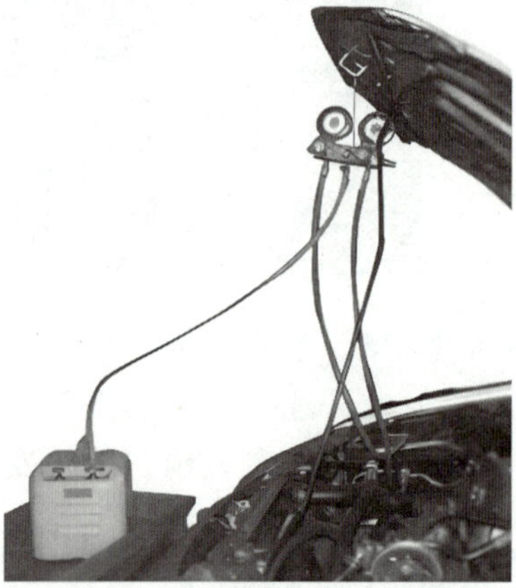

图 4-5-18　空调制冷系统抽真空

检漏步骤：1）先把歧管压力表高压软管接到空调制冷系统高压维修阀上，再把低压软管接到低压维修阀上，把中间管接到抽真空机上。2）打开歧管压力表高压维修阀与低压维修阀，打开真空泵，并观察低压表上的真空表部分，直到抽真空至－100～－80kPa。3）关闭歧管压力表上的高、低压维修阀，关闭真空泵电源开关，观察真空表压力是否回升。如回升则表示空调制冷系统泄漏，此时应进行检漏和修补；若压力表指示针不动，则再打开真空泵，连续抽真空 15～30min，使压力表指针稳定。4）抽真空完毕后，先关闭歧管压力表高、低压维修阀，再关闭抽真空机。

注意事项

系统检修完毕后，只有抽完真空才能加注制冷剂。在抽真空过程中，如发现压力表一直不动或一直不降至规定真空度，说明系统有泄漏，应进行检修。

4. 添加（更换）制冷剂（以元征公司生产的 MRF－301 制冷剂加注机为例）

（1）打开与汽车空调系统连接的高、低压快速接头阀门，如图 4－5－19 所示，打开设备侧板的高（H）压手阀，关闭设备侧板的低（L）压手阀，如图 4－5－20 所示，然后打开设备制冷剂罐的气、液口阀门，如图 4－5－21 所示。

图 4－5－19　快速接头阀门

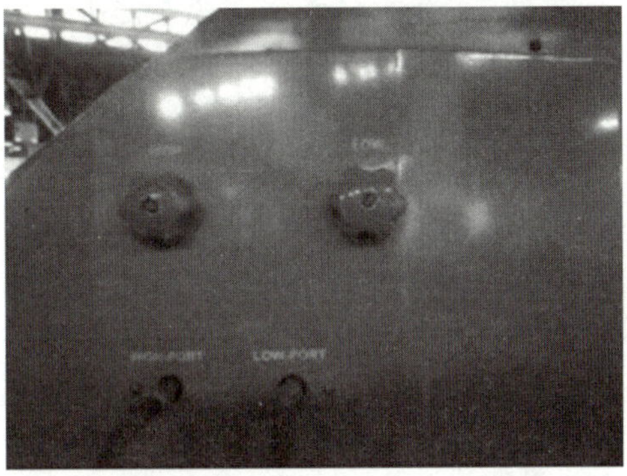

图 4－5－20　关闭设备侧板的低（L）压手阀

图 4－5－21　打开设备制冷剂罐的气、液口阀门

（2）按  键，如图 4－5－22 所示，在“项目选择”中选择“自动模式（Auto Mode）”项目。此时“自动模式”指示灯长亮，“加注（Recharging）”指示灯闪烁。“参数显示（PARAMETER）”中显示自动模式下的制冷剂加注量，按“－”键  和“＋”键  设置加注量，如图 4－5－23 所示，按“确认”键  确认加注量，若不需改变“参数显示”中显示的值也可按“停止”键  跳过此步设定。

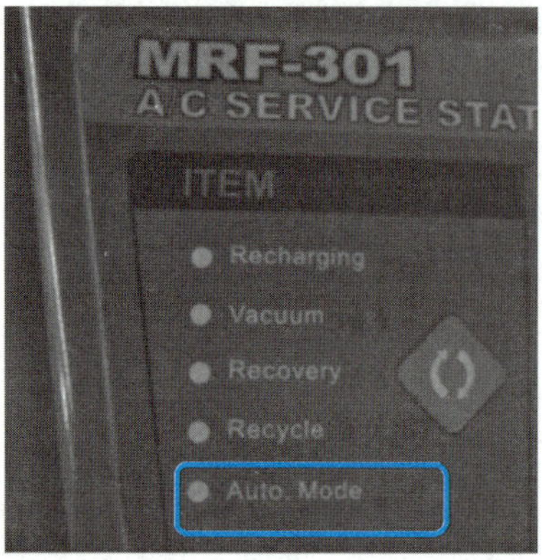

图 4-5-22　开启自动模式

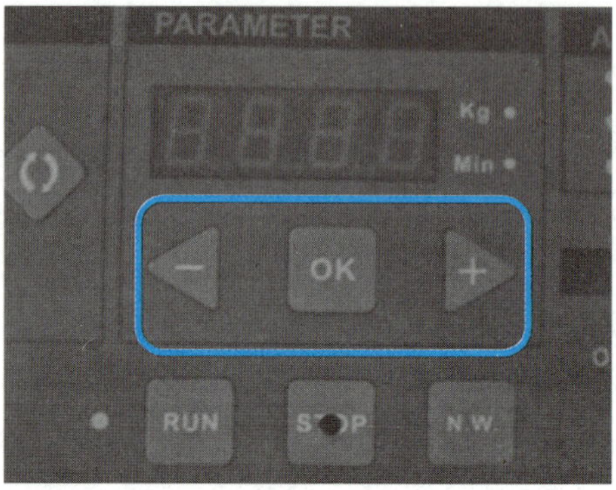

图 4-5-23　设置加注量

（3）完成上一步设定后，“自动模式”指示灯长亮，“抽真空（Vacuum）”指示灯闪烁。“参数显示”中显示自动模式下的抽真空时间，按“－”键和“＋”键设置抽真空时间。按“确认”键确认抽真空时间，若不需改变“参数显示”中显示的值也可按“停止”键跳过此步设定。

（4）完成上一步设定后，只有“自动模式”指示灯长亮，此时只有 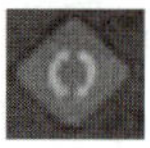 键和“运行”键 

有效，按“运行”键开始自动运行，如图 4-5-24 所示。

图 4-5-24　按“运行”键

（5）首先运行的是回收功能，此时“自动模式”指示灯长亮，“回收”指示灯闪烁，“运行”指示灯亮，如果持续 1min 没有制冷剂回收回来，将进行排油。排油结束后，回收功能结束，运行抽真空功能。

（6）此时“自动模式”指示灯长亮，“抽真空”指示灯闪烁，设备会根据设置的抽真空是否循环再生参数来决定抽真空时是否同时运行循环再生功能。若抽真空时循环再生参数设置的是“ON”，则抽真空运行 1min 后，启用循环再生功能，“循环再生”指示灯闪烁，循环再生功能和抽真空功能同时运行，直到抽真空时间剩余 2min 时，停止循环再生功能。如果设置的抽真空时间小于 3min，将不运行循环再生功能。

（7）抽真空功能结束后，运行加油功能，此时“运行”指示灯闪烁，“参数显示”中显示剩余的加油时间，单位是秒（s）。

（8）加油功能结束后，运行加注功能，此时“自动模式”指示灯长亮，“加注”指示灯闪烁，“参数显示”中显示剩余加注量。持续1min没有制冷剂加注进去，或设置的加注量加注完毕，加注功能结束，回到步骤（2）的状态。在整个运行过程中，只要按“停止”键，将结束自动运行，回到步骤（2）的状态。

任务练习

一、判断题

1. 汽车空调系统是实现对车厢内空气进行制冷、换气和净化的装置。（　　）

2. 拆卸高低压管路接头，一定要在接头上用两个扳手同时进行操作。（　　）

3. 检查空调滤芯，如果脏污不严重，可以用吹尘枪按照从内到外的方向吹干净。（　　）

4. 抽真空是为了排除空调制冷系统内的空气和水分。（　　）

5. 抽真空完毕后，先关闭歧管压力表高低压维修阀，再关闭抽真空机。（　　）

二、选择题

1. 空气净化系统主要由空调滤芯、（　　）和风门伺服系统组成。

A. 干燥器　　B. 鼓风机　　C. 冷凝器　　D. 过滤器

2. 空调压力检漏时，先将氮气瓶打开，然后打开歧管压力表高低压维修阀，向系统内充注干燥氮气，当其压力达到（　　）时，关闭歧管压力表高低压维修阀。

A. 2～5MPa　　B. 0.12～0.15MPa　　C. 1.2～1.5MPa　　D. 1.0～1.5MPa

3. 检查空调滤芯，如果脏污不严重，可以用吹尘枪按照（　　）的方向吹干净即可，如果脏污严重，则需要更换新的空调滤芯。

A. 从内到外　　B. 从外到内　　C. 从上到下　　D. 从下到上

三、简答题

1. 汽车空调系统的作用有哪些？

2. 汽车空调清洗的内容有哪些？

3. 简述空调制冷系统管路的拆卸步骤。

4. 简述空调制冷系统压力检漏的步骤。

任务六　汽车辅助电气设备的拆装与维护

案例导入

覃先生的比亚迪秦电动汽车到了规定的保养期限，其中有个项目是对汽车风窗玻璃刮水和洗涤系统进行检查，作为汽车维修技术人员的你该如何操作呢？

知识探究

一、风窗玻璃刮水和洗涤系统

（一）风窗玻璃刮水和洗涤系统的作用

风窗玻璃刮水和洗涤系统是一种用于清洁汽车风窗玻璃的装置，主要用于清除风窗玻璃上的水滴、雨水、雪、灰尘等，以确保驾驶员的视线清晰。其主要起作用的部件是电动刮水器。

1. 清除水滴和雨水

当在雨天驾驶车辆或遇到水花溅起时，风窗玻璃上会有大量的水滴和雨水。电动刮水器通过刮动橡胶刮水片，将水滴从风窗玻璃上刮除，确保驾驶员拥有清晰的视线，提高行车安全性。

2. 清除雪和冰

在雪天或低温条件下，风窗玻璃上可能会积累大量的雪或冰。电动刮水器可以快速有效地刮除风窗玻璃上的雪和冰，使驾驶员能够看清前方道路和交通情况，避免视线受阻，确保驾驶安全。

3. 清除灰尘和污垢等

风窗玻璃上可能会有灰尘、泥土、昆虫残留物等，电动刮水器的橡胶刮水片可以将这些污染物刮除，保持风窗玻璃的清洁。

4. 提供舒适驾驶体验

电动刮水器的工作效果良好，操作方便，可以快速、均匀地清洁风窗玻璃，让驾驶员享受舒适的驾驶体验。无论是在恶劣天气还是在日常驾驶中，利用电动刮水器可以保持风窗玻璃清洁，提高驾驶的安全性和便利性。

（二）风窗玻璃刮水和洗涤系统的组成

如图 4－6－1 所示，风窗玻璃刮水和洗涤系统主要由刮水臂总成、刮水连杆机构、刮水器、刮水器电机、洗涤泵、洗涤液壶、洗涤管、喷嘴及刮水组合开关等组成。

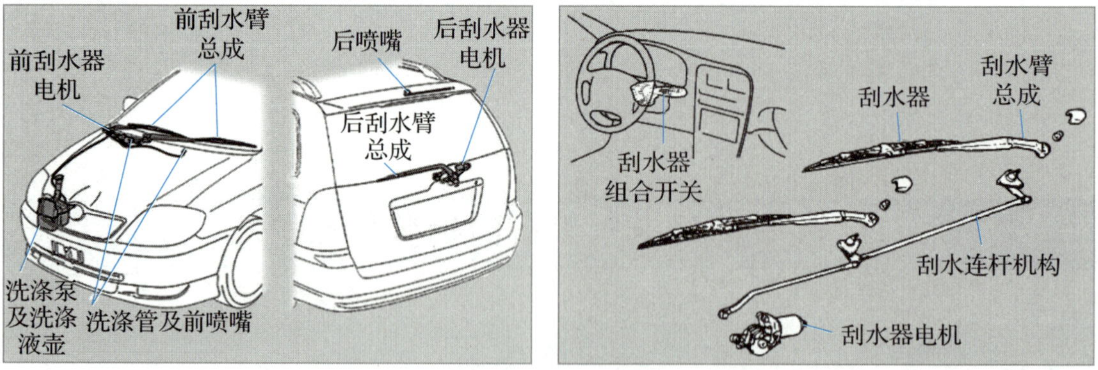

图 4－6－1　风窗玻璃刮水和洗涤系统的组成

1. 刮水器电机

刮水器电机（见图 4－6－2）一般采用双速永磁直流电机，通电便能转动，在电机齿轮上装有一个复位盘，能使刮水器每次工作完都能回到初始位置。

图 4－6－2　刮水器电机

2. 刮水连杆机构

刮水连杆机构（见图 4－6－3）的作用是把刮水器电机的旋转运动转变为刮水臂总成的往复运动，使刮水器能够在风窗玻璃上来回刮动。

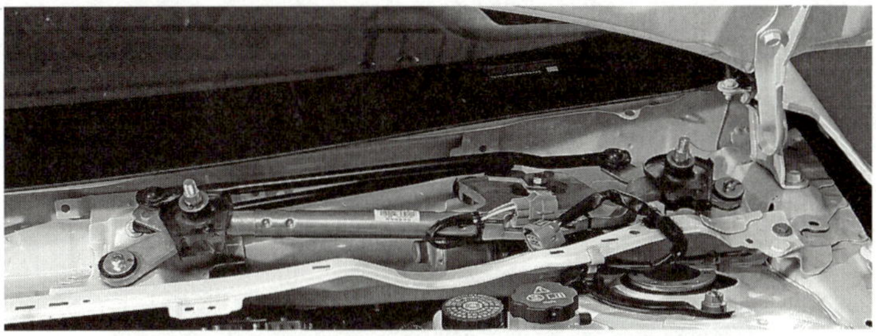

图 4－6－3　刮水连杆机构

3. 刮水臂总成

刮水臂总成（见图 4－6－4）的作用是把刮水片紧紧压在前风窗玻璃上，并带动它进行往复运动，把前风窗玻璃上的雨水和灰尘等刮干净，保证驾驶员有清晰的视野。

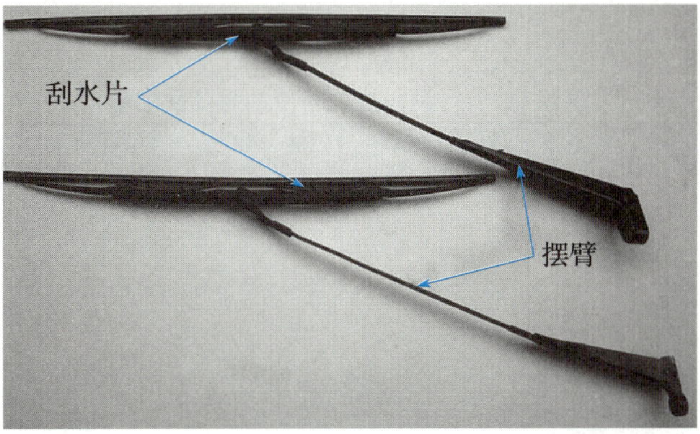

图 4－6－4　刮水臂总成

4. 洗涤泵、洗涤液壶、洗涤管及喷嘴

洗涤液壶装在右前保险杠后面，它的作用是存储洗涤液。洗涤泵装在洗涤液壶中，通电后把洗涤液通过洗涤管送往喷嘴，由喷嘴将洗涤液喷向前风窗玻璃进行清洗。洗涤系统如图 4－6－5 所示。

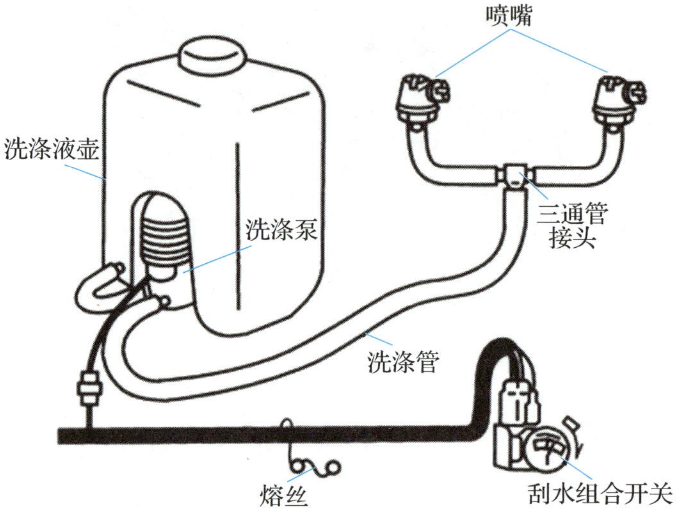

图 4－6－5　洗涤系统

5. 刮水组合开关

刮水组合开关有五个挡位，并可以操控洗涤功能。图 4－6－6 所示为刮水操纵杆，表 4－6－1 所示为刮水模式对应的中英文名称。

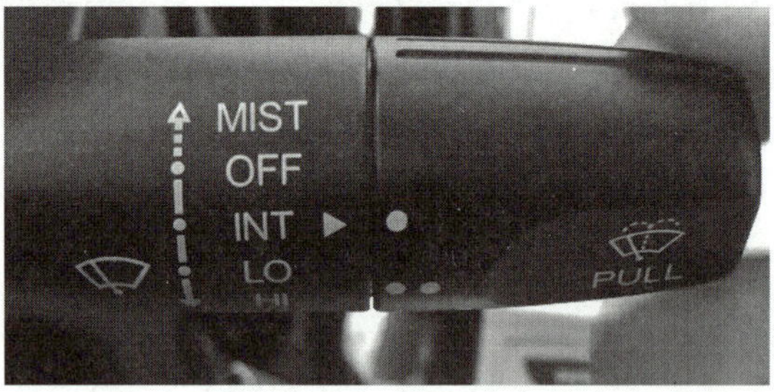

图 4－6－6　刮水操纵杆

表 4－6－1　刮水模式对应的中英文名称

英文名称	中文名称
MIST	点刮模式
OFF	关闭
INT	间歇刮水模式
LO	低速刮水模式
HI	高速刮水模式

二、电动车窗系统

（一）电动车窗系统的作用

电动车窗系统利用电动机驱动玻璃升降器（又称为换向器）实现车窗玻璃的自动升降。操作车窗控制开关后，相应的车窗玻璃升降器电动机随即通电，电动机的转动经过机械传动装置转变为车窗玻璃的升降。相比于传统的手摇车窗，其主要优点有：

（1）便利性：通过按下按钮或者手动操作，可以方便地升降车窗，无须费力转动手柄或者使用力量拉起车窗。

（2）安全性：电动车窗配备了防夹功能，当车窗玻璃升降过程中被阻挡时，系统会自动停止运行，避免夹伤手指或夹住其他物体。此外，一些电动车窗还配备了带感应器的自动升降功能，可以根据车速自动关闭车窗，提高乘车安全。

（3）多窗同时控制：一些车辆上的电动车窗系统可以同时控制多个车窗的升降，方便乘客和驾驶员的操作。

（4）防盗功能：一些电动车窗系统配备了防盗传感器和自动升降锁定功能，当感应到车辆遭到撬动时，会自动上锁或者发出警报。

目前主流的电动车窗系统的功能有：手动开/关的功能、单触式自动开/关功能、车窗锁止功能、防夹保护功能、无钥匙电动车窗功能。

（二）电动车窗系统的组成

电动车窗系统主要由车窗玻璃、车窗玻璃升降器、电动机、车窗控制开关等组成。

如图 4－6－7 所示，驾驶员侧车窗控制开关有四个按键，可分别控制四个车窗玻璃的升降，将驾驶员侧车窗控制开关按键向上提拉一次到顶或向下按压一次到底，车窗会自动上升到顶或下降到底。

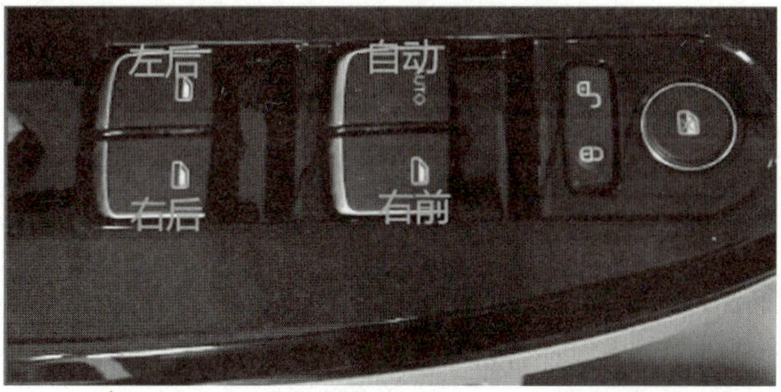

图 4－6－7　驾驶员侧车窗控制开关

三、电动后视镜系统

（一）电动后视镜系统的作用

电动后视镜系统利用电动机驱动后视镜调整位置，操作电动后视镜开关后，相应的电动后视镜电动机随即通电，电动机的转动经过机械传动装置转变为后视镜的转动，为驾驶员提供更便捷、更舒适的操作条件。

电动后视镜系统的主要功能有记忆存储、加热除霜、自动折叠。

（二）电动后视镜系统的组成

电动后视镜系统主要由永磁式电动机、传动机构和电动后视镜开关等组成，如图 4-6-8 所示。每个后视镜都有两套驱动装置，由电动后视镜开关进行操纵，其中一个电动机和传动机构用于后视镜水平方向的转动，另一个电动机和传动机构用于后视镜垂直方向的转动。

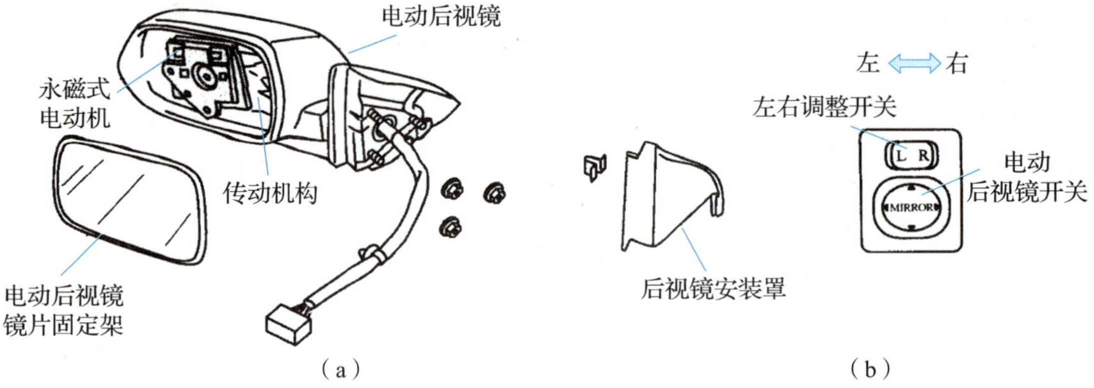

图 4-6-8　电动后视镜系统的组成

四、中控门锁系统

（一）中控门锁系统的作用

中控门锁系统是汽车中央控制系统的一部分，用于控制车辆的门锁状态。通过中控面板上的按钮或遥控器，驾驶员可以控制车辆的门锁状态，例如锁定或解锁所有车门。中控门锁系统使驾驶员可以在不直接接触车门的情况下，通过集中操作来管理车辆的门锁。中控门锁系统在现代汽车中普遍应用，并成为一个标准配置。中控门锁系统具有以下几个作用：

（1）便利性：中控门锁系统使得驾驶员可以通过一个按钮或遥控器来统一控制车辆所有车门的开闭。这样，驾驶员可以在车外或车内一次性锁住或解锁全部车门，提高了操作的便利性和效率。

（2）安全性：中控门锁系统可以提高车辆的安全性。驾驶员可以通过中控门锁系统确认所有车门是否锁住，避免因未锁门而造成车内财物失窃。此外，在发生紧急情况时，通过中控门锁系统也可快速解锁所有车门，提供紧急逃生的途径。

（3）防误锁：中控门锁系统有时会配备一些额外的功能，如防误锁功能。这种功能可以防止驾驶员在锁车时，因为误触开关等而使车门无法打开，提高了操作的安全性。

（4）儿童安全锁：部分中控门锁系统还配备了儿童安全锁功能，通过中控门锁系统可以控制后排车门的锁定状态。这种功能可以防止儿童在车内不慎打开车门，保障儿童乘客的安全。

（二）中控门锁系统的组成

中控门锁系统一般由门锁控制开关、门锁电动机（或电磁铁）、传动机构和执行机构等组成，如图 4-6-9 所示。

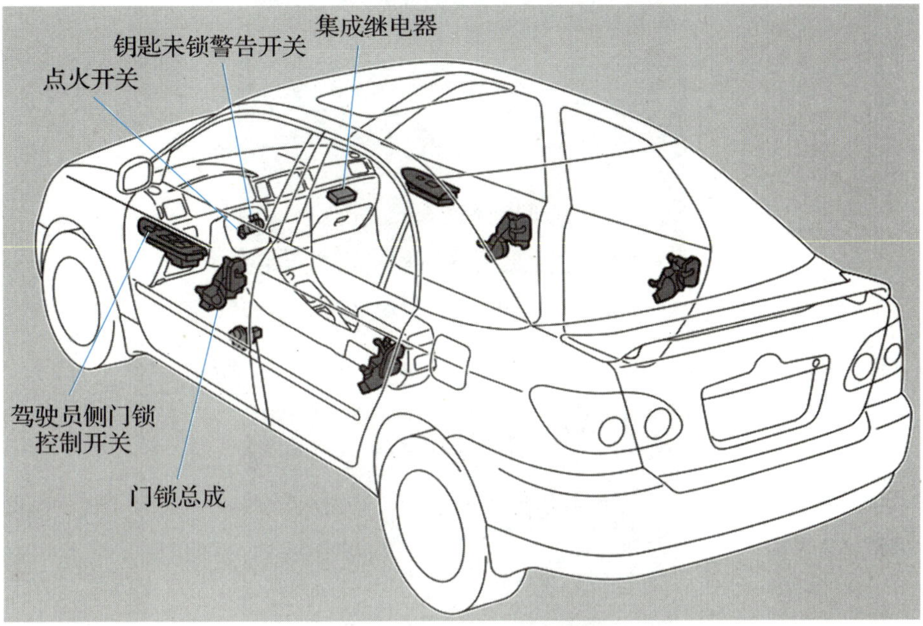

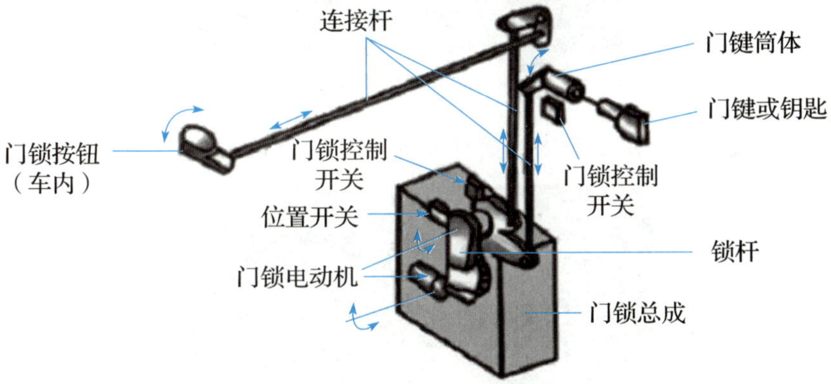

图 4－6－9　中控门锁系统的组成

任务实施

一、汽车刮水器及后视镜的拆装

（一）作业准备

（1）场地设施：理实一体化教室、有消防设施的场地。

（2）设备：实训整车、工作台、零件。

（3）工具：量具及专用工具等。

（4）防护用品：工作服、劳保鞋、车外三件套、车内三件套。

（二）操作步骤

1. 汽车刮水器的拆卸

（1）打开发动机舱盖，如图 4－6－10 所示。

图 4-6-10　打开发动机舱盖

（2）用小螺丝刀拆卸刮水器固定螺栓饰盖，如图 4-6-11 所示。

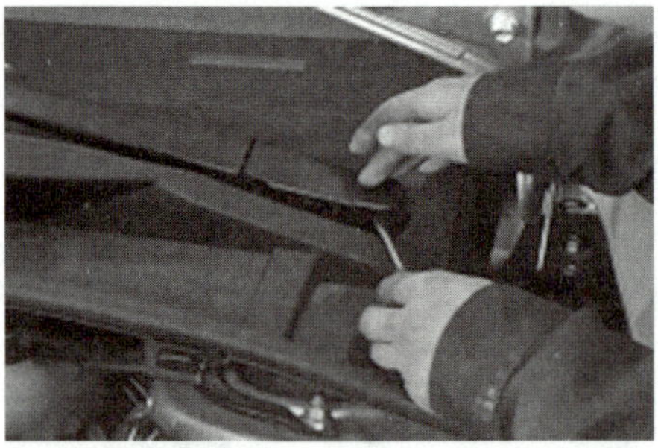

图 4-6-11　拆卸刮水器固定螺栓饰盖

（3）用 14 号套筒拆卸刮水器固定螺栓，如图 4-6-12 所示。

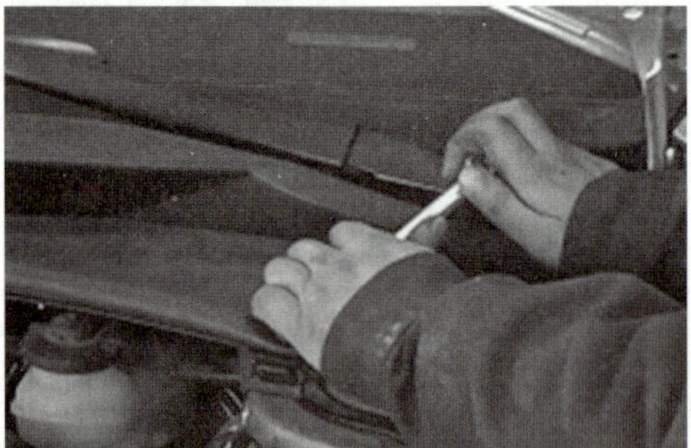

图 4-6-12　拆卸刮水器固定螺栓

（4）用手轻轻压住刮水器连接处，把刮水器拆下来，如图 4-6-13 所示。

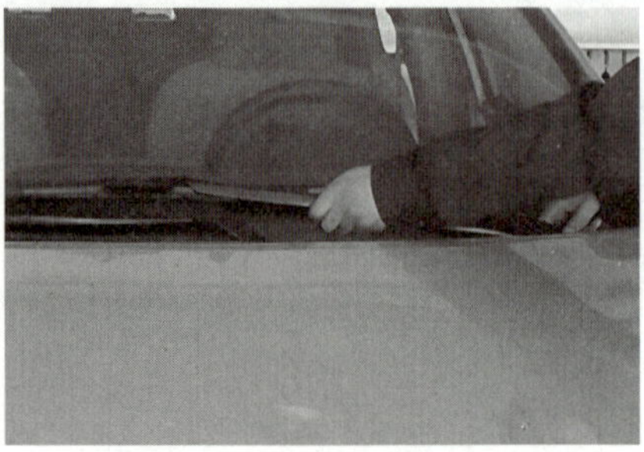

图 4-6-13　拆下刮水器

2. 汽车刮水器的安装

(1) 准备好刮水器，如图 4 - 6 - 14 所示。

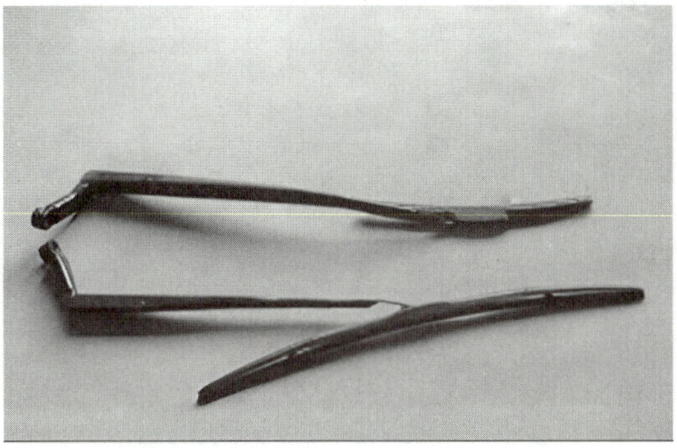

图 4 - 6 - 14 刮水器

(2) 将刮水器装在刮水器电机上，然后用 14 号套筒紧固刮水器固定螺栓，如图 4 - 6 - 15 所示。

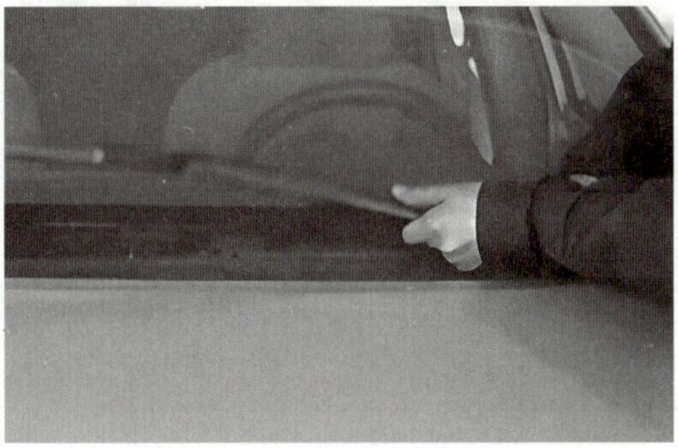

图 4 - 6 - 15 固定刮水器螺栓

(3) 调试刮水器的刮水位置，如图 4 - 6 - 16 所示。

图 4 - 6 - 16 调试刮水器的刮水位置

3. 汽车后视镜的拆卸

(1) 拆卸前车门内饰板，如图 4 - 6 - 17 所示。

图 4-6-17　拆卸前车门内饰板

(2) 用小一字螺丝刀拆卸后视镜控制线束插接器，如图 4-6-18 所示。

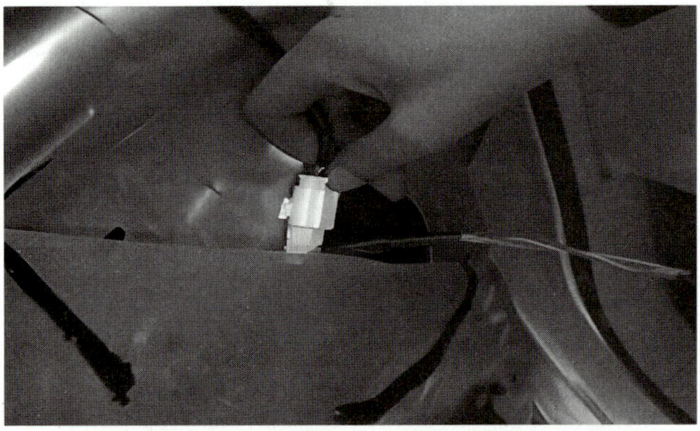

图 4-6-18　拆卸后视镜控制线束插接器

(3) 用套筒拆卸后视镜固定螺栓（3 个），如图 4-6-19 所示，拆卸后视镜。

图 4-6-19　拆卸后视镜固定螺栓

4. 汽车后视镜的安装

(1) 准备好后视镜，如图 4-6-20 所示。

图 4-6-20　后视镜

（2）将后视镜对位卡扣对准后视镜安装孔，如图 4-6-21 所示。

图 4-6-21　对准后视镜安装孔

（3）用套筒紧固后视镜固定螺钉，如图 4-6-22 所示，并插好后视镜控制线束插接器。

图 4-6-22　紧固后视镜固定螺钉

二、汽车风窗玻璃刮水和洗涤系统维护

（一）作业准备

（1）场地设施：理实一体化教室、有消防设施的场地。

（2）设备：实训整车、工作台、零件车。

（3）工具：世达 150 件工具套装、扭力扳手、冰点测试仪。

（4）防护用品：工作服、劳保鞋。

（5）耗材：三件套、翼子板布、玻璃清洗液、新刮水片。

（二）操作步骤

1. 检查玻璃清洗液

（1）检查玻璃清洗液液位，如图 4-6-23 所示，玻璃清洗液不足时应及时补充。

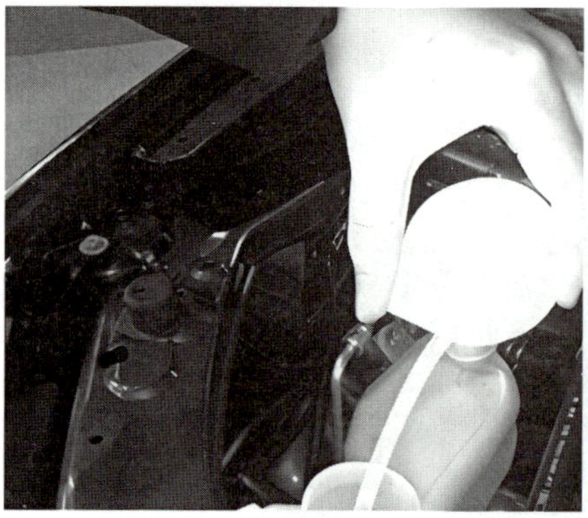

图 4-6-23　检查玻璃清洗液液位

（2）检查玻璃清洗液冰点，如图 4-6-24 所示。

图 4-6-24　检查玻璃清洗液冰点

（3）检查玻璃清洗液喷射水流的位置，如图 4-6-25 所示，位置不当时应及时调整。

（4）调整喷射位置。若洗涤器喷嘴喷射位置不当，可用与喷嘴相当的铁丝，调整喷射位置，使喷洒的液体落在刮水范围的中间，如图 4-6-26 所示。

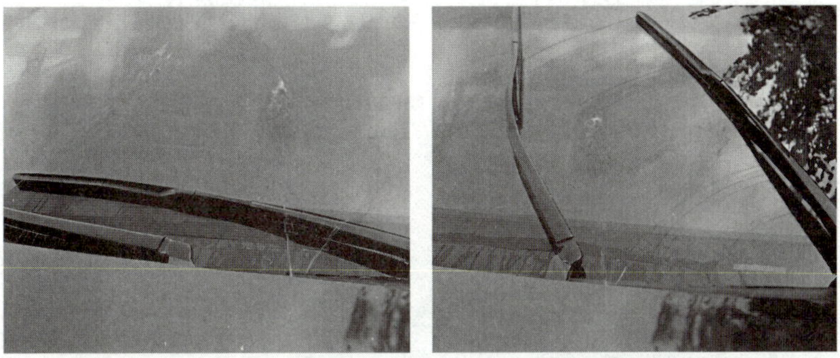

图 4-6-25　检查玻璃清洗液喷射水流的位置

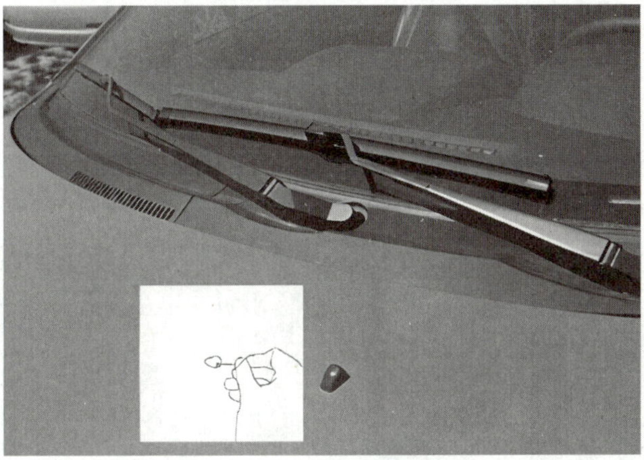

图 4-6-26　调整喷射位置

2. 更换刮水片

(1) 前风窗玻璃刮水片的更换。

1) 更换刮水片前期准备。在发动机熄火后 30s 内，向前（图 4-6-27 中 A 方向）拨动刮水组合开关一次（点动挡），刮水器动作一下并停留在中间位置，此时刮水器处于维修模式，便于维修。

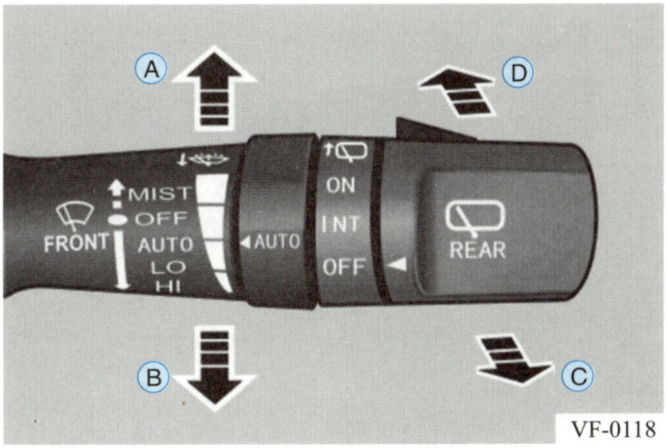

图 4-6-27　刮水模式

2）如图 4－6－28 所示，抬起刮水臂，按下刮水片两侧的固定卡扣，然后沿箭头方向拔出刮水片。

图 4－6－28　更换刮水片

⚠ 注意事项

更换刮水片之前应把新的刮水片放在易于拿取的地方。在拆卸刮水片后应注意不要有外力触碰刮水臂，避免刮水臂突然倒下损伤前风窗玻璃。

3）如图 4－6－29 所示，按照与拆卸相反的步骤装配刮水片，复位刮水器。

图 4－6－29　装配刮水片

⚠ 注意事项

更换好刮水片后，起动车辆，打开刮水组合开关，刮水器自动复位。

（2）后风窗玻璃刮水片的更换。

1）将后风窗玻璃刮水器从后风窗玻璃上拉开。

2）如图 4－6－30 所示，沿箭头方向转动后风窗玻璃刮水片，并直接取下。

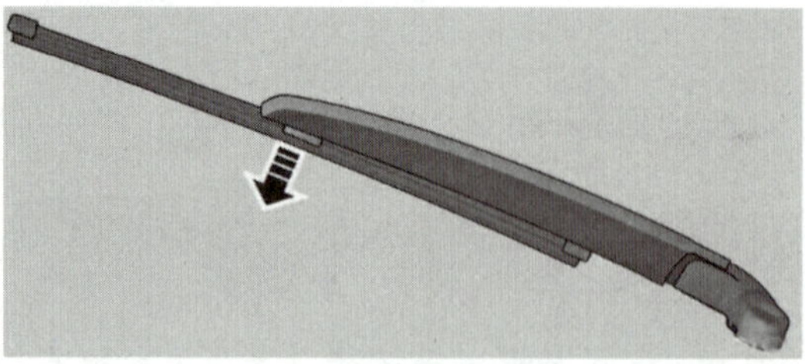

图 4－6－30　转动后风窗玻璃刮水片

3）按照第 1）、第 2）步相反的顺序安装风窗玻璃刮水片。

⚠ 注意事项

经常清洗风窗玻璃，尽量避免使用刮水片刮刷风窗玻璃上的泥沙，以免影响刮水片的刮水效果和降低其使用寿命。更换刮水片时，请使用和原装同样规格的刮水片。

3. 检查风窗玻璃刮水和洗涤系统

（1）间歇刮水模式：刮水组合开关向下压到“INT”，如图 4－6－31 所示，刮水器进入间歇刮水模式，同时进行刮水时间调节，分别为 1s、3s、5s 和 7s。

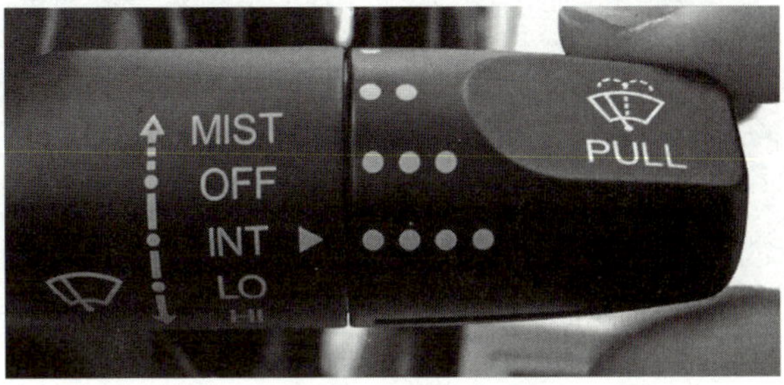

图 4－6－31　间歇刮水模式

（2）低速刮水模式：刮水组合开关向下压到“LO”，如图 4－6－32 所示，刮水器进入低速刮水模式。

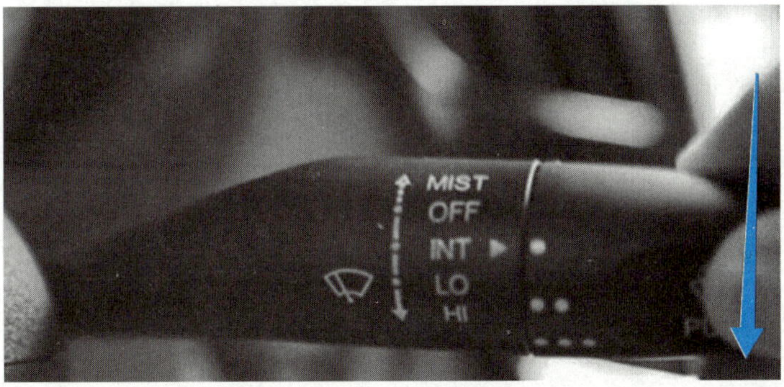

图 4－6－32　低速刮水模式

（3）高速刮水模式：刮水组合开关向下压到“HI”，如图 4－6－33 所示，刮水器进入高速刮水模式。

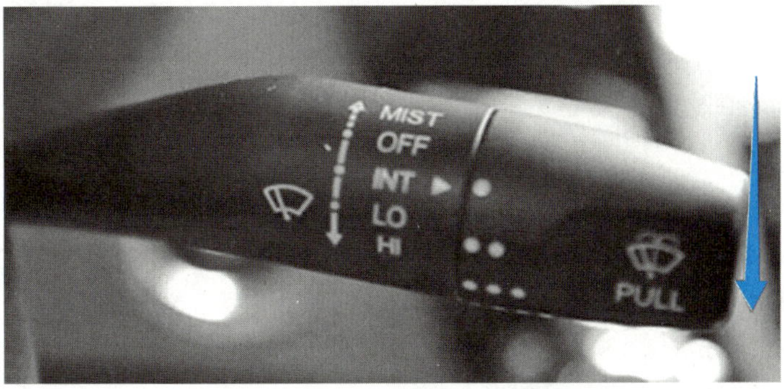

图 4－6－33　高速刮水模式

（4）点刮模式：刮水组合开关向上推到“MIST”，如图 4－6－34 所示，刮水器进入点刮模式直到松开开关为止。

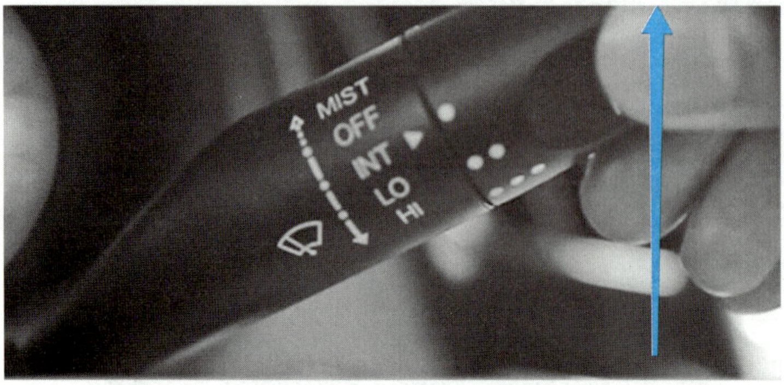

图 4-6-34 点刮模式

（5）洗涤模式：刮水组合开关往后拉起，如图 4-6-35 所示，洗涤器一直喷水，刮水器运作，直到松开开关，洗涤器才停止喷水，刮水器摆动 3 次后停止。

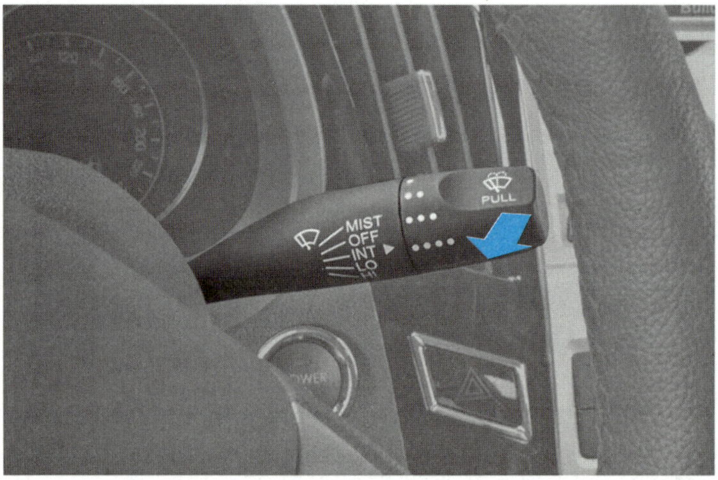

图 4-6-35 洗涤模式

任务练习

一、判断题

1. 风窗玻璃刮水和洗涤系统主要用于清除风窗玻璃上的水滴、雨水、雪、灰尘等，以确保驾驶员的视线清晰。（　　）

2. 刮水器电机采用一般采用交流电动机，通电便能转动，在电机齿轮上装有一个复位盘，能使刮水器每次工作完都回到初始位置。（　　）

3. 中控门锁系统是汽车中央控制系统的一部分，用于控制车辆的门锁状态。（　　）

二、选择题

1. 刮水连杆机构的作用是把刮水器电机的旋转运动转变为刮水臂总成的（　　）运

动，使刮水片能够在风窗玻璃上来回刮动雨水。

A. 往复　B. 直线　C. 圆周　D. 曲线

2. 电动后视镜主要由永磁式电动机、传动机构和开关等组成。每个电动后视镜都有（　）驱动装置，由电动后视镜开关进行操纵。

A. 一套　B. 两套　C. 三套　D. 四套

3. 当刮水组合开关向下压到“LO”，刮水器进入（　）。

A. 间歇刮水模式　B. 低速刮水模式　C. 高速刮水模式　D. 点刮模式

三、简答题

1. 风窗玻璃刮水和洗涤系统的作用有哪些？

2. 怎样对风窗玻璃刮水和洗涤系统进行检查与维护？

任务七 汽车声像、通信和导航系统的拆装与维护

案例导入

车主叶先生向奔驰 4S 店反映其奔驰 C260 汽车的车载导航地图信息太旧，经常导错路线，甚至有一次导航系统将他导入没有道路的荒野。叶先生到 4S 店请求帮忙更新地图信息，方便出行。经店里维修人员对其声像、通信和导航系统进行维护升级后，车载导航地图版本升为最新版本，问题解决。

知识探究

一、汽车声像系统

汽车声像系统可分为声音系统和视频系统。汽车声音系统包括音频单元和扬声器。音频单元负责接收和处理音频信号，可以通过不同的输入源（如无线电、CD/DVD 播放器、蓝牙、USB 等）提供音频内容。扬声器将处理后的音频信号转换为可听到的声音。

汽车视频系统包括显示屏和视频输入单元。显示屏可以是中控面板上的触摸屏或后排乘客的娱乐屏幕。视频输入单元可以接收来自不同输入源的视频信号，如后备摄像头、DVD 播放器、游戏机等。

汽车声像系统可提供音响、蓝牙连接、语音识别等功能，可以为乘客提供娱乐和信息服务。驾驶员可以通过语音控制或触摸屏幕来调节音量、选择音乐、接听电话等，这有助于减轻驾驶员的压力，提高行车安全。蓝牙连接允许驾驶员和乘客通过蓝牙技术连接到汽车系统，以便进行通话、音乐播放、语音命令操作等。蓝牙连接还可以用于与其他外部设备（如手机、平板电脑）进行数据传输和互联。通过语音识别，驾驶员和乘客可以使用语音指令来控制汽车系统，如调节音量、选择音乐、拨打电话、设置导航目的地等。语音识别系统能够识别并解释人类语言，并将其转化为相应的指令。

二、汽车通信系统

汽车通信系统提供了与外界通信的功能，包括 GPS 定位、车联网、紧急呼救等。GPS 定位可以帮助驾驶员确定车辆位置、路线和目的地。车联网可以实现车辆之间的通信和信息共享，还可以实现远程控制（如远程锁车、开启空调等）、远程诊断、远程更新软件等功能。紧急呼救可以在紧急情况下自动向救援中心发送求救信息，帮助驾驶员和乘客及时获得帮助。

三、汽车导航系统

汽车导航系统可以为驾驶员提供路线规划、实时交通信息、道路条件预警等，帮助驾驶员更加安全、高效地到达目的地。此外，一些高级驾驶辅助系统也可以与导航系统配合，实现自动驾驶、车道保持等功能，提高驾驶员的行车体验和安全性。

汽车声像、通信和导航系统为驾驶员和乘客提供了便利。图 4－7－1 所示为奔驰汽车不同版本声像、通信和导航系统的中央控制台。

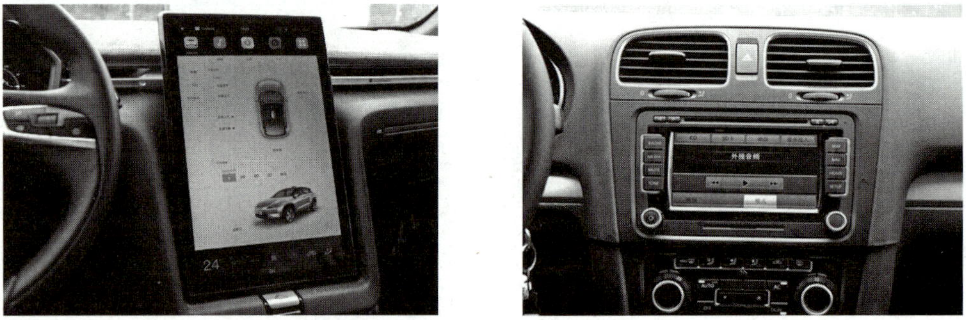

图 4－7－1　奔驰汽车声像、通信和导航系统的中央控制台

任务实施

一、汽车声像、通信和导航系统的拆装

（一）作业准备

（1）场地设施：理实一体化教室、有消防设施的场地。

（2）设备：实训整车（奔驰 C260）、工作台、零件车、诊断仪。

（3）工具：量具及专用工具等。

（4）防护用品：工作服、劳保鞋、车外三件套、车内三件套。

（二）操作步骤

1. COMMAND 主机的拆装

（1）关闭点火开关，并将遥控钥匙存放在遥控范围以外（至少 2m）。

（2）将储物格从前部中央控制台上移除，如图 4－7－2 所示。1）移除前部中央控制台饰件。2）松开并断开电气插接器 1。3）在后部提升储物格，稍微向中央控制台外引导，然后在后部向上倾斜。4）松开并断开电气插接器 2。5）松开并断开感应充电区控制单元

(N123/8) 上的电气插接器 3。6) 松开多媒体连接装置 (A90/5)，直至可以接触到电气插接器 4。7) 松开并断开多媒体连接装置 (A90/5) 处的电气插接器 5。8) 移除储物格。9) 按照与移除相反的顺序进行安装。

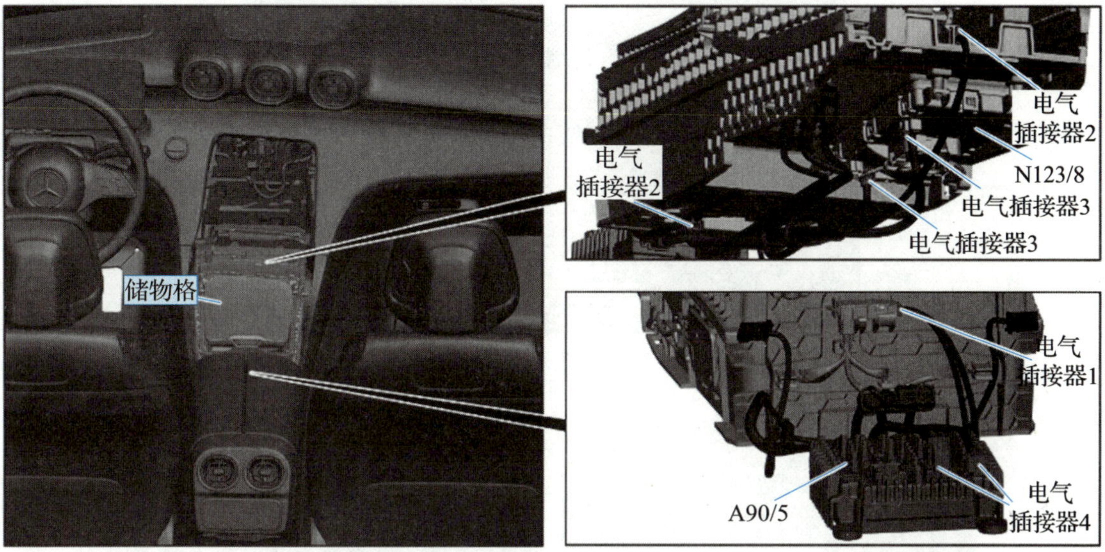

图 4-7-2　移除储物格

(3) 移除中央控制台。1) 将驾驶员和前排乘客座椅尽可能向后移动。2) 关闭点火开关并将遥控钥匙存放在遥控范围以外（至少 2m)。3) 将覆盖件松开到中央控制台和仪表盘外侧并移除。4) 松开并断开覆盖件上的电气插接器 5。5) 打开中央控制台上的扶手护盖，并移除储物格底板，如图 4-7-3 所示。6) 移除螺母。7) 移除螺钉。8) 松开并断开电气插接器 6（见图 4-7-4)，并露出中央控制台上的电线束。9) 抬起后方区域中央控制台，松开并断开电气插接器 7（见图 4-7-5)。10) 在后部抬起中央控制台，轻轻将其向后拉并从车上移除。11) 按照与移除相反的顺序进行安装。

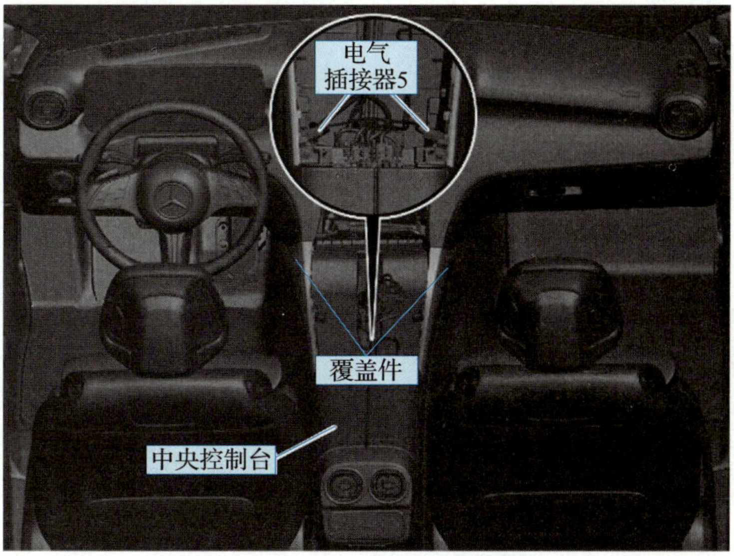

图 4-7-3　移除储物格底板

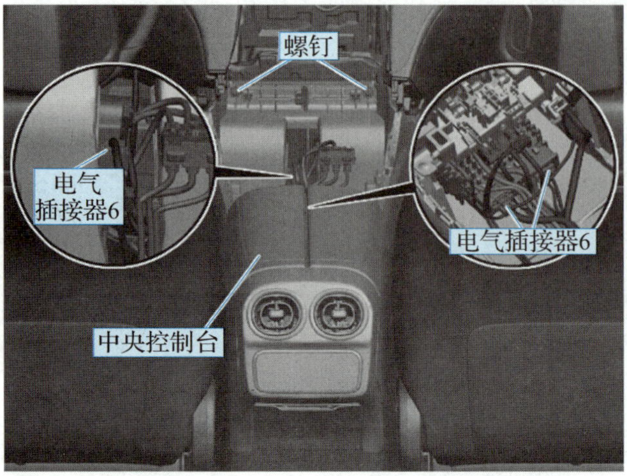

图 4-7-4　断开电气插接器 6

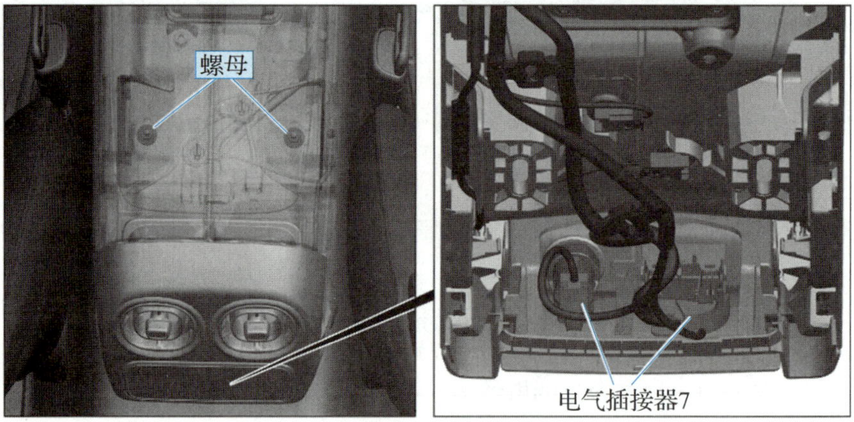

图 4-7-5　断开电气插接器 7

(4) 移除螺钉（见图 4-7-6）。

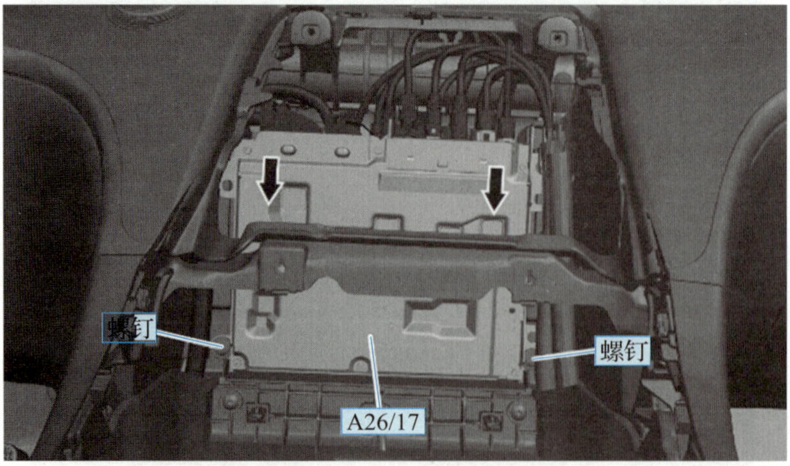

图 4-7-6　移除主机

（5）将主机（A26/17）向下（如图 4－7－6 中箭头所示）移出锁止装置。

（6）松开并断开主机（A26/17）上的电气插接器。

（7）移除主机（A26/17）。

（8）按照与拆卸相反的顺序进行安装。

2. 音响系统控制单元的拆装

（1）关闭点火开关，并将遥控钥匙存放在遥控范围以外（至少 2m）。

（2）拆下行李舱内左侧饰板，如图 4－7－7 所示。1）松开后排相应的座椅靠背并将其折叠。2）拆下车尾中部饰板。提起行李舱底板，松开紧固夹，松开车尾中部饰板并向上拆下，如图 4－7－8 所示。3）拆下行李舱底板。4）松开膨胀铆钉 1 和 2。5）拆下捆扎环。6）从支架上松开并拆下装饰环（如图 4－7－9 中箭头所示）。7）将饰板从后向前从侧壁上松开并拆下。8）按照与拆卸相反的顺序进行安装。

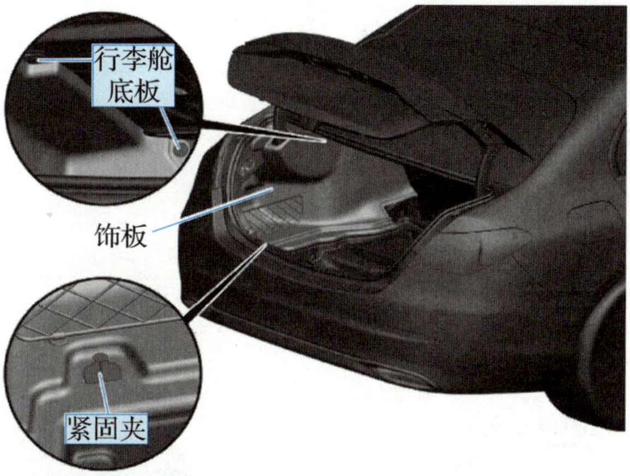

图 4－7－7　拆下行李舱内左侧饰板

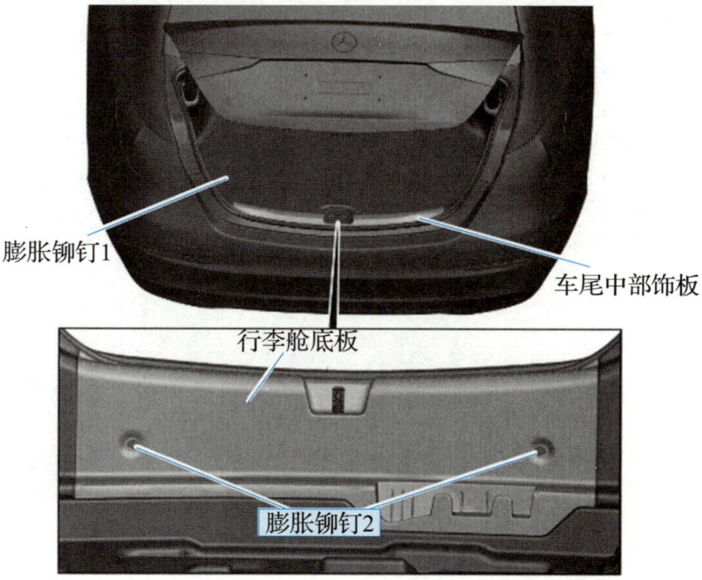

图 4－7－8　拆下车尾中部饰板

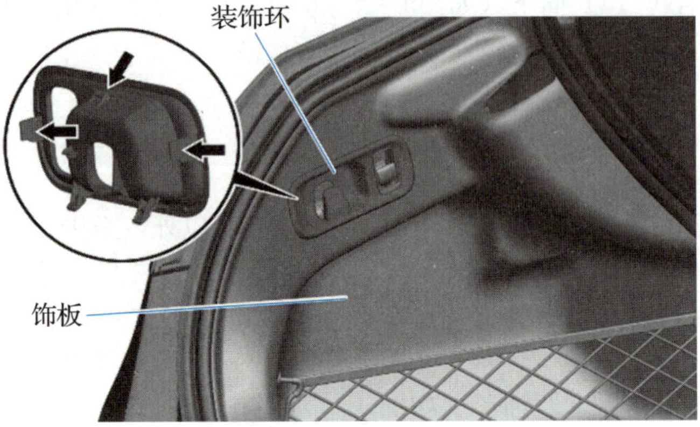

图 4-7-9　拆下装饰环

(3) 拆下螺母。

(4) 拧下螺钉 1。

(5) 松开控制单元支架，然后将其连同连接线路放到一旁。

(6) 松开插接器 1，并从音响系统放大器控制单元（N40/3）上松开。

(7) 松开并断开电气插接器 2。

(8) 移除螺钉 2。

(9) 将音响系统放大器控制单元（N40/3）从控制单元支架上松开并拆下，如图 4-7-10 所示。

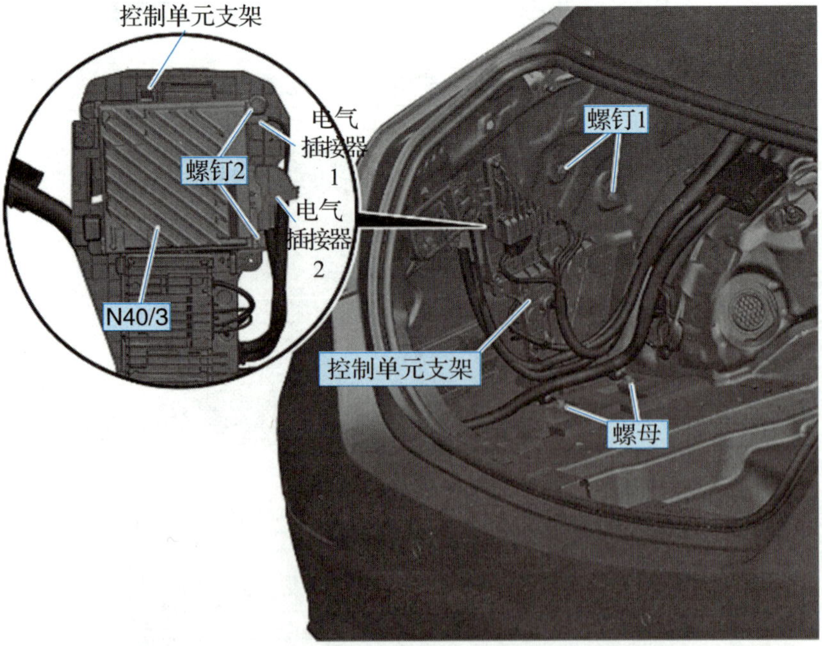

图 4-7-10　拆卸音响系统放大器控制单元

(10) 按照与拆卸相反的顺序进行安装。

注意事项

对于需要断开光纤线束插接器的所有修理作业，必须遵照以下处理说明，否则，传输的光脉冲将减弱，并降低数据传输质量：

（1）执行维修工作时，不得过早拆卸装置连接处或光纤线束插接器处的光纤电缆护盖。

（2）必须立即包好断开的光纤线束插接器。

（3）不要扭结光纤电缆，沿尖锐边角上方以小于25mm的半径铺设。

（4）不要使光纤电缆暴露在高于85℃或低于40℃的温度下。

二、汽车声像、通信和导航系统的维护

（一）作业准备

（1）场地设施：理实一体化教室、有消防设施的场地。

（2）设备：实训整车、工作台、零件车、诊断仪、充电机。

（3）工具：世达150件工具套装、万用表、示波器。

（4）防护用品：工作服、劳保鞋。

（5）耗材：三件套、翼子板布。

（二）操作步骤

1. 驾驶室管理和数据系统（COMMAND）地图升级

（1）从导航系统中读取地图数据版本。1）打开多媒体系统；2）选择菜单项“主页”（Home）；3）选择菜单项“导航”（Navigation）；4）选择菜单项“导航设置”（Navigation Settings）；5）选择菜单项“视图”（View）；6）选择菜单项“地图数据版本”（Map Data Version）。

（2）记录验收报告上显示的地图版本，然后与当前可用的地图版本进行比较。如果地图数据版本是最新的，测试完成，无须进行其他操作；如果地图数据版本不是最新的，与客户确认是否需要更新地图数据版本。

2. 定期更新软件

汽车系统中的软件需要定期更新，以保持系统的安全性和功能性。可通过无线网络，获取最新的软件，并按照指示进行更新安装。

3. 清洁和保养显示屏和控制面板

定期清洁显示屏和控制面板，以防止灰尘、污垢和指纹的累积。使用柔软的微纤维布轻轻擦拭，避免使用含有酒精或溶剂的清洁剂，以免损坏表面。

任务练习

一、判断题

1. 驾驶员可以通过语音控制或触摸屏幕来调节音量、选择音乐、接听电话等，这有助于减轻驾驶员的压力，提高行车安全。（ ）

2. 汽车音响系统可以为驾驶员提供路线规划、实时交通信息、道路条件预警等功能，

帮助驾驶员更加安全、高效地到达目的地。（　　）

3. 一些汽车配备了紧急呼救系统，可以在发生事故或紧急情况时自动向救援中心发送求助信号，以便及时获得救助。（　　）

二、选择题

在汽车声像、通信和导航系统中，可以用于与其他外部设备（如手机、平板电脑）进行数据传输和互联的是（　　）。

A. 蓝牙　　B. 汽车视频　　C. 车联网　　D. 紧急呼救系统

三、简答题

怎样对汽车声像、通信和导航系统进行检查与维护？

任务八　汽车线路的拆装与维护

案例导入

李先生驾驶桑塔纳2000轿车，在经过一段拥堵路段时，发现自己车辆的引擎盖内有烟冒出，他急忙靠边停车后用灭火器喷射，其他车主也赶来帮忙并拨打119火警电话报警。在大家和消防人员的共同努力下，车辆没有发生自燃。李先生认为是车辆有安全隐患，把车送到4S店鉴定。维修技术人员通过详细检查，发现原因是李先生喜爱车载电子设备，在原车的基础上加装了大功率汽车音响和其他一些电子娱乐设备，原车电路也有了更改，从而导致电路过载发热引起冒烟，所幸处理较及时没有自燃。维修技术人员恢复了原车线路，并且更换了老化的线束。

知识探究

一、汽车电路基础

在汽车上，往往一条线束包裹着十几支甚至几十支电线，如图4-8-1所示，密密麻麻令人难以分清它们的走向，加上电是看不见、摸不着的，因此汽车电路对于许多人来说是很复杂的东西。但是任何事物都有它的规律性，汽车电路也不例外。

一般家庭用电是交流电，实行双线制的并联电路，用电器起码有两根外接电源线。对于汽车电路，如果从负载（用电器）引出的负极线（返回线路）都要直接连接到蓄电池负极接线柱上，那么与蓄电池负极接线柱相连的导线会多达上百根。为了避免这种情况，设计者采用了车体的金属构架作为电路的负极。因此，汽车电路与一般家庭用电有明显不同：汽车电路全部是直流电，实行单线制的并联电路，用电器只要有一根外接电源线即可。

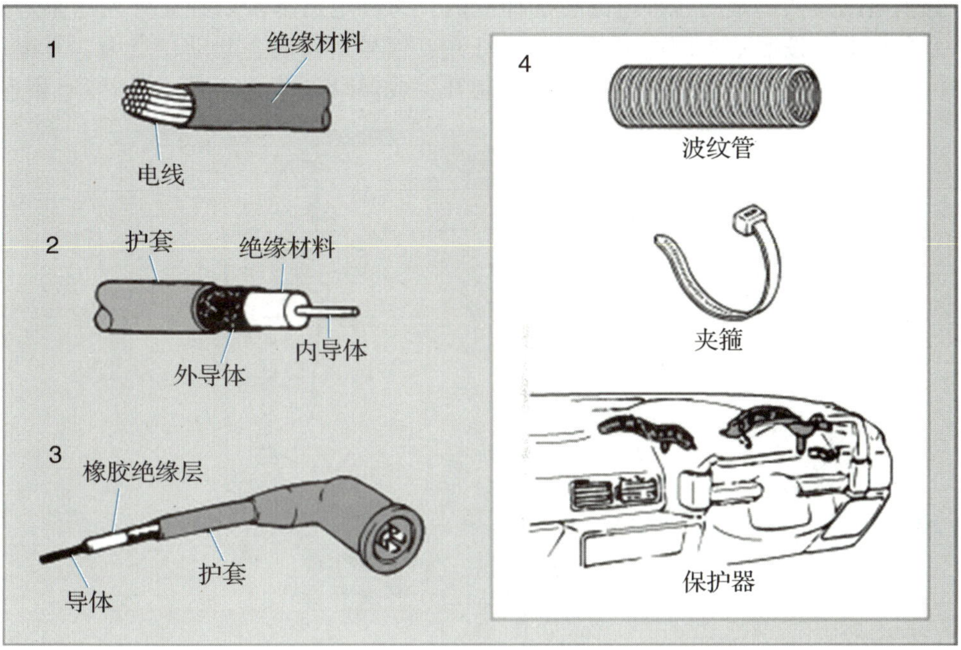

图 4-8-1　汽车线束

蓄电池负极和负载负极都连接到金属构架上，即接地，如图 4-8-2 所示。这样做就使负载引出的负极线能够就近连接，电流通过金属构架回流到蓄电池负极。随着塑料件等非金属材料在汽车上的应用越来越多，现在很多汽车都采用公共接地网络线束来保证接地的可靠性，即将负载的负极线接到接地网络线束上，接地网络线束与蓄电池负极相连。

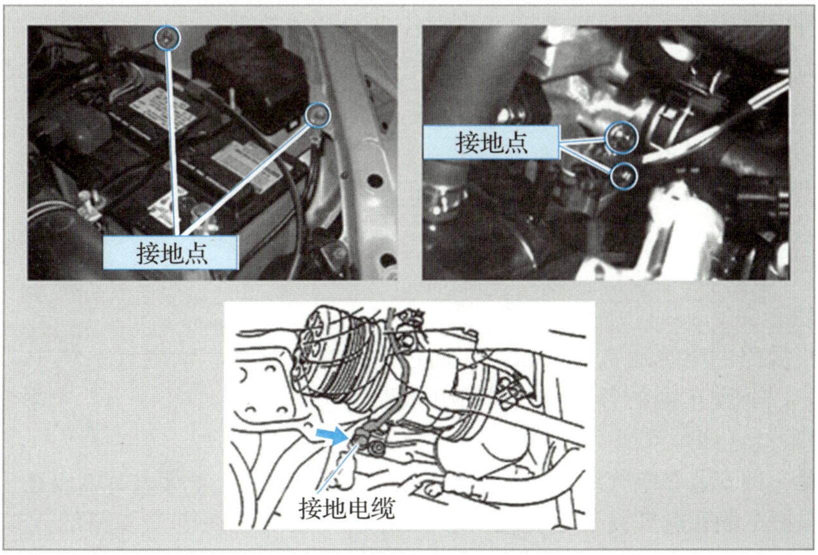

图 4-8-2　汽车接地方式

汽车电路实行单线制的并联电路，这是从总体上看的，局部仍然有串联、并联与混联电路。全车电路其实都是由各种电路叠加而成的，每种电路都可以独立分列出来，化复杂为简单。全车电路按照基本用途可以划分为灯光、信号、仪表、起动、点火、充电、辅助等电路。每条电路都有自己的负载导线与控制开关或保险丝盒（见图 4－8－3）相连接。

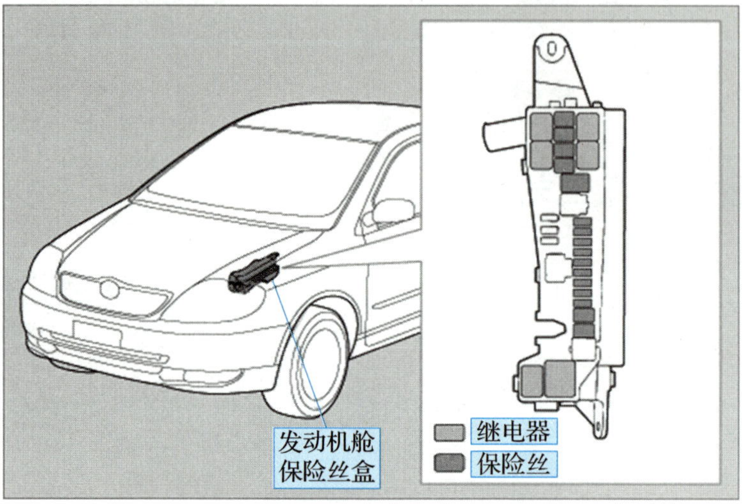

图 4－8－3　汽车保险丝盒

二、汽车线路的连接原则

汽车线路因车辆结构形式、电气设备数量、安装位置、接线方法不同而各有不同，但其连接一般都以下几条原则：

（1）汽车上各种电气设备的连接大多数都采用单线制。

（2）汽车上装备的两个电源（发电机与蓄电池）必须并联连接。

（3）各种电气设备采用并联连接，并由各自的开关控制。

（4）电流表必须能够检测蓄电池充、放电电流的大小。因此，凡是蓄电池供电，电流都要经过电流表与蓄电池构成的回路。但是，对于用电量大且工作时间较短的起动电流则例外，即起动电流不经过电流表。

（5）各型汽车均安装保险装置，用以防止发生短路而烧坏电气设备。

三、汽车线路的组成

（一）电源

汽车电气线路的电源通常是电瓶，它通过正负极连接到车辆电气系统中。电瓶提供了所需的电能，以驱动车辆的各种电气设备和线路。

（二）保险丝

保险丝是一种安装在电气线路中的保护装置，如图 4－8－4 所示，可以在电流过载时切断电路，以保护车辆和电气设备免受损坏。保险丝一般安装在电气线路的入口处或保险丝盒内。

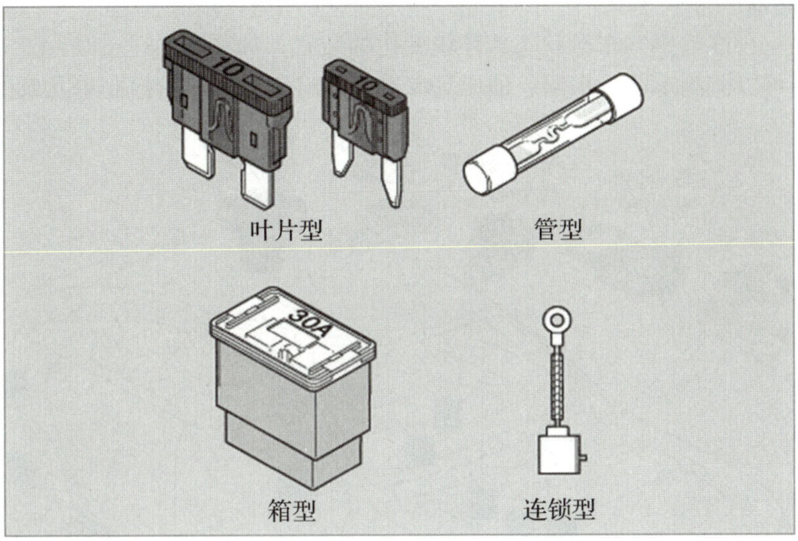

图 4-8-4　保险丝

（三）开关

开关是控制电气设备和线路通断的装置，如灯光开关、风扇开关、刮水组合开关等。开关通常安装在车辆的仪表盘或其他易于操作的位置上。

（四）控制单元

控制单元可以协调和控制电气线路的工作，通常用于控制车辆的发动机、制动系统、空调系统和其他系统。

（五）电缆

电缆是连接电气设备和线路的导线，如图 4-8-5 所示，它们传输电能，以便设备正常工作。电缆的颜色和标记可以帮助识别不同的电气线路。

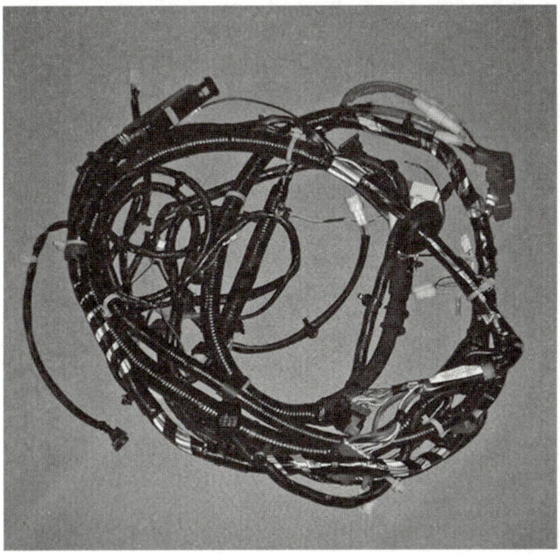

图 4-8-5　电缆

（六）传感器

传感器是一种能够感知车辆状态和环境变化的装置，如图 4-8-6 所示。在汽车电气系统中，传感器可以监测车速、水温、油压等参数，并将信息发送给控制单元或仪表盘。

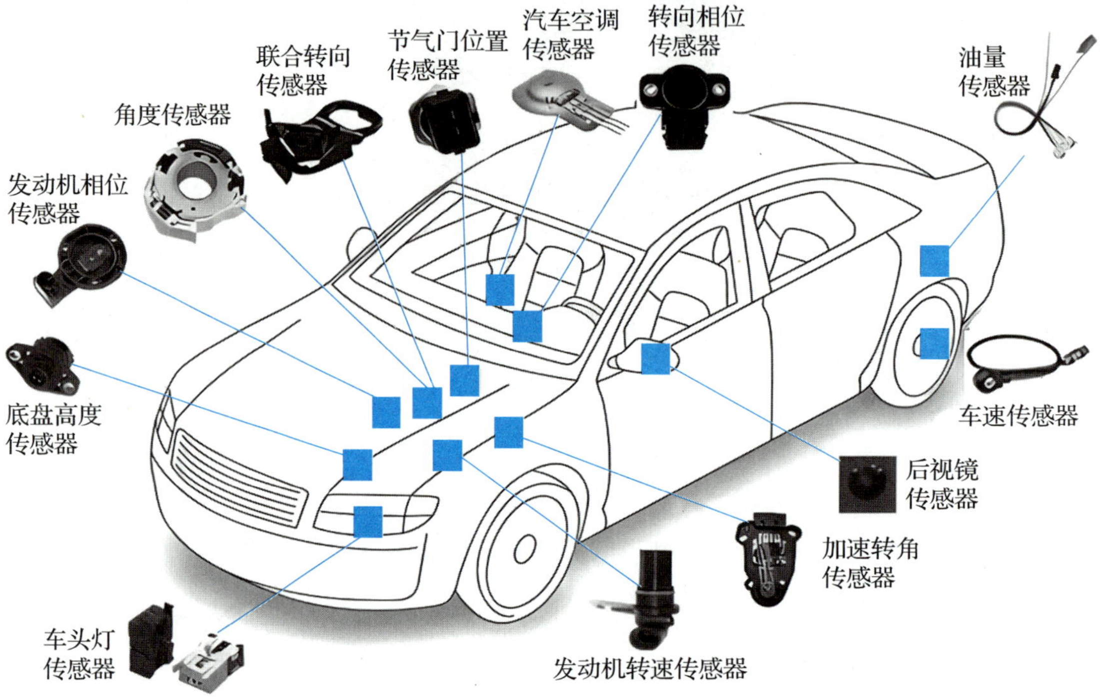

图 4-8-6　汽车传感器

四、常见的线路故障类型

（1）断路：线路断开导致电流无法流通。

（2）短路：线路中的电流突然变大，电流跳过正常的路径，导致意外故障。

（3）接地故障：线路与车辆的金属部分接触导致电流异常。

任务实施

一、汽车电气线路的拆装

（一）作业准备

（1）场地设施：理实一体化教室、有消防设施的场地。

（2）设备：实训整车、工作台、零件车。

（3）工具：万用表、剥线钳等。

（4）防护用品：工作服、劳保鞋、车外三件套、车内三件套。

（5）耗材：绝缘胶带、电缆。

（二）操作步骤

1. 断开电源

在开始拆卸之前，务必断开车辆的电源。关闭发动机，并取下电池的负极连接线，如图 4-8-7 所示，这样可以避免触电和引起其他意外事故。

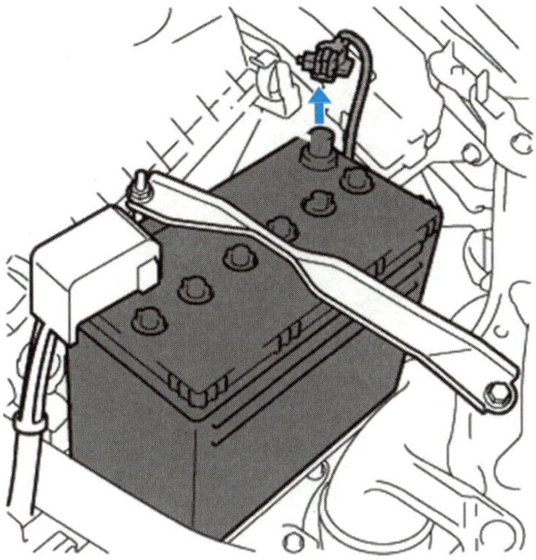

图 4-8-7　取下电池的负极连接线

2. 使用适当工具

根据需要，准备好适当的工具，如螺丝刀、扳手、剥线钳等，以便进行线路拆卸。

3. 标记和记录

在拆卸之前，建议标记和记录线路的连接位置和顺序，这将有助于在重新安装时避免混淆。

4. 拆卸插接器

小心地拆下插接器，如图 4-8-8 所示。某些插接器可能需要按下或旋转才能解锁。请注意不要用力过度，以免损坏插接器或线路。

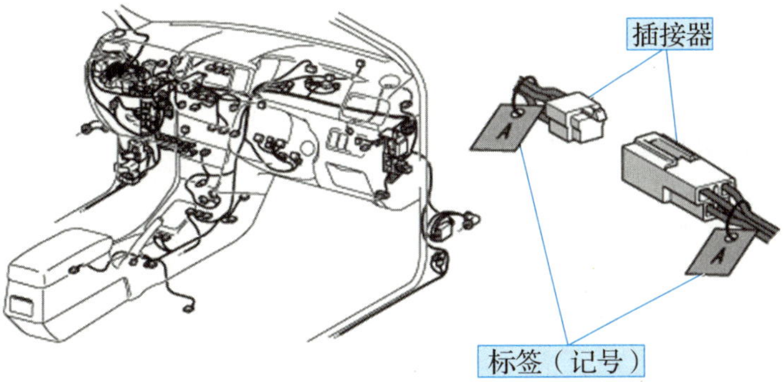

图 4-8-8　拆卸插接器

5. 解除固定

如果线路被固定在车辆的其他部件上（如支架、夹子、护板等），则需要解除固定。使用适当的工具，轻轻松开夹子或螺钉来释放线路。

6. 小心处理

在拆卸线路时，要小心处理，避免过度拉扯或弯曲线路。对于较长的线路，可以逐渐解开插接器，并将线路轻轻地从位置上抽出。

二、汽车电气线路的维护

（一）作业准备

（1）场地设施：理实一体化教室、有消防设施的场地。

（2）设备：实训整车、工作台、零件车。

（3）工具：万用表、剥线钳、电烙铁、压接钳等。

（4）防护用品：工作服、劳保鞋、车外三件套、车内三件套。

（5）耗材：绝缘胶带、电缆、焊锡、保险丝。

（二）操作步骤

1. 定期检查线路连接情况

定期检查车辆各个电气线路的连接是否牢固，包括电池端子、保险丝盒、继电器等。如果发现松动或腐蚀，及时紧固连接或清洁。

2. 注意线路磨损和老化

检查电气线路是否有损坏、磨损或老化的迹象。如果发现线路外皮破损、裸露导线或断裂等情况，应尽快修复或更换受损的线路。

3. 防止线路短路

确保电气线路没有裸露的导线触碰金属部件或其他线路，以防止短路。如果发现裸露导线或线路过于接近其他金属部件，应进行适当的绝缘处理或重新布线。

4. 保持线路清洁

定期清洁电气线路，以防止尘土、油脂或其他污垢的累积。可以使用空气压缩机或软毛刷轻轻清除线路上的污垢。

5. 检查保险丝

定期检查车辆保险丝的状态，确保其正常工作。如果发现保险丝烧断或发生其他问题，应及时更换适当规格和等级的保险丝。

6. 谨慎处理电气设备

在维护或更换电气设备时，务必遵守正确的操作程序和安全规范，确保车辆处于停车状态并断开电源，以防止意外触电。

7. 避免改装电气线路

避免未经授权的电气线路改装，以免影响车辆电气系统的正常工作和安全性。

8. 维修线路

（1）压接维修方法（见图 4－8－9）。在压接期间，利用专用钳子将事先使用预成型模具剥离到尺寸 a 的电缆压接到触点（PIN）上。压接的特点是快速、方便，但需要使用专门的压接钳。

（2）轴钎焊连接（Raychem）维修方法（见图 4－8－10）。采用此方法要使用专用终端套管。终端套管包含焊接件并且具有绝缘件和密封件，带有专用反射器的专用热风枪为焊接和收缩绝缘件提供热量输入，此维修方法的温度为 400℃。

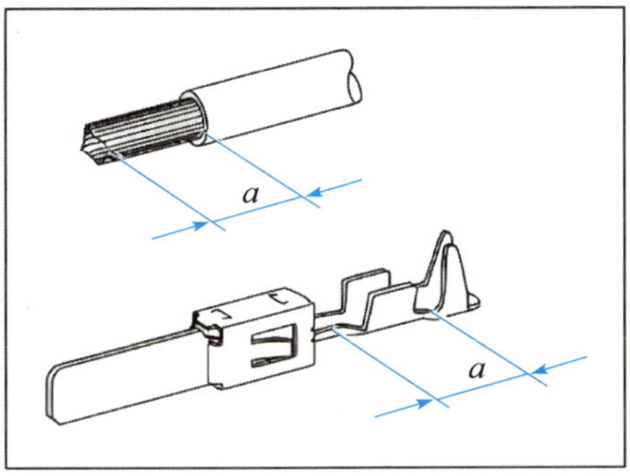

图 4-8-9 压接

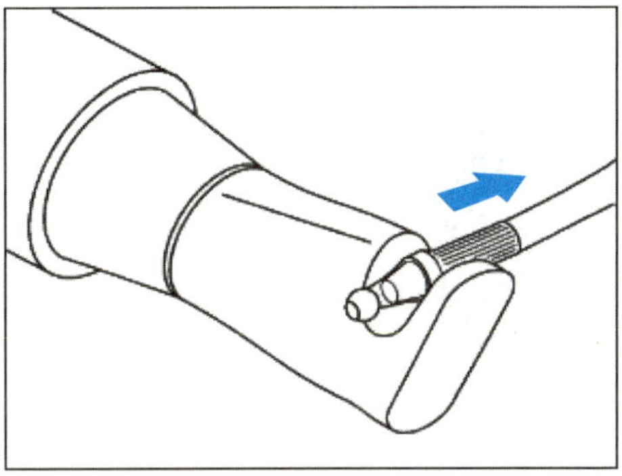

图 4-8-10 轴钎焊连接

注意事项

Raychem 是此方法所需终端套管的制造商。Raychem 维修方法主要用于线束（电缆）。

（3）钎焊维修方法（见图 4-8-11）。使用烙铁将电缆焊接在焊接触点（轴向型或径向型）。市售焊料可用于焊接连接，此方法仅用于修理焊接。

（4）采用快速连接技术的维修方法（见图 4-8-12）。此方法使用专门的快速连接电线插接器，有 2 端子、4 端子和 6 端子型。其中包括镀锡快速连接触点，可以使用钳子将这些触点按压在一起，使其接触电线，无须分开或剥离电线。此方法可用于连接横截面 0.35～0.75mm^2 的线路且可用作端部到端部的电缆连接。

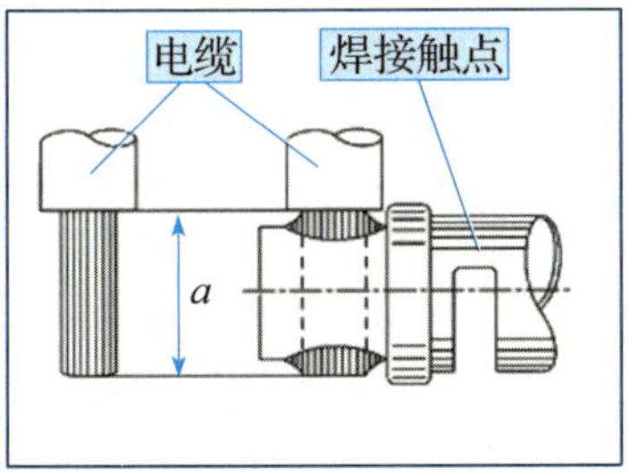

图 4-8-11 钎焊

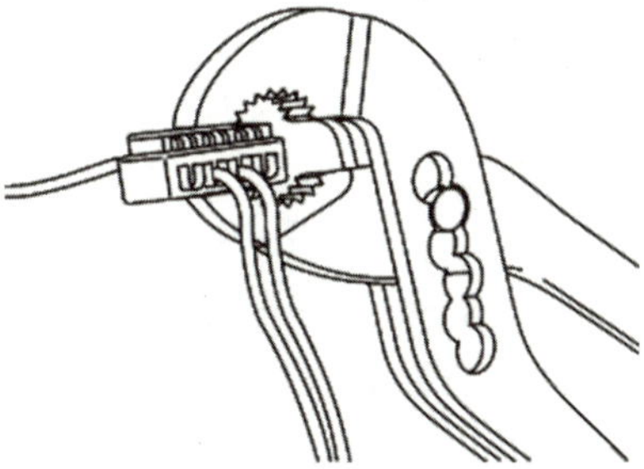

图 4-8-12 快速连接技术

注意事项

快速连接技术只能用于车辆内部或行李舱中，因为此种连接不防水，不得用于控制器区域网络（CAN）线路。

（5）扁导线电缆维修方法（见图 4-8-13）。在电缆修理套件中选择压接套管，并插入打开的手动压接钳的工具头中。扁导线电缆必须与刀夹接触，并且必须使扁导线电缆正确的一边与调节挡块接触，手动压接钳中的校正装置必须在 2 个导体条之间可见。将手动压接钳按压到底，其达到端点之后可再次打开，扁导线电缆修复完毕后拆下压接套管。

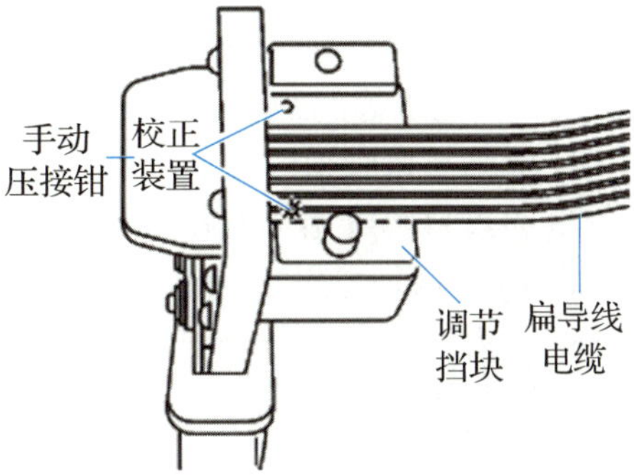

图 4-8-13 扁导线电缆

任务练习

一、判断题

1. 汽车电气线路采用负极搭铁方式。（　　）

2. 汽车上装备的两个电源（发电机与蓄电池）必须串联连接。（　　）

3. 保险丝是一种安装在电气线路中的保护装置，可以在电流过载时切断电路，以保护车辆和电气设备免受损坏。（　　）

4. 在拆卸电缆之前，起动发动机，连接蓄电池的负极连接线。（　　）

二、选择题

1. 以下不是汽车线路故障类型的是（　　）。

A. 短路　　B. 开路　　C. 断路　　D. 接地

2. 汽车电路实行（　　）线制的并联电路，这是从总体上看的，局部仍然有串联、并联与混联电路。

A. 单　　B. 双　　C. 三　　D. 多

三、简答题

怎样进行汽车电气线路的拆卸？

项目小结

1. 蓄电池充电方法有定流充电、定压充电和快速脉冲充电等。最常见的充电方法是定压充电。

2. 动力电池对温度非常敏感，过高或过低的温度都会影响动力电池的性能和寿命。因此，需要确保动力电池的工作温度在适宜范围内，避免长时间暴露在极端温度环境下。

3. 在发动机停转且不使用车上电气设备的情况下，测量蓄电池电压，这个电压称为参考电压或基准电压。

4. 如果需要对动力电池进行加工、拆卸或安装，必须保证操作人员穿戴好防静电服，戴好防静电手套等安全装备，以免发生意外。

5. 汽车仪表盘应尽量避免受紫外线直射，因为过强的光照会使仪表盘出现褪色、老化、龟裂、起皱等问题。

6. 清洁空调管道时，不能用水或压缩空气清洗内部，要用氮气或制冷剂进行清洗。

7. 通过目视或用手直接触摸来检查空调制冷系统各接头是否有油泄漏出来，对于不严重的泄漏，可通过检漏仪或肥皂液来检查。

8. 在拆卸汽车线路之前，建议标记和记录线路的连接位置和顺序，这将有助于在重新安装时避免混淆。

参考文献

[1] 孙峰，蒋开正．汽车发动机机械系统的结构与检修．北京：中国农业大学出版社，2017.

[2] 王文杰，吕庆志．汽车底盘结构与原理．昆明：云南人民出版社，2020.

[3] 钱锦武．汽车底盘构造与维修.5 版．大连：大连理工大学出版社，2022.

[4] 于明进，于光明．汽车电气设备构造与维修.3 版．北京：高等教育出版社，2023.

[5] 周志红，郭晓辉，庞敬礼．汽车维护与保养．长春：吉林大学出版社，2018.

[6] 黄启敏，黄文光，何晓珠．汽车电气设备构造与维修一体化教材．北京：电子工业出版社，2021.

[7] 凌永成．汽车电气设备.3 版．北京：北京大学出版社，2016.

[8] 黄海波，尹万建．汽车电气设备原理与检修．北京：高等教育出版社，2018.

[9] 鲁民巧．汽车构造与拆装.3 版．北京：高等教育出版社，2019.